IMA MANAGEMENT ACCOUNTING COMPETENCY SERIES

· 管理会计能力提升与企业高质量发展系列 ·

数智时代的企业内部控制

关键风险点控制、流程设计与案例详解

田高良　李留闯　宋环环　张晓涛◎著

人 民 邮 电 出 版 社

北 京

图书在版编目（CIP）数据

数智时代的企业内部控制 ：关键风险点控制、流程设计与案例详解 / 田高良等著. -- 北京 ：人民邮电出版社，2023.8（2024.4重印）
（管理会计能力提升与企业高质量发展系列）
ISBN 978-7-115-61521-3

Ⅰ. ①数… Ⅱ. ①田… Ⅲ. ①企业内部管理 Ⅳ. ①F272.3

中国国家版本馆CIP数据核字(2023)第062580号

内容提要

数智时代是大数据、人工智能、移动互联网、云计算、5G等新一代信息技术交融渗透的时代。新一代信息技术使得产品被场景替代、行业被生态覆盖，工业互联网成为驱动经济发展的新引擎。因此，在企业经营中，我们要把握好数智时代的发展机遇，及时赋能企业内部控制的应用与决策。

本书首先阐述了数智时代企业内部控制的特点；其次，从内部环境类、控制活动类、控制工具类三个层面出发，论述了数智时代企业内部控制的应用；再次，论述数智时代的企业内部控制评价、企业内部控制审计；最后，展望数智时代企业内部控制的发展趋势。每个论述层次都充分体现了数智时代场景、理论分析与实务案例的紧密结合，可多维赋能企业内部控制的应用与决策，希望对读者有所裨益。

本书适合管理会计从业人员在工作时使用，也适合高等学校经管类专业高职生、本科生、学术类研究生和MBA、MPAcc学员在学习时参考。

◆ 著　　　田高良　李留闯　宋环环　张晓涛
责任编辑　刘　姿
责任印制　周昇亮

◆ 人民邮电出版社出版发行　　北京市丰台区成寿寺路 11 号
邮编　100164　　电子邮件　315@ptpress.com.cn
网址　https://www.ptpress.com.cn
涿州市般润文化传播有限公司印刷

◆ 开本：700×1000　1/16
印张：19.25　　　2023 年 8 月第 1 版
字数：286 千字　　　2024 年 4 月河北第 3 次印刷

定价：99.80 元

读者服务热线：(010)81055296　印装质量热线：(010)81055316
反盗版热线：(010)81055315
广告经营许可证：京东市监广登字 20170147 号

管理会计能力提升与企业高质量发展系列图书
编委会

序

管理会计师对企业的财务健康至关重要，他们不仅是价值的守护者，更是价值的创造者。随着可持续发展日益受到重视，企业从关注利润增长转向关注多个利益相关者利益的提升，管理会计师在维护和提升企业声誉方面承担着重任。与此同时，在数字化时代，企业在战略规划、创新和风险管理等领域也对管理会计提出了更高的要求。提升管理会计师的能力素质已成为企业发展的重中之重。

《IMA 管理会计能力素质框架》是 IMA 管理会计师协会基于市场和行业趋势变化，经过深入研究和全面分析管理会计行业所面临的挑战，围绕管理会计师所必备的能力素质提出的指导性实用体系，不仅有助于个人提升职业竞争力，还能帮助组织全面评估、培养和管理财会人员队伍。IMA 此次与人民邮电出版社合作，正是基于这一框架开发了管理会计能力提升与企业高质量发展系列图书，该系列图书结合中国本土实践，对数字化时代下管理会计师所需的知识与技能进行了详细讲解。各类企业，不论是国有企业、私营企业还是跨国企业，其管理者和财会人员都能从本系列图书中直接获益。

本系列图书的作者既包括国内深耕管理会计多年的高校财会专业教授，又包括实战经验丰富的企业财务负责人与机构精英。同时，IMA 还诚邀多位知名企业财务高管担任实务界编委，为图书策划和写作提供真知灼

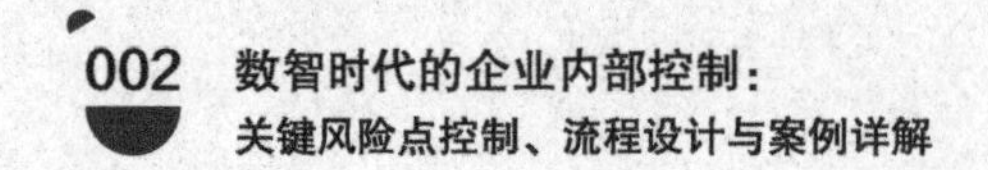

见。在此，我谨代表 IMA 管理会计师协会，向本系列图书的作者、实务界编委、人民邮电出版社以及 IMA 项目团队的成员表示感谢！我们希望通过本系列图书的出版及相关宣传活动，大力推动中国本土管理会计实践的发展，助力中国经济高质量发展！

IMA 管理会计师协会总裁兼首席执行官

杰弗里·汤姆森

2022 年 3 月 28 日

丛书序

在学习和实践中提升管理会计能力

中国管理会计理论和实践自 2014 年以来进入快速发展时期，各种管理会计工具与方法在微观层面（企事业单位）的应用正在日益加速、拓宽和深入，在企业转型升级、全社会高质量发展进程中发挥着重要作用。

当今社会信息技术迅猛发展，会计职业在互联网、大数据、人工智能等新技术业态的推动和加持下，在信息采集、核算循环、数据存储、整合表达等方面持续发生变革，为管理会计在企业广泛运用和助力企业价值增长，奠定了更坚实的算力基础，提供了更有效的管理和决策支持。

随着《财政部关于全面推进管理会计体系建设的指导意见》以及《管理会计应用指引》等一系列规范指南的陆续出台，管理会计人才培养体系的建设和管理会计的应用推广受到了各界高度重视。从目前中国管理会计发展情况来看，管理会计师作为会计领域的中高端人才，在企事业单位仍存在着巨大缺口，庞大的财务和会计人员队伍，面临着关键职能转型压力——从核算型会计转向管理型会计。

IMA 管理会计师协会于 2016 年发布的《IMA 管理会计能力素质框架》，在管理会计领域广受认可、广为好评，被视为权威、科学、完整的技能评估、职业发展和人才管理标准，它为中国及其他国家管理会计能力培养体系的构建提供了重要参考。该框架文件在 2019 年进行了更新升级。

为加快促进中国管理会计体系建设，加强管理会计国际交流与合作，实现取长补短、融会贯通，IMA 与人民邮电出版社共同策划、启动了管理会计能力提升与企业高质量发展系列图书项目。该系列图书设计以《IMA 管理会计能力素质框架》为基础，结合中国管理会计实际发展需求，以管理会计队伍能力提升为目标，以企业管理需求为导向，同时兼顾会计专业教育和研究。

该系列图书分为两期建设。第一期八本，选题内容涉及管理会计从业人员工作中需要的各项能力，力求理论与实务兼备，既包含实务工作中常见问题的解决方法，也包含经典的理论知识阐述，可帮助管理会计从业人员学习和完善自身各项能力，也能为积极进行转型的财务人员提供科学的路径。

该系列图书在作者配置方面，体现了学术界和实务界的合作，他们均在管理会计领域深耕多年，既有理论知识深厚、指导体系完备的高校资深导师，又有紧贴一线前沿、实战经验丰富的企事业单位负责人，这些专家合力打造了体系完整、贴近实务的管理会计能力提升新形态知识图书，以期推动企业管理会计人才建设及人才培养，促进企业提质增效。

作为新形态管理会计专业读物，该系列图书具备以下三大特点。

第一，理论与实务兼备。该系列图书将经典的管理会计理论与企业财务管理、经营发展相结合，内容均从实践中来再回归到实践中去，力求使读者通过阅读该系列图书对自身工作有所得、有所悟，从而提升自身工作实践水平。

第二，体系完备。该系列图书均提炼自《IMA 管理会计能力素质框架》，每本图书的内容都对应着专项管理会计必备能力，读者可以体系化地学习管理会计各项知识、培养各项能力，科学地实现自我提升。

第三，形态新颖。该系列图书中大部分内容都配有微视频课程，这些课程均由作者精心制作，可让读者有立体化的阅读体验，更好地理解图书中的重难点内容。

天下之事，虑之贵详，行之贵力。管理会计具有极强的管理实践性，既要求广大财务人员学习掌握理论知识，又要求其积极转变传统财务思维，将理论运用于实践，进一步推动财务与业务融合，更好地助力企业高质量、可持续发展。该系列图书不仅集结了一系列优质、有影响力的内容，而且为会计行业的发展及人才培养提供了智力支持和战略助力。我们希望与广大读者共同努力，系统、全面地构建符合中国本土特色的管理会计知识体系，大力促进中国管理会计行业发展，为企业高质量发展和中国经济转型做出积极贡献。

北京大学光华管理学院教授 王立彦

IMA 管理会计师协会副总裁、IMA 中国区首席代表 李刚

2022 年春于北京

前言

扫码即可观看
前言微视频课程

数智时代是大数据、人工智能、移动互联网、云计算、物联网、区块链、5G 等新一代信息技术交融渗透的时代。新一代信息技术给全球的经济发展、社会进步、人民生活带来了重大而深远的影响，产品被场景替代，行业被生态覆盖，工业互联网成为驱动经济发展的新引擎。因此，我们要把握好数智时代的发展机遇，充分吸收新技术赋予的新能量，及时实现管理数智化转型，由高速度扩张向高质量发展转变，由管控型向赋能型转变，由核算场景向业务场景转变，由业财分离向业财融合转变，由流程驱动向数据驱动转变，由守护价值向创造价值转变。2022 年 2 月 18 日，国务院国有资产监督管理委员会（一般称为国务院国资委）发布了《关于中央企业加快建设世界一流财务管理体系的指导意见》，提出了“1455”框架，其中财务数智体系、合规风控体系、全面预算管理体系的建立正是本书探讨的主要内容。

本书是 IMA 管理会计能力提升与企业高质量发展系列丛书之一，重点阐述数智时代的企业内部控制，共七章内容。第 1 章，走进数智时代的企业内部控制，阐述数智时代的背景以及企业内部控制的特点和内容。第 2 ~ 4 章，论述数智时代的企业内部控制应用。其中，第 2 章，数智时代企业内部环境类的内部控制，包括组织架构、发展战略、人力资源、社会责任、企业文化。第 3 章，数智时代企业控制活动类的内部控制，包括资金活动、采购业务、资产管理、销售业务、研究与开发业务、工程项目、担保业务、业务外包、财务报告。第 4 章，数智时代企业控制工具类的内部控制，包括全面预算管理、合同管理、内部信息传递、信息系统。第 5 章，数智时代的企业内部控制评价，论述数智时代企业内部控制评价的方法、企业内部控制的评价报告和企业内部控制的有效性。第 6 章，数智时代的企业内部控制审计，论述数智时代企业内部控制的外部审计和内部审计。第 7 章，数智时代企业内部控制的发展趋势，展望数智时代影响企业内部控制的信息技术发展趋势和未来企业内部控制的发展趋势。

本书的特色如下。一是充分体现数智时代特点。全书内容均基于数智时代背景阐述企业内部控制的应用、评价和审计。二是理论分析与实务案例紧密结合。每章在对理论简要分析的基础上，列举多个鲜活生动的案例，并在书尾附有某企业内部控制数字化转型的案例，具有较强的参考借鉴性。三是多维赋能企业内部控制。能够从科技、专业、生态、机制四个维度赋能企业内部控制，提升内部控制的有效性，助推企业高质量发展。

本书由西安交通大学管理学院副院长、博士生导师田高良教授设计内容和章节体系，撰写前言和第 1 章；陕汽淮南专用汽车有限公司财务总监、教授级正高级会计师张晓涛撰写第 2 章；西安西电电力电容器有限责任公司总会计师、教授级正高级会计师宋环环撰写第 3 章；中国铁建西北区域总部财务部总经理、高级会计师王博撰写第 4 章；中国航发动力股份有限公司财务部部长、研究员级高级会计师吴东莹撰写第 5 章；中国石油化工集团有限公司审计部副总经理、正高级审计师周立云撰写第 6 章；西安交通大学管理学院智能会计与财务研究所副所长李留闯教授撰写第 7 章。山东浪潮铸远教育科技有限公司总经理、中国高校共享财务专业委员会秘书长马建军，浪潮集团有限公司 GS 产品方案部总经理、高级咨询顾问徐晓音，用友网络科技股份有限公司陕西分公司副总经理翟学明，安永华明会计师事务所（特殊普通合伙）合伙人赵宏祥博士等提供了诸多案例。最后，在各章作者撰写的基础上，由田高良教授对全书进行定稿，李留闯、宋环环、张晓涛协助统稿。西安交通大学管理学院博士陈匡宇、余敏丰、邓敏航、樊梦娜，硕士谢万明昱、彭妍妍、罗霄、李嘉怡、陈立新、高晔乔、吴加瑶等参与了本书资料的收集整理和校对工作，付出了艰辛的劳动。IMA 副总裁李刚、IMA 出版专员陈琴、IMA 高级传播经理冯一凡、人民邮电出版社的编辑始终关注本书的撰写工作，为本书提出了宝贵的修改意见，在此一并表示衷心的感谢。

在本书撰写过程中，我们参阅了国内外十多本内部控制著作，发现各有千秋，但目前尚未有适应数智时代要求、公认较为成熟的实用教材，加之我们水平有限，不足在所难免，恳切期望内部控制理论与实务界同人指正，欢迎读者提出意见与建议，以帮助我们今后对本书进行修订。本书中引用了许多同行专家的重要文献，在此谨致谢忱。

田高良

目录

第1章 走进数智时代的企业内部控制

第6章 数智时代的企业内部控制审计

1

第1章

走进数智时代的企业内部控制

扫码即可观看
本章微视频课程

▶ 从一个案例讲起

上海作为全球金融要素市场最齐备的城市之一，浦东新区聚集着绝大部分的要素市场和金融机构。因此，当上海市发布“从 3 月 28 日 5 时起，以黄浦江为界分区分批实施核酸筛查”的通告时，不少投资者忧心忡忡。投资者们一方面担心交易所无法正常开市，另一方面忧虑金融机构无法提供足够的人手保障服务质量，但这一切疑虑都随着 3 月 28 日各大交易所正常开市而烟消云散。3 月 28 日 9 时 15 分，各交易所如期正常开市，金融服务流畅高效。在市场平稳运行的背后，除了要归功于连夜奔赴公司的金融从业人员以及信息技术（IT）部门的工作人员，自动化和数字化技术也发挥了不可或缺的重要作用。

鉴于开市流程多且复杂，其中涉及多级业务流程嵌套，对操作准确性、时效性要求极高。以往仅依靠人工操作，在每个交易日前需要进行大量重复性的检查工作，耗时过长且难以保证准确率，一旦开市后交易过程中出现异常状况，将严重影响业务，给企业带来经营损失或监管风险。面对上述问题，企业需要建立更精细化的管理方式，提升证券经营机构内部运营管理水平，降低客户服务的成本。在综合考虑系统现存的问题与解决成本后，智能化、自动化的机器人流程自动化也就成了企业改造开闭市业务的首选技术。相比于人工操作，机器人流程自动化能实现全流程自动化，帮助核查人工操作失误，从而保证开闭市流程零错误率执行，使整体工作效率提升 50%。与此同时，机器人流程自动化还能设置定时流程和轮巡流程，规定在交易日 18 时 10 分后每 10 分钟进行一次轮巡，以减少人工登录系统操作的次数。机器人流程自动化上线后，操作时间由原来的 30 ~ 60 分钟缩短至 1.5 分钟，还能及时通知后续相关人员，大大缩短了后续操作的时间，成效显著。

数智时代和互联网时代相比有何不同？数智时代具有哪些特点呢？数智技术可以应用于哪些行业（场景）呢？使用数智技术会让这些行业（场景）变得更好吗？

认识数智时代

数智时代的演进和特点

数智时代处于第三次工业革命向第四次工业革命过渡的时期。第三次工业革命在 1950 年左右兴起，以信息技术革命为主，逐渐过渡到个人计算机时代。而个人计算机的普及引发了互联网的革命，大量的企业参与到互联网浪潮中，继而产生众多互联网时代的先锋。互联网不仅改变了人们的衣食住行，也加速了对传统产业的改造升级。“互联网 +”产生了大量的数据，企业和相关机构通过海量的数据可以对消费者的行为甚至生产者的行为进行较为准确的预测，数智时代开始显现。

对于大数据（Big Data），麦肯锡全球研究所给出的定义是：一种规模大到在获取、存储、管理、分析方面大大超出了传统数据库软件工具能力范围的数据集合，具有海量的数据规模（Volume）、快速的数据流转（Velocity）、多样的数据类型（Variety）和低价值密度（Value）四大特征。信息传播中心（IDC）的报告显示，企业 80% 的数据都是非结构化数据，且这些数据每年都按指数增长 60%。在大数据时代，原本很难收集和使用的数据被利用起来，并通过各行各业的不断创新为人类社会创造价值。

人工智能亦称智械、机器智能，指由人类制造出来的机器所表现出来的智能。通常人工智能是指通过普通计算机程序来呈现人类智能的技术。在 1956 年达特茅斯会议上，科学家们探讨用机器模拟人类智能等问题。此后 20 年间，人工智能技术不断发展，但是从 1973 年起，由于人工智能研究的大量经费支出招致广泛批评，各国政府削减了对人工智能研究的资金支持。当谷歌在 2015 年开发的程序阿尔法狗（AlphaGo）在围棋游戏中击败围棋世界冠军时，人工神经网络以深度学习（DL）的形式卷土重来。

数智时代以数字化的信息作为关键生产要素，以现代化信息网络作为重要载体，以智能化算法作为重要工具，提升生产运营效率和优化经济结构。海量数据与智能算法成为数智时代的两个重要元素。平台支撑、数据驱动、普惠共享和智能算法是数智时代的四大特征。

平台支撑。平台是数智时代的新物种，“云 + 网 + 端”成为全新的基础设施，并创造了全新的商业环境。相对于数字化时代下基于大众化、规模化导向的相对确定性需求，数智化技术的平台业态打破了供需之间的信息壁垒，从传统单向的降低成本和提升效率升级为生态互联的增长方式，并且技术、产业以及区域经济、社会的高度融合和螺旋式上升带来更多全新的价值创造和分配方式。

数据驱动。数据是数智时代的新能源，平台的出现，使数据的流动与共享成为可能。数智时代以数据为表征的技术、制造、产品、服务、物流、金融、组织等知识和信息成为支撑未来社会数智化发展的新型生产要素，通过现代化基础设施体系实现配置的灵活性和可扩展性。同时数据作为价值链协同体系中的统一语言，其标准性、规范性、安全性，是激活各类价值主体、提高全要素生产率的关键。

普惠共享。普惠共享是数智时代的新价值，“人人参与、共建共享”使普惠科技、普惠金融和普惠贸易成为可能。数智时代的数据、信息和知识具有流动性、场景性和社会性强的特点，社会生产是社会网络中群体智慧全周期协同、全方位融合的过程，网络中的每个主体既是数据、信息和知识的消费者，也是数据、信息和知识的所有者。

智能算法。海量数据需要智能算法，智能算法将杂乱无章的数据优化和迭代变成有价值的信息。在数智时代，边缘计算兴起，云端协同成为新的核心计算架构；融合视觉、语音、语义等人工智能（AI）能力的多模态计算，正在取代古典计算成为主流；自动驾驶等实时 AI 应用，则对计算时效性、准确性、稳定性提出更高要求。

据中国移动互联网数据库统计，截至 2020 年 12 月，中国移动互联网用户数超 16 亿，平均每人每天在移动互联网上消耗的时间大约是 6.4 小时，全国人民每天用在互联网上的时间总共约为74亿小时。同时，我国拥有众多平台型企业，形成了海量的数据积累，这些因素构成了我国数智经济高速发展的引擎和动力。

数智时代的挑战与机遇

< 案例 >

大数据和AI的融合正在催生多个创新应用，让许多不可能变成可能。

以京东为例，京东将AI和大数据技术结合在一起，构建智慧物流体系。其建立无人仓储系统，让机器人融入生产、包装、搬运、挑选等诸多环节，从而深入了解和挖掘用户的需求，灵活制订价格，拉动销售额上升。

同样是借助AI和大数据技术，重庆法院在信用卡纠纷案件中打造类型化案件智能审判平台。该平台已具备批量网上立案、智能审理裁判、深度运用数据和规范监督管理四大功能。平台上线后，法院的办案效率大幅提升，平均立案时间缩短到10分钟以内，审理时间平均缩短27.26天。

除了提高生产效率之外，“大数据+AI”还给我们的生活带来一些趣味。比如瑞典设计师Minki Kim就设计了一个智能香氛系统，其可以通过大数据采集、分析以及AI技术，自动调制出用户喜爱的专属香味，提升愉悦感。

数智技术在加速产业升级的同时，存在哪些风险和挑战呢？

运算平台、数据资源和算法是数智时代的三大支柱，与之对应的数智技术产业链包括基础层、技术层和应用层，而由大数据驱动的AI发展给不同层次的产业链带来了机遇。

基础层。数智技术对各类硬件有较高需求，从而促进了以AI提供支撑性服务的硬件平台的发展，包括芯片、传感器、数据和服务、云计算等。近年来国内外包括谷歌、IBM、阿里和腾讯等在内的巨头公司正在此领域展开激烈角逐。

技术层。基础层企业提供运算平台后，技术层企业在此基础上参与 AI 领域的核心算法研发与通用技术研发，促进相关产业的发展。该层面的布局主要包括计算机视觉和智能语音识别。艾瑞咨询调研结果显示，2020 年我国计算机视觉市场规模占 AI 行业的 57%，达 862.1 亿元，带动相关产业规模超过 2200 亿元；智能语音识别技术在教育、医疗、互联网等垂直产业的核心产品规模达到 57.7 亿元，带动相关产业经济规模达 317.7 亿元。

应用层。应用层相关的企业以解决行业问题为关键，数智技术的发展推动企业探索数智技术的垂直落地，主要在交通、医疗和金融服务等行业产生巨大价值，见表 1-1。

表 1-1　数智技术在不同行业的应用

行业	具体应用	作用
交通	带有虚拟驾驶员系统的自动驾驶汽车	减少酒后驾车、分心、疲劳驾驶所导致的车祸
医疗	医学成像诊断可以从医生的报告、检查结果和医学影像中解释重要的患者数据	打破流程和业务在传统医疗模式下信息孤立的局限性，数智化促使各个部门实现了有效协作，提高了医务人员的工作效率。
金融服务	（1）人工智能算法可以根据借款人的个人支出历史确定借款人的信用评级 （2）客户通过机器人咨询服务可以自动化地获取投资管理的建议和策略 （3）移动支付的使用	使金融服务的交付成本更低，更有针对性，为客户提供更加便捷的服务
……	……	……

尽管“大数据 +AI”应用在许多领域都正在普及，但数智时代也面临以下挑战。（1）偏见问题。人类输入带有偏见的数据或在进行算法时未考虑数据偏见都可能导致人工智能系统的偏见。（2）隐私问题。大数据时代的到来不可避免地增加了个人数据和专有数据的泄露，以及安全漏洞和恶

意访问的风险。（3）安全问题。不良的人工智能系统设计可能会产生意想不到的有害行为。（4）责任问题。人工智能设备可能会接受人类的许多决策，因此在围绕人工智能建立清晰的责任框架时可能会遇到困难。（5）黑箱算法。依赖于机器学习算法（例如深度神经网络）的人工智能往往超越大众理解导致技术信息不对等，因此数据或信息可能会受到恶意操纵。

认识企业内部控制

企业内部控制的演进

现代内部控制的理论与实务是在西方工业化的进程中建立和发展起来的。企业内部控制的演进，可以分为以下五个阶段。

1. 内部牵制阶段（Internal Check）

内部牵制阶段为 18 世纪末期至 20 世纪 40 年代。18 世纪后期，工业革命爆发，公司制、工厂组织取代了家庭手工业。为了保护资产，提高管理水平，一些公司逐步摸索出调节、制约和检查生产经营活动的办法，包括岗位分离、交叉检查与控制、账簿记录与监督检查等，以达到防弊纠错的目的，即内部牵制。“内部牵制”这个概念最早由英国的劳伦斯·罗伯特·迪克西（L.R.Dicksee）于 1905 年提出，他认为内部牵制包含了三个要素，即职责分工、会计记录与人员轮换。他认为，一个人或一个部门犯无意识错误的可能性要高于两个或两个以上的人或部门犯同样错误的可能性；一个人或一个部门更易出现舞弊行为，但若是两个或两个以上的人或部门同时做，就不太可能出现合伙舞弊。

2. 内部控制制度阶段（Internal Control System）

1936 年美国注册会计师协会（AICPA）颁布的《独立公共会计师对财务报表的审查》中，首次定义了 “内部控制”这一专业术语。它指出内部控制为内部稽核与控制制度，是为保证公司现金和其他资产的安全、检查账簿记录的准确性而采取的各种措施和方法。然而，这一定义只是狭隘地将内部控制作为保障会计资料的措施，落后于当时的内部控制实务发展，因此这一概念的提出并未引起重视与广泛接受。1949 年， AICPA 所属的审计程序委员会（the Committee on Auditing Procedure）发布了题名为《内部控制：系统协调的要素及其对管理层和独立审计师的重要性》的专题报告，在该报告中将内部控制表述为：经济组织为保护其资产完整性、保证会计资料的准确性与可靠性，推动管理部门制订的各项管理政策得以贯彻执行而采用的所有方法与措施。这一概念不仅涉及会计领域有关的控制，更涉及企业经营管理效率与效果领域，大大拓展了内部控制的范围。

3. 内部控制结构阶段（Internal Control Structure）

20 世纪 70 年代以来一连串的公司倒闭、财务欺诈与舞弊事件，引爆了对审计失败的诉讼，迫使人们反思“会计控制”与“管理控制”分合的问题。在 1988 年发布的《审计准则公告第 55 号》中，AICPA 以“财务报表审计对内部控制结构的考虑”为题，首次提出了“内部控制结构”的概念，从而取代了“内部控制制度”。内部控制结构是指企业为实现特定目标而建立的各种政策和程序。在这一公告中，还明确指出了内部控制包括三个要素：控制环境、会计系统与控制程序。

4. 内部控制整合框架阶段（Internal Control Integrated Framework）

为了探求公司舞弊的原因、后果和特征，并寻求解决之道，美国反欺诈财务报告全国委员会经过数年研究发现，近 50% 的财务报告舞弊是由于或部分由于内部控制失败，内部控制设计与执行不力是导致财务舞弊与欺诈的重要原因。故在 1987 年，该委员会成立了发起组织委员会，即 COSO，专门研究内部控制问题。在广泛吸收与整合各界对内部控制的关键需求与期望后，COSO 在 1992 年发布了划时代意义的纲领性文件《内部控制——整合框架》，即 COSO 报告。COSO 报告得到了各界的热烈响应与追捧，1994 年经过局部修改之后成为世界内部控制领域的权威框架。

5. 内部控制风险管理阶段（Risk Management Integrated Framework）

21 世纪初连续发生财务丑闻与舞弊事件，尤其是安然、施乐、世通等大公司，备受全球瞩目。投资者和监管层强烈呼吁增加新的准则来对公司内部控制予以更严格的监管，以及出台一个更为清晰明朗的内部控制框架，来识别、控制与评估公司面临的内外部风险。美国于 2002 年颁布了《萨班斯—奥克斯利法案》。其中涉及内部控制的主要集中在第 103 条款、302 条款与 404 条款，如 404（a）条款要求，管理层必须在公司的年度报告中包含其对内部控制的评估报告；404（b）条款要求，就管理层对公司内部控制做出的评估，审计师要对该评估报告进行证实和报告。该法案号称是美国资本市场监管史上的最严法案，标志着美国内部控制根本思想向实质性管制的转变。此后，COSO 委员会在吸收该法案对内部控制的规定后，在 2004 年颁布了《企业风险管理——整合框架》，将内部控制由整合框架扩展为风险管理框架。

中国企业内部控制体系

从 20 世纪 90 年代开始，我国政府便着力于推动企业内部控制建设，我国企业内部控制部分法规演讲见表 1-2。2001 年 6 月 22 日，财政部发布了《内部会计控制规范——基本规范（试行）》和《内部会计控制规范——货币资金（试行）》之后又相继发布了《内部会计控制规范——采购与付款（试行）》《内部会计控制规范——销售与收款（试行）》等一系列规范作为《会计法》的配套措施。同年，证监会发布了《证券公司内部控制指引》，该指引以内部控制五要素为基础，按照证券公司业务活动的特点对内部控制内容进行详细规定，明确了管理层检查监督内部控制的相应职责，并要求其对内部控制质量做出合理保证。

表 1-2　我国企业内部控制部分法规演进

序号	年份	部门	法规演进
1	1985	审计署	审计署关于内部审计工作的若干规定
2	1995	审计署	审计署关于内部审计工作的规定（2018 年修订）
3	1997	中国人民银行	加强金融机构内部控制的指导原则
4	1997	中国人民银行	关于进一步完善和加强金融机构内部控制建设若干意见

续表

序号	年份	部门	法规演进
5	1999	全国人民代表大会常务委员会	中华人民共和国会计法（2017年修订）
6	2001	财政部	内部会计控制基本规范（试行）
7	2002	中国人民银行	商业银行内部控制指引
8	2001	证监会	证券公司内部控制指引（2003年修订）
9	2004	银监会	商业银行内部控制评价试行办法
10	2006	国务院国资委	中央企业全面风险管理指引
11	2007	银监会	商业银行内部控制指引
12	2007	保监会	保险公司风险管理指引
13	2008	五部委	企业内部控制基本规范
14	2010	保监会	人身保险公司全面风险管理实施指引
15	2010	五部委	企业内部控制配套指引
16			企业内部控制应用指引
17			企业内部控制评价指引
18			企业内部控制审计指引
19	2010	财政部	解读《企业内部控制应用指引》《企业内部控制评价指引》
20	2010	财政部、中注协	解读《企业内部控制审计指引》
21	2011	中注协	企业内部控制审计指引实施意见
22	2011	中注协	企业内部控制审计工作底稿编制指南
23	2012	财政部等	企业内部控制规范体系实施中相关问题解释第1号
24	2012	财政部等	企业内部控制规范体系实施中相关问题解释第2号
25	2014	银监会	商业银行内部控制指引（修订）
26	2016	银监会	银行业金融机构全面风险管理指引
27	2017	财政部	小企业内部控制规范（试行）

2008年，我国发布的《内部控制评价指引（征求意见稿）》中扩展了内部控制有效性评价相关内容。之后，在2010年正式发布的《企业内部控制评价指引》中，要求根据《企业内部控制基本规范》《企业内部控制应

用指引》以及本企业的内部控制制度能围绕内部环境、风险评估、控制活动、信息与沟通、内部监督等要素，确定内部控制评价的具体内容，对内部控制设计及运行情况进行全面评价。自此我国的内部控制体系基本建立。这一体系由四个部分组成，分别是《企业内部控制基本规范》《企业内部控制应用指引》《企业内部控制评价指引》《企业内部控制审计指引》，四个部分构成一个相辅相成的整体，标志着既适应我国企业现有情况，又融合国际先进经验的中国企业内部控制规范体系的基本建成。

我国企业内部控制体系如图 1-1 所示。

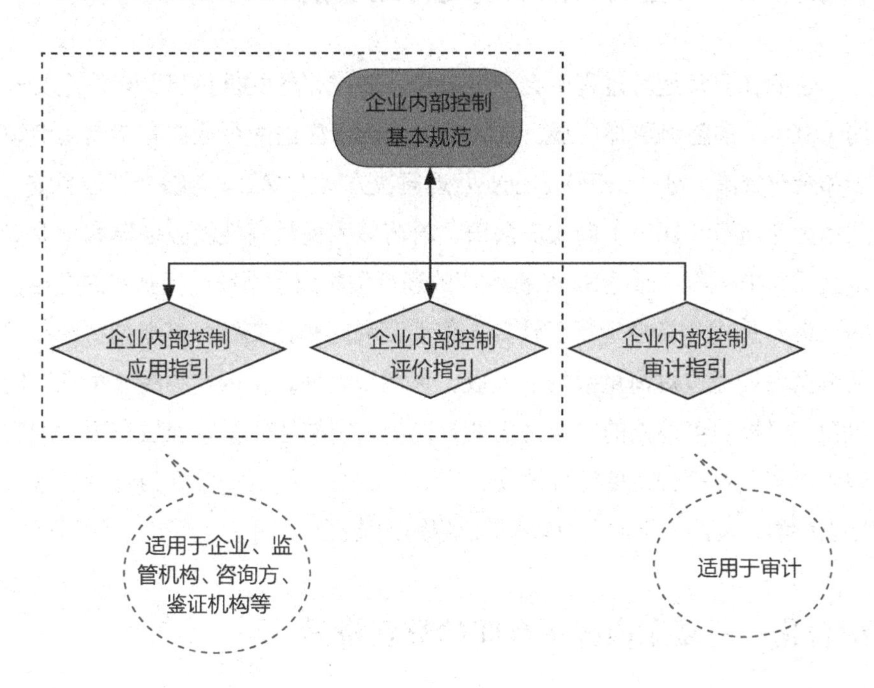

图 1-1　我国企业内部控制体系

数智时代企业内部控制的特点

大数据化——数智内控系统的神经中枢

企业在日常运转过程中会产生海量、多样化的数据信息，软件定义一切（SDX）的趋势更加明显，规模较大、技术先进的企业拥有定制化专属云和企业资源计划（ERP）、企业管理解决方案（SAP）等综合管理系统，如华为专属云（DEC）向大庆油田、哈药集团提供高性能服务器和企业专属空间，中小企业通过 SaaS 提供商的通用型集成子系统进行基本的内控，Oracle 帮助中小企业运用云计算、移动互联网和社交技术打造创新产品。大数据内控通过对海量数据的抓取、管理和处理，将内控“经验模型”向可视、可控、可追溯的“数据模型”转变，结构性使得管理层在更大的管理半径实现更高程度的管理透视，这种即时感知的数据治理为管理层进行更加科学、灵活、全面、有效的内控提供了机会。

中台化——复杂内控平台间的交互桥梁

企业内控的数智化转型离不开新型数据基础设施的有力支撑，其底层架构的核心就是数据连接。阿里巴巴的用户中心、数控服务中心、营销中心等贡献业务事业部中台在整个系统的运营和内控中都起了重要的作用，很好地连接了阿里云后台和业务前台。企业遵循“数据中台—业务中台—AI 中台和物联网（IoT）中台”的发展路径，以实际内控需求为核心，打通监控中心、决策中心、指挥中心和策略中心，形成紧密关联前、后台的智能内控中台，解决信息孤岛和数据茧房难题，支撑企业在内控科学合规的前提下高效实现各类模块的开发与运维，为数据资产管理、共享服务能力提升提供支撑，实现快速的业务创新和各种异构系统交互融合、构建数据内控治理体系的闭环管理。企业信息化进入基于数字技术驱动的全新架构中，构建的新一代的技术平台将成为企业数字化转型的必备基础设施。

实时化——多线程内控协同的实时报道

内控数据管理不善、数据不准确、数据更新延迟、数据孤岛、数据口径不一致依然是大多数企业长期面临的数据挑战。数智时代的内控将打通数据壁垒，实现全方位、全过程、全领域的数据实时流动与共享。工业互联网生态模式（C2P）工业云将营销、采购、库存、物流、财务、人事、行政、办公和运营协同进行产品全生命周期管理。一体化式的实时内控中，内控人员通过各部门联通的数据共享分析获得动态数据和实时报告，检测异常值和流程缺失，进行内控的实时处理和调整，在实时协同的信息链上进行高效透明的内部监管。

场景化——数智内控部门应用的智慧基因

数智内控体系围绕内控部门、连接各业务部门场景形成整体内控流程和制度，利用大数据、人工智能等技术搭建内控的场景化应用，突破传统的部门组织边界和信息边界限制，沉淀到各个部门的中层和基层对其业务收集场景、模式、流程、数据，建立全生命周期管理模式，建立数据模型和决策模型。如 PaaS 根据开发人员的不同需求提供开发、测试和管理软件应用程序的开发环境，其中链接各个部门对应企业实践中的所有业务数据和财务数据并进行深度分析，通过动态模拟、敏感性分析等算法模型，模拟内控流程和不同因素影响下部门绩效的不同表现来测算成本价值收益，赋能管理者做出最优决策，实现多场景、跨场景的协同内控。

运营化——智能内控催动的传动齿轮

IT 和操作技术（OT）结合将聚焦场景、围绕内控打造新运营生态，通过以业务为中心的运营生态圈、运营生态架构体系支撑智能运营生态环境，进一步推动企业数智化内控能力提升。企业通过智能内控系统和智能内控中台有效搜集、管理、共享运营信息，将内控阶段产生的基础数据、行为数据、业务数据等以标准数据格式驱动企业运营，实时感知到业务全过程并预判业务开展过程中存在的风险及问题，基于业务标准化及规则开展透明化过程可视结果可控的管理，基于透明的数据及规则体系自驱执行，让业务执行更敏捷、更主动、更精准。支持运营迭代和创新，监督运营流程的有效性，把基于智能内控的数字化运营贯穿到企业整个业务流程，构建适应企业特点的最佳运营模式。

自动化——数据驱动内控决策的磨刀利器

数据驱动数智内控价值实现基于“数据 + 规则 / 算法”，直接驱动业务更高效执行，数智内控系统将流程中间数据自动处理，减少人工审批和干预，实现内控架构扁平化、业务传输敏捷化，实现实时、多维、智能的数据处理功能，驱动企业内控自动化升级，能够判断执行和实施响应情况，协同共享的内控流程实现内外部资源的高效联通，达到响应敏捷、管理精益、自动高效、开放共享、极致体验的管理目标。自动化信息系统具备更柔性、更智能、更敏捷的性能并赋能业务发展，是企业应对市场变化的磨刀利器。

智能化——赋能内控主动决策的智能管家

管理学者彼得·德鲁克认为把握变化趋势是未来的窗口，“变化不是最重要的，变化的趋势或趋势的变化是最重要的，趋势的变化能让人发现看得见的未来。” 数智时代内控环节多变，高频决策和动态调整的需求越来越多，智能技术在企业内控系统的全面导入将在每个环节提升算力、数据处理能力和智能决策水平，使得数据从简单描述转变为分析预测。基于人机协同的智能模型主动赋能科学预警、智能决策、自动执行并形成数据反馈，形成内控决策到内控执行的闭环，充分释放数据价值，推动内控决策和业务发展。

移动化——数智内控跨空间的随行中央处理器（CPU）

企业移动化内控管理要求首先建立完善的内控架构和设施，确保多设备设施基础矩阵的安全性，确保移动终端设备在应用开发、应用安全、应用发布、设备安全各方面遵从企业管理，能够集成、融合整个数智内控体系，对移动内容、移动身份、移动应用、移动信息、移动支出等进行随时随地的管理，满足企业在多场景下进行合规检查、数据加密、应用隔离等移动管理需求。根据华为首席财务官（CFO）孟晚舟的发言，华为早在 2017 年就通过射频识别技术（RFID）物联资产管理方案将 52 个国家的 14 万件固定资产全覆盖，每 5 分钟自动上报一次位置信息，账务核算已经实现了全球 7×24 小时循环结账机制。近年来，疫情影响及灵活职业促进企业内控探索从传统的中央办公业务模式向高敏捷性的移动办公转变，将企业内控置于零信任的数字化工作空间平台发挥作用。

数智时代企业内部控制的内容

数智时代企业内部控制应用

1. 数智时代企业决策流程重构

在大数据、人工智能、移动互联网、云计算、区块链等技术的落地和协同作用下，企业可以重构采购、生产、发货、研发、综合管理等全流程，实现数智技术赋能的决策系统。

（1）数智时代企业采购决策流程。

采购业务中，选取合规的供应商并维持稳定的采购业务关系是传统企业业务流程中的重要一环。在供应商的选择过程中，企业需要考虑诸多因素，如商品质量、商品单价、发货地距离、供应商提供的账期、供应商稳定性等。传统企业往往依赖采购经理的经验判断、谈判和企业过去形成的采购业务关系来决定供应商，这就会带来内部控制缺陷，如供应商收取回扣导致原材料质量差、价格不合理、供货不及时等，所有这些问题都会影响企业的生产流程稳定性和企业的盈利能力。

在数智时代的技术赋能下，企业可以通过大数据分析来记录主要供应商的多项历史数据，并按照企业的重视程度对这些维度的评估进行赋值，通过建立数学模型的方式来为待选供应商打分，并在企业信息系统中将这些供应商集中列示，供采购经理筛选。企业可以通过建立智能化系统的方式要求采购经理不得选择评分低于某个阈值的供应商，并通过办公自动化（OA）系统将大额采购单的最终决策权交给总经理，用线上电子签名记录的模式保证每笔采购订单的决策和授权都有相关负责人确认留痕。通过大数据建立数学模型，数智时代的企业采购流程设计了可以直接比较的量化指标，使员工的主观决策作用做到“有迹可循、有法可依”，使企业的采购决策流程不再依赖主观判断和过去经验，而是通过严谨的指标进行筛选执行，体现了高质量的内部控制系统的监督控制作用。

此外，企业还可以通过智能化系统设置白名单、黑名单制度。其中，白名单可以选取长期合作良好、发货稳定、享有盛誉的优质供应商；而有过重大质量缺陷、多次推迟发货的供应商可以列入企业采购黑名单。现代企业与其供应商之间存在着紧密的声誉网络，一荣俱荣，一损俱损。

< 案例 >

2022 年 3 月 15 日的“3·15”晚会曝光了统一等厂商疑似使用插旗菜业生产的食品安全存在问题的老坛酸菜，在此之后，这些被曝光的方便面厂商都面临巨大的声誉危机，其中“老坛酸菜牛肉面”产品从“爆款”跌入谷底，在各大超市不是下架便是无人问津。这一案例体现了供应商产品质量和声誉对供应链企业的协同影响，采购环节的内部控制体系薄弱、企业对可信供应商的关注有限，使内部控制的缺陷影响了企业全部的经营流程，对企业的股东价值造成了损害。

数智时代下，企业可以通过大数据、移动互联网、文本分析等技术了解供应商的产品质量缺陷和声誉问题。例如，通过爬虫技术、自然语言处理技术、文本分词和语调分析等新技术跟踪、关注企业供应链网络中重点供应商的网络舆情和负面消息，一旦发现重点供应商存在问题，立刻在企业系统的可信供应商表中将其剔除，避免其负面消息影响自己。除了产品的质量问题外，企业还应关注供应链网络中供应商的意识形态言论、安全生产情况、社会责任等，通过舆情监督保证供应商的可靠性，从而健全全面的内部控制体系，保证企业长期的稳定性。

（2）数智时代企业库存管理内部控制体系。

企业的库存管理是企业生产流程中的重要一环。传统的库存管理理论中，往往采用经济批量订货模型确定企业的经济订货批量，随着时代的发展，部分企业也提出了零库存模型等细化管理的理想模型。然而，企业的库存管理及在途物资管理成本在现实中更加复杂，供应商的稳定性、订单的变动性、运输的不确定性等都会影响企业的实际管理执行。传统的内部控制体系中，多次复核、多人管理等方式可用于降低产品非正常损耗和人员舞弊的可能性，但还是存在内部控制被绕过的风险，使企业出现更大的损耗和存货保全风险。

数智时代赋能下，企业可以通过各种技术协同对存货和在途物资进行管理，提升内部控制系统的有效性。例如，利用 RFID 对每批存货进行登记管理、实时监控；利用无人机和卫星等技术监控重要物资的安全性和存在性；利用快递机器人节省人力资本的同时降低人为损耗和失误发生的概率和可能性；利用物联网技术实现资产的线上线下联查等。此外，为了敏锐了解市场需求变化并及时做出应对，企业可以通过大数据分析、爬虫等方式对市场进行分析，实时调整自身的经营决策，并调控自身的存货水平，实现更低的存货成本。通过数据中台等技术，数智时代赋能下的内部控制体系能保证企业实际上掌握的资产都能在管理者的面前可视化体现，从而使管理者精准把握未来的生产经营要点。

（3）数智时代企业风险控制体系。

传统上，企业的风险管理内部控制体系往往依赖于管理者的经验判断，对于风险决策、可疑交易的识别和预防能力较为有限。例如，银行业可以开发基于人工智能技术的监控机器人核查、识别潜在的可疑交易，甚至及时冻结账号。又如，如果客户在短时间内进行了多次交易、在异地或境外消费等，监控机器人会评估客户行为模式的细微差异，并研判是否属于异常情况，及时防止客户利益受损、制止违法犯罪活动。数智时代下，企业可以利用类似银行业采用的风险控制授信系统来智能预警疑似舞弊的可疑交易，并自动叫停交易和操作，同时通知负责的相关人员。

2. 数智时代企业业务流程自动化

企业可以将以往需要员工参与的枯燥的、重复的流程性工作交给智能流程自动化（IPA）机器人，把员工解放出来。这样不仅可以降低员工因为重复性的工作出现疲劳从而导致失误的可能性，还能降低人力资源成本，让员工从事更具有创造性的工作。

IPA 技术是 AI 和 RPA 的组合，其中 AI 技术是 IPA 技术的大脑，负责模仿人类员工的职能，对简单的流程和工作进行判断；而 RPA 技术是 IPA 技术的双手，负责高效率地执行重复的流程。企业的流程性工作，如报销等，需要较少的员工判断（如报销的额度和理由是否合理）和大量的重复流程（如批准、付款等），这种工作在现有内部控制体系的缺陷主要体现在易发生舞弊，如报销人员和申请人员伪造单据、相互串通、中饱私囊或超额报销、重复报销等，以及业务流程烦琐耗时，影响员工的体验。

< 案例 >

2020 年，科大讯飞年报销单超过 30 万笔，覆盖了 100 多家子公司，有 15 000 多名员工在这个平台上进行报销，形成了一个需求量巨大、流程烦琐复杂的财务场景。科大讯飞报账机器人的基本原理是线上线下同时进行。使用报销机器人的员工通过智能填报终端，在手机端填报成功后，它的电子流将会在线上的系统进行流通；同时发票无须粘贴，把发票装到一个带有二维码的信封中，信封在线下的实物流进行流转，这个二维码将线上流和线下流之间建立起紧密的、可追溯的联系，同时又使两个流程可以同时高效正常运行。线上的信息流通过智能手机的填单之后会经过一系列的业务审批流程，科大讯飞使用 AI 技术产生了业务审批的智能审单助手，帮助业务领导实现自动化审批；最后是自动入账之后直接向员工付款。在实务流方面，装有发票的二维码信封将会通过智能硬件实现自动装箱和归档，完成信息留存工作。

科大讯飞的 IPA 报销机器人上线后，报销时间由原来的 15 分钟缩短到 5 分钟，效率提升了约 66.67%；智能自动审核引擎也使审核会计的工作效率有了很大的提升，发票验真查重工作实现了自动化、智能化，审核工作由原来的平均 5 分钟缩减到秒级之内；最后，IPA 技术优势使公司可以实时追溯检查预算和费用标准，并对线上信息流和线下实物流实现闭环管控、一码联查。最近数年内，科大讯飞的业务规模以平均每年 30% 的速率扩大，但审核人员数量从报账机器人上线之后不增反降，为公司提升了工作效率，减少了人力资源成本，直观地体现了IPA技术创造价值的能力。

本案例代表性地体现了数智时代下重复性流程的内部控制质量得到提升，从而为公司和员工带来价值的能力。

3. 数智时代企业内部控制体系安全性

（1）数智时代企业内部控制体系可追溯性。

传统的内部控制体系设计的思想为假定人会发生失误和舞弊，从而设计健全的控制体系将人限制起来，通过职权限制、资产接触限制、流程签名、第三人复核确认等机制最大限度提高舞弊行为被发现的概率和舞弊的成本。然而，传统的内部控制由于技术的限制，往往存在内部控制被绕过或管理层权力凌驾于内部控制体系之上，从而使内部控制流于形式的情况。数智时代企业内部控制体系的整体重构思想为：最大限度地减少人的参与，将容易发生舞弊和失误的操作交给计算机系统执行；对于必须由人管理、决策和授权的工作，可以通过技术保证可追溯性和不可抵赖性。例如，利用区块链技术开具的发票、单据等，从区块链的原理就可以保证开票人的电子签名无法篡改，从而可以通过追踪留痕来追责，相比于传统上使用印章、签名可能被伪造、模仿等大大提升了安全性，降低了员工舞弊的可能性，提升了内部控制系统的安全性和有效性。对于企业资产的物理安全性，传统上使用登记等方式进行接触监督，而数智时代的内部控制体系可以利用指纹识别、面容识别等方式保证企业的资产难以被挪用。对于企业数据和商业机密的安全性，数智时代的内部控制体系可以通过信息权限等方式限制接触信息的范围，并且可以通过加密等方式防止数据被复制和移动。

（2）数智时代企业内部控制体系数据稳定性。

在建立数智时代企业内部控制体系时，很多企业本身并不是互联网企业，而是传统的制造业企业，因此对数据安全稳定的维护经验不足。事实上，在企业的内部控制体系高度依赖多种数智技术时，如果数据丢失或系统宕机，那么最后在执行效果上反而不如传统的内部控制体系。因此，企业应该做好数据的安全备份，并通过云备份、分布式存储等方式对数据进行多层

次的保险，降低数据丢失的可能性。同时，数据和服务器的接触都要设置权限，防止别有用心的人通过破坏数据或服务器来实现舞弊。企业可以通过聘请网络安全专家、设置防火墙等方式保护自身数据的可靠性和安全。

（3）数智时代企业内部控制体系可迭代性。

企业设计的内部控制体系必须和自身业务及运营模式密切相连，数智时代企业内部控制体系也是如此。由于利用了大数据、人工智能、移动互联网、云计算、区块链、物联网等多种新型技术，技术的变革和更新速度较快，企业需要及时了解技术的变化，并且完成技术的革新迭代，保证数智时代企业内部控制体系的完整和健全。同时，需要保证内部控制体系的可理解性和易用性，针对员工进行继续教育培训，使企业员工有意愿和能力利用数智时代内部控制体系优化业务，提升企业的经营能力和盈利能力。随着企业的发展和业务变化，企业需要针对业务的多样性完善自身的数智时代企业内部控制体系，保证其与企业业务的协同一致，以最大限度发挥数智技术企业内部控制体系的价值。

数智时代企业内部控制评价

与传统的内部控制体系评价类似，数智时代企业内部控制评价的目标与以往一样，但数智技术改变了内部控制评级的流程和方法。

1. 数智技术内部控制体系的存在性和有效性

进行数智时代企业内部控制评价，首先要评估基于数智技术建立的内部控制体系的存在性和有效性。企业有时会应付性地采用新技术，但往往不在其日常经营活动中使用，而是继续使用其熟悉的传统模式。因此，首先要确保企业确实通过大数据、人工智能、移动互联网、云计算、区块链、物联网等技术建设了真实可用的数字化系统和网络，并且利用这些技术协同控制企业的采购、生产、发货、开票、研发等全流程的业务。例如，企业的数智技术内部控制系统是否能被一线员工使用；该系统是否能掌握企业的生产经营活动信息，并且与真实发生的业务相符；该系统是否能被工作人员绕过，从而带来舞弊的风险；该系统授予相应人员的权力是否与其职责对应；该系统是否能够在保证真实性、准确性、完整性的前提下完成自动化流程。最后，要评估数智技术内部控制体系没有流于形式，即企业采用的数智技术确实足以满足其生产经营活动的内部控制需要。

2. 数智技术内部控制体系是否能贯彻企业的所有重要流程

数智技术内部控制体系的一个重大优势在于其可以实现全业务流程以及业务与财务的有机融合。企业实际发生的生产经营活动是一个动态循环的过程，如果仅在某个环节的控制中采用数智技术，而无法与其他环节融合，那么带来的额外摩擦成本反而会降低企业的内部控制质量，还会降低效率和增加错误。因此，企业需要评估全业务流程的协同内部控制效果。例如，在采购和付款循环中，要评估企业是否利用大数据方法对供应商进行了筛选，企业的收货入库是否能做到数字化系统和实物盘点实时保持一致，企业是否能通过系统自动付款，在销售和收款循环中，数字化系统是否能及时响应订单，订单是否能自动唤起库存系统处理发货事宜，财务系统是否能自动记账。宏观来看，还需要评估企业是否能通过数据中台、数据一体化、数据可视化系统来对企业的全维度经营活动进行监管控制。

3. 数智技术内部控制体系是否能被员工正确使用或理解

数智技术的使用对企业的所有层次员工都是新的挑战。因此，企业需要评估自身数智技术内部控制体系的可理解性和易用性。好的技术在使用中并不一定非常复杂，企业需要通过对技术的优化，降低技术的使用门槛，使从管理层到一线生产员工都有意愿和能力通过数智技术内部控制体系完成企业的经营管理工作。

企业还需要定期组织员工对新技术进行继续教育学习，从而使数智技术内部控制体系更好地发挥作用。对于高级管理人员，还需要做到能通过业务一体化、数据可视化了解企业各业务流程的全貌，并且通过多种数据集中分析来制订、贯彻和实现企业的战略级目标。

数智时代企业内部控制审计

与内部控制评价类似，企业内部控制审计也是针对企业的内部控制体系和系统的健全性进行的测试。不同的是，内部控制审计往往由审计委员会负责，或由审计委员会聘请专门的注册会计师进行。数智时代下，企业内部控制审计的工作和涵盖范围存在一定的变化。

由于数智时代下企业内部控制体系对技术和计算机系统的依赖性更强，内部控制审计中对计算机系统的安全性测试更为重要。传统上内部控制审计利用控制测试、穿行测试等来检验企业的业务流程的健全与可靠。而数智时代企业的内部控制审计需要执行更多的信息系统审计。例如，需要评估数据的安全性和可靠性，即服务器的数据是否实现了分布式存储，数据是否能备份到云端，服务器是否可以应对断电，计算机系统是否有安全软件和防火墙以防范病毒和勒索软件袭击。

由于企业的业务流程更多地由智能化机器人完成，内部控制审计还需要评估自动化流程的容错性和稳健性。例如，针对恶意下单的行为，企业使用的智能化机器人是否能识别并忽视，而非调配生产部门加紧生产从而浪费资源；在业务高频发生的周期中，服务器是否会出现无法响应的情况，从而无法向供应商付款或多次付款；企业用于报销的智能化机器人是否能预警多次报销、超额报销的情形并及时汇报。

此外，内部控制审计需要结合信息系统审计评估内部控制缺陷。有时，更复杂的系统往往存在更大的概率发生缺陷。因此，内部控制体系需要结合信息系统的设计，找到内部控制可能会被绕过的情况，或职权过大可以凌驾于内部控制的情形。通过信息系统的穿行测试，内部控制审计要保证每个决策流程都有真实、不可篡改、可溯源的留痕，如数字签名、面容识别、指纹识别等。

数智技术下的内部控制审计也需要针对各层级员工展开询问。具体来说，需要保证不同层级的员工可以理解并正确使用自身职责范围内的信息系统，同时还需要保证员工在实际的生产经营活动中确实使用了数智技术，而非为了应对检查而流于形式。

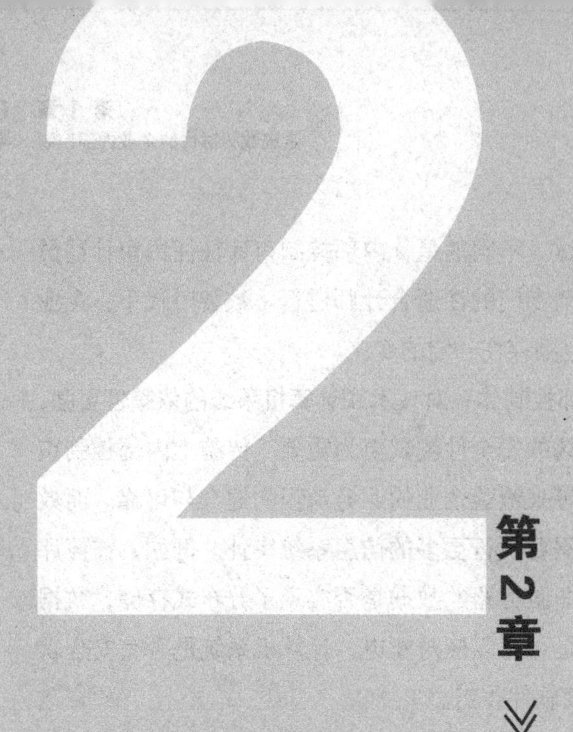

第2章

数智时代企业内部环境类的内部控制

扫码即可观看
本章微视频课程

组织架构

组织架构，是指企业按照国家有关法律法规、股东（大）会决议和企业章程，结合本企业实际，明确股东（大）会、董事会、监事会、经理层和企业内部各层级机构设置、职责权限、人员编制、工作程序和相关要求的制度安排。

（1）组织架构内部控制的目标。

组织架构内部控制的目标是更高效地实现企业战略目标和各项经营目标，进一步明确股东（大）会、董事会、监事会、经理层和企业内部各层级机构设置以及职责权限，进一步明确工作程序和相关制度的要求。

（2）组织架构的主要风险。

企业应当关注组织架构设计与运行中的下列风险。

首先，治理结构形同虚设，缺乏科学决策，缺乏良性运行机制和执行力，可能导致企业经营失败，难以实现发展战略；其次，内部机构设计不科学、权责分配不合理，可能导致机构重叠、职能交叉或缺失、推诿、运行效率低下。

（3）现代公司的治理结构。

现代公司的治理结构如图 2-1 所示。

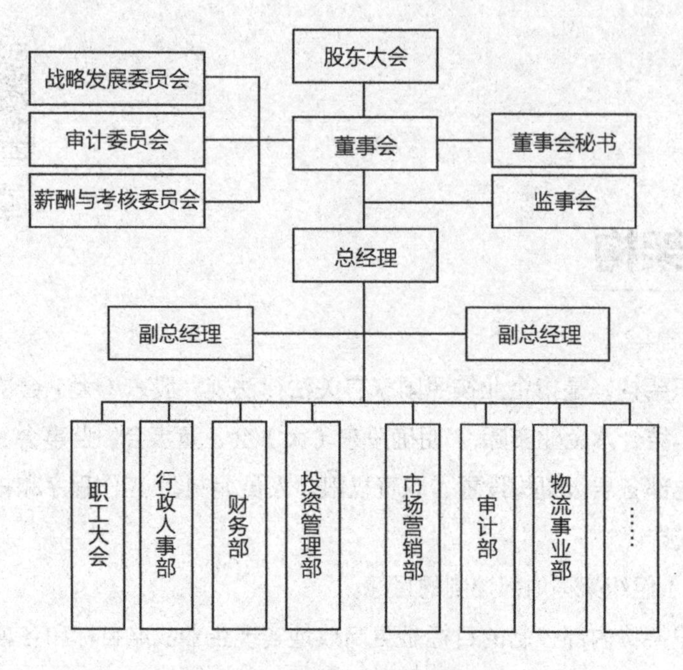

图 2-1 现代公司的治理结构

股东大会由全体股东组成，是公司的权力机构。股东大会按照公司章程的有关规定履行其相关权限。股东大会会议分为年度股东大会和临时股东大会两种。年度股东大会，每年召开一次，并应当于上一会计年度结束后的 6 个月内举行。有表 2-1 情形之一的，公司应在事实发生之日起 2 个月内召开临时股东大会。

表 2-1 召开临时股东大会的情形

序号	具体情形说明
1	董事人数不足《中华人民共和国公司法》规定人数或者本公司章程所定人数的 2/3 时
2	公司未弥补的亏损达实收股本总额的 1/3 时
3	单独或者合计持有公司 10% 以上股份的股东请求时
4	董事会认为必要时
5	监事会提议召开时
6	法律、行政法规、部门规章或公司章程规定的其他情形

董事会对股东大会负责，按公司章程有关规定行使公司的经营决策权。公司董事长、董事的产生和任期由公司章程规定。董事会会议由董事长召集和主持。董事长不能履行职务或者不履行职务的，由半数以上董事共同推举一名董事履行职务。董事会的议事方式和表决程序，按公司章程和董事会议事规则规定进行。

监事会应当包括股东代表和适当比例的公司职工代表，其中职工代表的比例不低于 1/3。监事会中的职工代表由公司职工通过职工代表大会、职工大会或者其他形式民主选举产生。监事会设主席 1 人。监事会主席由全体监事过半数选举产生。监事会主席召集和主持监事会会议，监事会主席不能履行职务或者不履行职务的，由半数以上监事共同推举一名监事召集和主持监事会会议。监事可以列席董事会会议，并对董事会决议事项提出质询或者建议。

董事、高级管理人员不得兼任监事。监事会每 6 个月至少召开一次会议。监事可以提议召开临时监事会会议。

公司设总经理 1 名，副总经理不超过 3 名，财务总监 1 名。总经理由董事会决定聘任或者解聘。副总经理、财务总监由总经理提请董事会聘任或者解聘。总经理对董事会负责，按公司章程有关规定行使职权。总经理列席董事会会议。

除此之外，董事会下设董事会秘书、战略发展委员会、审计委员会、薪酬与考核委员会，其职责如表 2-2 所示。

表 2-2 董事会下设机构（人员）职责

董事会下设机构（人员）名称	董事会下设机构（人员）职责
董事会秘书	主要负责公司股东大会和董事会会议的筹备、文件保管以及公司股东资料的管理、信息披露事务的办理等事宜
战略发展委员会	主要负责对公司长期发展战略和重大投资决策进行研究并提出建议
审计委员会	主要负责公司内外部审计的沟通、监督和核查工作
薪酬与考核委员会	主要负责制订公司董事及经理人员的考核标准并进行考核，负责制订、审查公司董事及经理人员的薪酬政策与方案

经理层下设行政人事部、财务部、投资管理部、市场营销部、审计部、物流事业部和职工大会。公司各部门负责人及部门员工由经理层决定和聘任。审计部负责人应事先经审计委员会确认。各职能部门的主要职责如表 2-3 所示。

表 2-3 职能部门的主要职责

部门名称	部门职责
行政人事部	行政人事部包括行政协调、人力资源管理和办公保障中心，主要承担公司内部及与外部相关组织的沟通协调、人力资源规划管理、综合服务保障、外事管理等职能，以确保公司人力资源高效率配置和内部管理体系的完整平稳运作
财务部	财务部是对公司的经济活动进行业务核算及财务管理的核心部门，其主要职能是按照国家有关财务会计制度，真实、完整地反映公司的财务状况和经营成果。同时，通过有效的财务管理，公司能降低经营成本、提高劳动生产率，实现公司资本的保值增值
投资管理部	投资管理部作为公司投资规划中心和下属控股公司董事会常设的日常管理机构，主要承担投资计划论证、实施以及投资项目股权经营管理、资产管理、法律事务等职能
市场营销部	市场营销部主要承担公司的业务开发、项目策划、销售管理、客户管理、业务协调和商务事务处理，并参与、配合、协调、指导下属公司的市场营销和客户管理等工作
审计部	审计部在董事会审计委员会的指导下独立开展工作，主要负责对公司及所属成员企业的内部控制、风险管理、经济效益、财务收支及有关的经营活动进行审计监督，并向公司经理层或审计委员会及监事会报告
物流事业部	物流事业部承担物流项目的开发，按市场化原则组织公司内各物流板块资源以推进项目实施，通过项目带动和业务创新推动公司的物流资源整合和现代化物流的发展

（4）组织架构的运行。

公司应重点关注以下三个方面的问题，一旦发现问题，应及时按规定的权限和程序进行处理。

首先，董事会是否按规定定期或不定期地召集股东大会并向股东大会报告；是否严格、认真地执行股东大会的所有决议；是否合理地聘任或解聘总经理及其他高级管理人员等。

其次，监事会是否按照规定对董事、高级管理人员进行监督；在发现相关人员违反法律法规或做出损害公司利益的行为时，是否能够制止、纠正其行为或提出对其予以罢免的建议等。

最后，经理层是否认真、有效地组织实施董事会决议；是否认真、有效地组织实施董事会制订的年度生产经营计划和投资方案；是否能够完成董事会确定的生产经营计划和绩效目标等。

公司投资管理部负责草拟并执行对子公司的管控制度，对子公司的发展战略及重大投资决策制订、主要资产处置、董 / 监事派出及高级管理人员管理、内部控制体系建设等事项，按相关规定予以严格管控，具体措施如下。

（1）全面梳理治理结构和内部机构。

公司应当根据组织架构的设计规范，对现有治理结构和内部机构设置进行全面梳理，确保本公司治理结构、内部机构设置和运行机制等符合现代公司制度要求。在梳理治理结构的过程中，应当重点关注董事、监事、总经理及其他高级管理人员的任职资格和履职情况，以及董事会、监事会和经理层的运行效果。治理结构存在问题的，应当采取有效措施加以解决。在梳理内部机构设置过程中，应当重点关注内部机构设置的合理性和运行的高效性等。内部机构设置和运行中存在职能交叉、缺失或运行效率低下的，应当及时解决。

（2）监控子公司。

对拥有子公司的公司，应当建立科学的投资管控制度，通过合法有效的形式履行出资人职责、维护出资人权益，重点关注特别是异地、境外子公司的发展战略、年度财务预决算、重大投融资、重大担保、大额资金使用、主要资产处置、重要人事任免、内部控制体系建设等重要事项。

（3）及时全面评估组织架构。

公司应当定期对组织架构设计与运行的效率和效果进行全面评估，发现组织架构设计与运行中存在缺陷的，应当进行优化调整。公司组织架构调整应当充分听取董事、监事、高级管理人员和其他员工的意见，按照规定的权限和程序进行决策审批。

发展战略

发展战略是指企业在对现实状况和未来趋势进行综合分析和科学预测的基础上，制订并实施的长远发展目标与战略规划。发展战略可以为企业找准市场定位，发展战略是企业执行层行动的指南，发展战略为内部控制设定了最高目标。

发展战略内部控制的目标

发展战略规定了企业中长期战略规划的编制、审核、批准、执行、内审评价，旨在根据企业发展经营现状，协调企业内外各项资源，制订在未来一定时期内能够平稳、有序达到的中长期发展目标。

发展战略的主要风险

缺乏明确的发展战略或发展战略实施不到位，可能会导致企业盲目发展，难以形成竞争优势，丧失发展机遇和动力。发展战略过于激进，脱离企业实际能力，可能导致企业过度扩张，甚至经营失败。发展战略因主观原因频繁变动，可能导致资源浪费，甚至危及企业的生存和可持续发展。

发展战略风险的控制

从内部控制的角度，针对发展战略要进行风险分析和控制。以某公司为例，发展战略风险控制见表 2-4。

表 2-4 发展战略风险控制示例

风险编号	风险描述	对应控制目标编号	关键控制措施编号	关键控制措施	不相容职务	控制活动类型	对应制度	控制痕迹	会计报表认定 1. 存在和发生 / 真实性；2. 完整性；3. 权利与义务；4. 估价或分摊；5. 表达和披露					会计报表项目
									1	2	3	4	5	
1.1-R1	国家及地方相关产业政策变动造成经营成本增加	1.1-CT1	1.1-CA1	公司及子公司及时掌握并了解国家及地方相关产业政策并进行初步研究，市场部牵头各部门对政策进行充分研究分析，报公司总经理办公会议进行集体商讨，研究应对方案		预防型	战略规划管理程序	国家相关行业政策文件						
1.1-R2	新技术研发落后于竞争对手，导致产品无法满足客户需求，影响公司销售收入	1.1-CT2	1.1-CA2	公司由技术部收集国内外最新行业技术研究资料，根据公司技术开发情况和实际需求，对信息进行分析研究，对于符合公司发展情况且具备相应资源的，形成科研可行性研究文件，报公司领导及相关部门进行商讨		预防型	战略规划管理程序	国内外科技文件资料						
1.1-R3	下游行业市场波动造成产品需求不稳定，影响公司销售收入	1.1-CT2	1.1-CA3	公司市场部对下游市场需求及波动情况信息进行收集、分析，定期报公司相关部门及领导进行商讨，制订相对应的市场策略		预防型	战略规划管理程序	市场调查报告						
1.1-R4	未获取合理数量的生产原材料，缺乏资源进行生产，影响公司持续稳定生产	1.1-CT3	1.1-CA4	采购部应当指定专人负责跟踪主要原材料的市场供应量以及价格的走势并将信息及时传递给相关领导		预防型	战略规划管理程序	主要原材料调查报告						

续表

风险编号	风险描述	对应控制目标编号	关键控制措施编号	关键控制措施	不相容职务	控制活动类型	对应制度	控制痕迹	会计报表认定 1. 存在和发生 / 真实性；2. 完整性；3. 权利与义务；4. 估价或分摊；5. 表达和披露					会计报表项目
									1	2	3	4	5	
1.1-R4	未获取合理数量的生产原材料，缺乏资源进行生产，影响公司持续稳定生产	1.1-CT3	1.1-CA5	公司应当建立原材料储备以及备选供应商储备制度，当主要原材料未来供应可能存在不足时，公司应当及时采购相关原材料以达到合理储备量；或当主要供应商发生供货困难时，公司应当及时联系备选供应商协商供货事宜		预防型	战略规划管理程序	主要原材料储备及备选供应商储备制度						
1.1-R5	企业与相关战略合作伙伴进行合作经营时，缺乏合理的选择与合作机制，导致合作失败或公司利益受损	1.1-CT2	1.1-CA6	公司建立广泛的社会关系，建立公司良好的形象，并积极收集各类行业信息和数据，识别潜在战略合作伙伴 公司与相关战略合作伙伴合作前，先进行可行性分析及尽职调查，内容包括项目合作理念、项目初选、预期目标、合作方式、行业市场分析、合作对象核心竞争力分析、公司现有资源分析等 根据公司战略发展目标的调整对现有战略合作伙伴进行评估，筛选符合公司发展的战略合作伙伴		预防型	战略规划管理程序；对外投资管理规定	项目可行性分析；尽职调查报告；谈判纪要；战略合作协议						

续表

风险编号	风险描述	对应控制目标编号	关键控制措施编号	关键控制措施	不相容职务	控制活动类型	对应制度	控制痕迹	会计报表认定 1. 存在和发生 / 真实性; 2. 完整性; 3. 权利与义务; 4. 估价或分摊; 5. 表达和披露					会计报表项目
									1	2	3	4	5	
1.1-R6	未能制订符合公司发展目标的中长期战略规划，影响公司发展目标的实现	1.1-CT2	1.1-CA7	根据公司战略计划和发展需要，由董事会及高层领导会议讨论提出中长期战略规划目标		预防型	战略规划管理程序	中长期战略规划						
1.1-R7	中长期战略规划流程职责划分不明确，导致中长期规划与公司实际发展情况不符	1.1-CT2	1.1-CA8	公司战略委员会负责公司总体发展战略规划和各职能战略规划的审议、决策、核准		预防型	战略规划管理程序	战略规划审议会会议纪要、会议决议						
		1.1-CT2	1.1-CA9	战略管理部负责公司各职能战略规划的汇总，牵头负责公司总体发展战略规划的起草、修订、上报审查、实施及控制，负责公司职能战略规划中的《中长期发展规划》起草、修订、上报审查		预防型	战略规划管理程序	中长期发展规划						
		1.1-CT2	1.1-CA10	公司各职能部门负责本部门职能战略规划的起草、修订、上报审查		预防型	战略规划管理程序	各职能战略规划						
1.1-R8	公司中长期战略规划未经充分讨论、审批，导致中长期战略规划不合理，影响公司稳定、持续的发展	1.1-CT2	1.1-CA11	中长期战略规划须经过公司管理层逐层报批，按照决策权限报总经理、董事会审议、决策、讨论，提出执行意见		预防型	战略规划管理程序	总经理批示、董事会决议						

续表

风险编号	风险描述	对应控制目标编号	关键控制措施编号	关键控制措施	不相容职务	控制活动类型	对应制度	控制痕迹	会计报表认定 1. 存在和发生 / 真实性；2. 完整性；3. 权利与义务；4. 估价或分摊；5. 表达和披露					会计报表项目
									1	2	3	4	5	
1.1-R9	在战略规划前期，未能进行充分调研，导致战略规划的决策无有效依据，影响战略规划的合理准确	1.1-CT2	1.1-CA12	收集整理研究资料，编写战略规划研究报告，主要包括：战略发展方向、战略目标、战略风险评估及内外部环境影响等内容。将战略规划研究报告提交风险管理委员会、总经理及董事会决议		预防型	战略规划管理程序	总经理批示、董事会决议						
1.1-R10	中长期战略规划不符合国家有关法律法规和内部规章制度要求，导致外部处罚、经济损失和信誉损失风险	1.1-CT1	1.1-CA13	战略规划内容的审核须参照国家有关法规规定，审核过程中发现违反相关规定的内容应及时向公司管理层反映并进行修改调整，确认无误后提交公司董事会审核批复		预防型	战略规划管理程序	董事会决议						
1.1-R11	中长期战略规划调整变动过于频繁，导致公司资源浪费	1.1-CT2	1.1-CA14	战略规划的制订须经过管理层的严格审核，避免重复修改及调整。战略规划调整后须及时上报公司总经理、董事长及董事会审核确认		预防型	战略规划管理程序	总经理批示、董事会决议						

人力资源

人力资源，是指企业组织生产经营活动而录（任）用的各种人员，包括董事、监事、高级管理人员和其他员工。

人力资源内部控制的目标

人力资源内部控制的目标如下。

通过需求调查与预测，制订企业人力资源需求计划，以满足企业经营发展对人力资源的需求，从而推进企业发展战略目标的实现。

了解企业人力资源状况及需求情况，灵活选择聘用方式，并充分利用企业现有人力资源，吸引并保持一定数量的具备特定技能、知识结构和能力的专业人才。

为人力资源管理提供重要信息及决策依据。

人力资源的主要风险

企业人力资源主要面临以下五个方面的风险：（1）人力资源缺乏或过剩、结构不合理、开发机制不健全，可能导致企业发展战略难以实现；（2）资源激励约束制度不合理或者关键岗位人员管理不完善，可能导致人才流失、经营效率低下或关键技术、商业秘密和国家机密泄露；（3）人力资源退出机制不当，可能导致法律诉讼或企业声誉受损；（4）人力劳动力成本大幅度上升的风险；（5）员工队伍不稳定的风险。

人力资源的引进与开发

1. 引进环节的控制措施

企业在选拔高级管理人员和聘用中层及以下员工时，应当切实做到因事设岗、以岗选人，在遵循德才兼备、以德为先和公开、公平、公正的原则上，避免因人设事、设岗。对于企业招聘的高级管理人员和专业技术人员，应关注应聘人员的履约资格和实际能力，特别是掌握企业发展命脉核心技术的专业人员。重点关注选聘对象的价值取向和责任意识，避免新员工对企业文化的不融合。在选聘人员试用期前实施岗前培训，首先要让新员工了解自己的岗位职责的具体内容及企业的具体流程及相关的企业文化，对试用期考核达标的员工按《中华人民共和国劳动法》签订劳动合同，对核心技术的专业人才要增加保密协议的签订，在遵循按劳分配、同工同酬的原则上，建立科学的员工薪酬制度和激励机制，不得克扣或无故拖欠员工薪酬。企业应建立高级管理人员与员工薪酬的正常增长机制，切实保持合理水平，维护社会公平。

2. 开发环节的控制措施

为促使员工与企业共成长，减少人才的流失，避免给企业的正常运作和长远发展带来隐患，企业应根据人力资源能力框架要求，明确各岗位的职责权限、任职条件和工作要求。

企业应当加强职工代表大会和工会组织建设，维护员工合法权益，积极开展员工职业教育培训，创造平等发展机会。企业应当尊重员工人格，维护员工尊严，杜绝性别、民族、宗教、年龄等各种歧视，保障员工身心健康。

在社会保险方面，企业应及时办理员工社会保险，足额缴纳社会保险费，保障员工依法享受社会保险待遇，并按照有关规定做好健康管理工作，预防、控制和消除职业危害；按期对员工进行非职业性健康监护，对从事有职业危害作业的员工进行职业性健康监护；同时企业应遵守法定的劳动时间和休息休假制度，确保员工的休息休假权利。

为充分发挥员工的才干，企业应做到以下四点：一是建立科学的业绩考核体系；二是建立员工培训长效机制；三是在企业的发展战略下，确保

长期可持续性发展，这样有利于员工规划自己的职业生涯，确保员工在企业的持续稳定及优化的状态；四是营造尊重知识、尊重人才和关心员工职业发展的文化氛围，以积极向上的企业文化，提升员工对企业的认同感，来加强企业凝聚力和竞争力。

人力资源引进和开发的控制流程示例见表 2-5。

表 2-5 人力资源引进和开发的控制流程示例

序号	人力资源规划流程	责权部门 / 人	作业要求	时间要求	参考文件 / 使用表单
1	部门内部研讨	人力资源部	主持召开部门年度人力资源规划研讨会，围绕公司战略规划、年度经营计划开展研讨，把握公司战略对人力资源规划的各项要求	每年 10 月	公司战略规划、年度经营计划
2	分析、评估与规划	人力资源部	开展人力资源需求分析、人力资源现状评估及人力资源规划，并形成相应报告	一周内	人力资源需求分析报告、人力资源现状评估报告、人力资源规划报告
3	专题研讨	人力资源部	召开年度人力资源管理研讨会，对三项报告进行充分研讨	一周内	
4	修改	人力资源部	根据研讨会成果修改人力资源规划报告	三天内	
5	审批（NO：返回修改；YES：下发与宣讲）	人力资源部	审批人力资源规划报告	两天内	
6	下发与宣讲	人力资源部	组织人力资源规划报告的下发与宣讲工作	一周内	

人力资源的使用与退出

1. 使用环节的控制措施

企业要建立后备人才的储备计划，实施优化配置人力资源，企业不能只重视招聘的新人，而更应加强对现有员工的培养，在关键的岗位职责设置上，应制订不相容岗位相互分离。应当制订各级管理人员和关键岗位员工定期轮岗制度，明确轮岗范围、轮岗周期、轮岗方式等，形成相关岗位员工的有序、持续流动，全面提升员工应变能力，增加员工之间工作性质的理解，从而促进员工的团队精神。一个人在同一岗位上待的时间越长，越容易产生惰性，没有新鲜感，没有热情。通过轮岗能揭露工作中存在的不足。对于不适合岗位的员工可以采用调岗、调岗前再培训，对不适合企业发展的员工直接采用退出机制，这样才能保证企业团队的精干、高效和富有活力。

企业应建立和实施绩效考评制度，科学设置考核指标体系，对企业内部各责任单位和全体员工的业绩进行定期考核和客观评价，将考评结果作为确定员工薪酬以及职务晋升、评优、降级、调岗、辞退等的依据。

2. 退出环节的控制措施

企业对辞职员工不能无动于衷，应从观念上改变那种走了就走了、大不了企业再招人顶替、企业离开谁都能正常运转的想法，企业的损失不仅是招聘费、培训费，更重要的是会给企业产生负面影响。企业要了解员工辞职的真实原因，尽可能挽留有价值的员工。关键岗位人员离职前，企业应让专业对口的人员实施工作交接或离任审计，避免人员离职后相关的资源流失。企业要履行社会责任，同时应避免在正常经营情况下批量辞退员工，增加社会负担。

人才是企业最好、最重要的资源，企业拥有优秀的人才也就拥有了核心竞争力，人才更是企业长期发展的根基。一个国家富强在于经济，经济繁荣在于企业，企业兴旺在于人才，企业应重视人力资源的开发与管理，加强人才队伍的建设，只有这样，企业才能在激烈的市场竞争中挺立潮头，才能实现可持续的发展战略。

社会责任

社会责任，是指企业在经营发展过程中应当履行的社会职责和义务，主要包括安全生产、产品（服务）质量、环境保护、资源节约、促进就业、员工权益保护等。

社会责任的目标

在经济全球化时代，随着社会的进步和企业间竞争的加剧，对企业单纯追求商业利润带来了新的挑战，对相关利益者承担相应责任，强化企业责任，日渐成为现代企业理念的新动向。企业履行社会责任，是增强软实力，提升市场竞争能力，使企业可持续发展的必然要求。

社会责任的主要风险及其风险控制

企业落实、履行社会责任时，应做到以下四点：第一，识别和评价自己的优势和劣势，即企业能做的；第二，识别和评价环境中的机会和威胁，即企业可能做的；第三，识别和评价企业的价值观和抱负，即企业想做的；第四，确定企业对社会所应承担的责任，即企业应该做的。

企业至少应当关注在履行社会责任方面的下列风险：（1）安全生产措施不到位，责任不落实，可能导致企业发生安全事故；（2）产品质量低劣，侵害消费者利益，可能导致企业巨额赔偿、形象受损，甚至破产；（3）环境保护投入不足，资源耗费大，造成环境污染或资源枯竭，可能导致企业巨额赔偿、缺乏发展后劲，甚至停业；（4）促进就业和员工权益保护不够，可能导致员工积极性受挫，影响企业发展和社会稳定。

在社会责任的履行方面，企业应承担起以人为本的社会责任，增强企业吸引力和凝聚力，具体表现为以下三点。（1）共谋发展，用事业留人。企业应该为员工提供广阔的发展空间，使员工的潜力得到充分发挥、价值得到充分肯定。企业应面向全体员工分层开展教育培训，提高员工的综合素质，促进企业的健康发展。（2）利益共享，用待遇留人。企业应始终坚持所有员工一视同仁的原则，建立统一的薪酬制度和考核办法，将员工的工作表现与奖励、薪酬相挂钩，使薪酬公平和合理。（3）情感共鸣，用环境留人。构建良好的人文环境，是增强企业凝聚力和向心力的基础和前提。积极营造人性化的工作环境和生活环境，着力满足广大员工的多样化需求，实现用环境留人。

企业还应履行节约资源和保护环境的社会责任，提升企业知名度和美誉度。（1）积极参加慈善活动。积极参加慈善活动既是企业实现自身发展、体现自身价值的有效载体，也是树立企业良好社会形象的重要手段。（2）打造资源节约型企业。打造资源节约型企业既是企业转变增长方式、增强核心竞争力的根本要求，也是企业义不容辞的社会责任。（3）打造环境友好型企业。企业应在致力于提高经济效益的同时，不断加大对环境保护的投入，努力打造环境友好型企业。（4）打造热心慈善的公益型企业。企业的社会价值与经济价值在某些情况下是相互交叉的。企业的生产与经营既可以符合慈善责任的要求又可以符合企业对经济利益的追求。企业的生产经营是有目的、有计划的活动，而社会需求是无穷无尽的，找到一项企业支持的公益事业是可能和现实的。当企业生产和经营的产品与服务适合某一公益活动的要求时，基于自身利益的追求，企业便会选择资源最有利的社会用途，从而结合慈善公益活动对企业的产品与服务进行宣传、营销。同时公益事业也能够协同配合企业的使命、价值观、产品和服务，支持企业实现经营目标。在这一过程中，企业不仅能够实现社会价值，同时也能实现经济价值。教育是兴国大计，捐资助学是中华民族的传统美德，也是构建和谐社会的重要途径。企业应持续开展各类活动，参加公益活动，捐助地方教育建设事业，帮助贫困生圆大学梦，为改善地方教育环境贡献力量。（5）企业的社会责任既是一种社会活动，又是一种经济活动。企业在经济活动中产生社会价值，反过来也在社会活动中产生经济价值。企业承担社会责任是其实现社会价值的一种方式。企业应该正确认识社会责任与企业利益的关系，避免对立而引起的冲突，将社会责任的社会目标与企业的经营目标有机结合起来，使履行社会责任成为企业发展的一种机遇，实现最大的社会效益，达到二者共赢的目标。企业应该正确认识二者关系，认真思考企业的社会责任，塑造有特色的企业文化，选择既符合企业利益又符合社会利益的社会责任行为，不断提高企业效益，将社会责任的社会目标与企业的经营目标有机结合起来，实现多方共赢。

企业文化

企业文化，是指企业在生产经营实践中逐步形成的、为团队所认同并遵守的价值观、经营理念和企业精神，以及在此基础上形成的行为规范的总称。

企业文化的目标

企业文化的目标如下。

1. 增强企业核心竞争力

企业文化是企业未来的竞争力，要进一步推动企业发展，要真正成为一流企业，就要借助企业文化强大的推动力。纵观世界上成功的企业，必然都有先进的企业文化作为支撑，没有卓越的企业价值观、企业精神和企业哲学信仰，再高明的企业经营目标也无法实现。

2. 增强企业的凝聚力、向心力

优秀的企业文化为员工提供了健康向上、陶冶情操、愉悦身心的精神食粮，能营造出和谐的人际关系与高尚的人文环境。员工在企业文化良好的环境下工作、生活，在本职岗位上各尽其能、积极进取，这样就能形成一个风气正、人心齐、奋发向上、生动活泼的局面，有这样高素质员工队伍的企业，才能适应日益变化的新经济形势，使企业发展壮大起来。

3. 加强对员工内部约束的力度

经营企业首先依靠企业制度，但制度总是落后于企业的发展，总有需要完善的地方，也会有失效的时候，那么一旦企业制度失效了，靠什么来约束人的行为呢？这就要靠企业文化来约束，靠企业的价值观来约束，使

员工少犯或不犯错误。企业文化在一定程度上潜移默化地影响着企业员工的思维模式和行为模式，引导和牵引着企业员工保持健康的心态，追求精神的富足，树正气、反腐倡廉、洁身自爱、做堂堂正正的人。

4. 促进企业经济效益的提升

企业文化作为一项高级形态的管理职能，它最终的绩效应该体现在企业的经营业绩上。

坚持科技创新和高质量发展，从数据技术层面上，用数据驱动财务价值创造，赋能企业管理效益转型和价值创造。贯彻新发展理念，以数据化、智能化、国际化的视角建立内部控制与价值创造体系，发挥管理职能作用，聚焦效益，实现企业财务转型和经济效益转型。聚合信息优势，探索企业的商业价值和经济效益的创造能力，利用数智化手段聚智融智，依托内部控制与风险管理来创造新的经济效益，并赋能经济高质量发展，助力实体经济高质量发展。

企业文化的主要风险

缺乏积极向上的企业文化，可能导致员工丧失对企业的信心和认同感，从而导致企业缺乏凝聚力和竞争力。缺乏开拓创新、团队协作和风险意识，可能导致企业发展目标难以实现，影响企业可持续发展。缺乏诚实守信的经营理念，可能导致舞弊事件的发生，造成企业损失，影响企业信誉。忽视企业间的文化差异和理念冲突，可能导致企业重组、并购失败。

企业文化的建设

当前的市场环境瞬息万变，将战略与风险及机遇融合是每个企业的重中之重。无论是竞争态势和风险环境的需要、法律法规的要求，还是为利益相关者创造价值增长及可持续发展，企业文化的风险管理都是不可或缺的。管理者应当将其嵌入企业的企业文化及组织架构中，与企业战略保持一致，在商业流程里运行实施，并聚焦于关键风险。

1. 设立目标，树立风险意识

企业没有愿景，如同人没有理想，有愿景就会定目标，有目标，就会有风险，有风险就必须有风险管理。明确企业愿景、使命与战略目标，生于忧患，死于安乐，此处忧患指风险意识及管理理念。企业应当积极提炼、培育具有自身特色的企业风险管理文化，包含合法合规、内部控制及安全生产等内容，从而引导和规范员工行为，最终形成团队整体的向心力，促进企业的长远发展。企业应当鼓励员工积极参与建立和实施内部控制制度。采用调查问卷、头脑风暴等方式进行风险管理，包括目标识别、风险评估、控制活动、信息与沟通。企业文化建设应当融入企业风险管理全过程，切实做到文化建设与风险管理的有机结合，增强员工的责任感，使员工自身价值在企业发展中得到充分体现。

2. 战略实施采用文化模式

战略是带有数量特征及时间界限的目标。企业应当采用文化模式实施战略，企业高层应在不断提高员工素质的基础上，动员全体员工参与战略实施活动，管理当局应运用企业文化手段，不断向全体成员宣贯战略思想，建立共同的价值观和行业准则，使所有成员在共同文化的基础上参与战略的实施活动。由于该模式打破了战略制订者与执行者之间的界限，使每个员工都参与企业战略的制订和实施，使企业全体员工都在共同的战略目标下工作，所以企业战略得以快速实施，风险较低，企业发展迅速。

3. 企业与员工的紧密关系

人往高处走，追求成功及卓越，是人的天性。企业的卓越不仅体现在技术、产品及服务上，还体现在员工上。由于技术由人开发，产品由人生产制造，服务由人来提供，所以需要员工积累知识、技能、经验，以及在素质、修养及文化上升华。与人一样，企业也有自己的意识和潜意识。组织意识驱动组织内个人的行为，组织中的个人需要从根本上确立自己在企业中的目标，并使其与自己在组织中的行为保持一致。

作为一名员工，应当明确自己在企业的定位：我为什么在这里，我想达到什么目标，我的责任是什么，我怎样才能帮助企业成功。

树立风险管理意识，员工应该问自己：为什么我要做这项工作，为什

么会做（出）错，它会怎么影响我和他人，它的发生会产生怎样的后果，我可以为应对它做些什么。

4. 树立管理者榜样

企业文化被称为“管理者文化”，企业文化与管理者风格密切相关。董事、监事、经理和其他高级管理人员应在企业文化中发挥主导和决定性作用，特别是在风险管理文化建设中。以其卓越品质和脚踏实地的作风影响整个团队，共同构建创新卓越、把控风险的企业文化。管理者应在内部推进企业文化建设，在各层级实现有效沟通，来促进企业文化的推广和实施，确保全体员工遵守。

第3章

数智时代企业控制活动类的内部控制

扫码即可观看
本章微视频课程

从一个案例讲起

2008 年 9 月 15 日上午 10 时，拥有 158 年历史的美国第四大投资银行——雷曼兄弟公司向法院申请破产保护，消息转瞬间传遍地球的各个角落。令人匪夷所思的是，在如此明朗的情况下，德国复兴信贷银行（KFW）10 时 10 分，居然按照外汇掉期协议的交易，通过计算机自动付款系统，向雷曼兄弟公司即将冻结的银行账户转入了 3 亿欧元。毫无疑问，3 亿欧元将是“肉包子打狗，有去无回”。转账风波曝光后，德国社会舆论哗然。销量最大的《图片报》在 9 月 18 日头版的标题中，指责德国复兴信贷银行是迄今“德国最愚蠢的银行”。法律事务所的调查员先后询问了银行各个部门的数十名职员，几天后，他们向国会和财政部递交了一份调查报告。报告并不复杂深奥，只是记载了被询问人员在这十分钟内忙了些什么。但令人惊讶的是，几乎在同一时间，每个人都开了点小差，加在一起就创造出了“德国最愚蠢的银行”。实际上，只要当中有一个人认真负责一点，那么这场悲剧就不会发生。演绎一场悲剧，短短十分钟就已足够。

10 分钟，3 亿欧元，十分强烈的对比！在这家银行，上到董事长，下到操作员，没有一个人是愚蠢的。可悲的是，却打造出“德国最愚蠢的银行”。这是内部控制的悲剧，其原因是内部控制链条太长。

资金活动

资金活动是指企业的筹资、投资和资金营运等活动的总称。资金是企业生存和发展的重要基础，防范资金风险、维护资金安全、提高资金效益、促进企业正常组织资金活动，是资金活动管控的重要目的。

数智时代背景下，RPA 技术、光学字符阅读器（OCR）技术、电子发票、图像识别、智能会计引擎等智能信息技术的引入，加快了资金活动的数智化变革。为此，企业需要在将财务共享服务中心资金管理与业务处理深度融合的同时，不断植入资金活动内部控制流程，以完善资金活动内部控制体系。

加强资金活动管控的意义

资金是企业持续、快速、健康发展的血液，是企业日常经营的重要保障，加强资金活动内部管控，关系到企业生死存亡和高质量发展。

资金活动管控主要风险点

企业资金活动主要包括筹资活动、投资活动和资金营运活动，为此，加强资金活动管控，至少应当关注以下风险：融资决策不当，引发资本结构不合理或无效融资，可能导致企业筹资成本过高或债务危机；投资决策失误，引发盲目扩张或丧失发展机遇，可能导致资金链断裂或资金使用效益低下；资金调度不合理、营运不畅，可能导致企业陷入财务困境或资金冗余；资金活动管控不严，可能导致资金被挪用、侵占、抽逃，甚至企业遭受欺诈。

资金活动管控的主要措施

企业对资金活动实施内部控制，一方面，需要根据国家和地方有关法律法规和监管制度的要求，结合企业生产经营的实际需要，设计科学合理、重点突出、便于操作的业务流程；另一方面，企业应当根据自身发展战略，科学确定投融资目标和规划，完善严格的资金授权、批准、审验等相关管理制度，加强资金活动的集中归口管理，明确筹资、投资、营运等各环节的职责权限和岗位分离要求，定期或不定期检查和评价资金活动情况，落实责任追究制度，确保资金安全、有效运行，并针对关键控制点及主要风险制订相关内部控制措施，具体如下。

（1）推进资金管理信息化建设，将资金预算管理与资金适时监控相结合，及时准确地反映资金运行状况和风险，以提高决策的科学性以及资金管理的及时性。

（2）制度是企业经营管理各项活动顺利开展的基础性保障，要大力推动资金运作的合法性和规范性。企业应当根据内部控制规范等法律法规及企业自身的管理需要，完善资金管理制度，强化资金内部控制管理。同时，制度的执行到位与否是事关整个内部控制活动能否取得实效的关键，只有严格执行，才能保证实现资金活动决策目标。

（3）企业在设计资金活动相关内部控制制度时，应该重点明确各种资金活动的业务流程，确定每一个环节、每一个步骤的工作内容和应该履行的程序，并将其落实到具体部门和人员。

（4）在资金活动较为复杂的情况下，资金内部控制不可能面面俱到。因此，企业必须识别并关注主要资金风险来源和主要风险控制点，以提高内部控制的效率。

（5）集团企业要充分发挥财务公司或财务共享服务中心的作用，将传统的人为控制转化为信息系统控制，在资金管理系统中植入资金审批流程，建立集团总部与下属机构之间的层层审批机制，将集团、财务公司或财务共享中心和具体业务部门作为资金审批的三道防线，从而加大资金的内部控制管理力度。

筹资活动资金管控

筹资活动是企业资金活动的起点。通过筹资活动，企业取得投资和日常生产经营活动所需资金，从而使企业投资、生产经营活动能够顺利进行。企业应当根据筹资目标和规划，结合年度全面预算，拟订筹资方案，明确筹资用途、规模、结构和方式等相关内容，对筹资成本和潜在风险做出充分估计。境外筹资还应考虑所在地的政治、经济、法律、市场等因素。

1. 筹资活动资金管控主要风险

筹资活动资金管控面临资金筹划方案设计、审批授权、筹资成本、制度建设等方面的主要风险，具体如下。

（1）缺乏完整的筹资战略规划导致的风险。企业在筹资活动中，如果忽视战略导向，缺乏对目标资本结构的清晰认识，很容易导致盲目筹资，使得企业资本结构、资金来源结构、利率结构等处于频繁变动中，给企业的生产经营带来巨大的财务风险。

（2）缺乏对企业资金现状的全面认识导致的风险。企业在筹资之前，如果资金预算和资金管控工作不到位，企业无法全面了解资金现状，将使得企业无法正确评估资金的实际需求以及期限等，很容易导致筹资过度或者筹资不足。

（3）缺乏完善的授权审批制度导致的风险。筹资方案必须经过完整的授权审批流程方可正式实施，忽略授权审批制度，则有可能忽视筹资方案中的潜在风险，使得筹资方案草率决策、仓促上马，给企业带来潜在风险。

（4）缺乏对筹资条款的认真审核导致的风险。企业在筹资活动中，需要签订相应的筹资合同、协议等法律文件，企业应认真审核、仔细推敲筹资合同的具体条款，防止合同条款给企业带来潜在的不利影响，使得企业未来可能发生经济纠纷或在诉讼中处于不利地位。

（5）因无法保证支付筹资成本导致的风险。债权类筹资活动的筹资成本为固定的利息费用，是企业的刚性成本，企业必须按期足额支付。对于股权类筹资活动来说，虽然企业没有固定还本付息的压力，但是保证股权投资者的报酬一样不可忽视，企业因股利支付不足，或支付股权投资者报酬不足，将会导致股东抛售股票，使得企业股价下跌，给企业的经营带来重大不利影响。

（6）缺乏严密的跟踪管理制度导致的风险。企业在筹资跟踪管理方面应制订完整的管理制度，包括资金到账、资金使用、利息支付、股利支付等，并时刻监控资金动向。如果缺乏严密的跟踪管理，可能会使企业资金管理失控，面临资金被挪用、银行罚息等不必要的财务风险。

2. 筹资活动业务流程及其风险控制

企业筹资活动的内部控制，应该根据筹资活动的业务流程，区分不同筹资方式，按照业务流程中不同环节体现出来的风险，结合资金成本与资金使用效益情况，采用不同措施进行控制。

（1）提出筹资方案。提出筹资方案是筹资活动中的第一个重要环节，也是筹资活动的起点，筹资方案的内容是否完整、考虑是否周密、测算是否准确等，直接决定着筹资决策是否正确，关系到整个筹资活动的效率和风险。为此，一般由财务部门根据企业经营战略、预算情况与资金现状等因素，同时在与其他生产经营相关业务部门沟通协调的基础上形成初始筹资方案。

（2）筹资方案可行性论证。可行性论证是筹资业务内部控制的重要环节，企业应组织相关专家对筹资方案进行可行性论证。一般可以从下列几个方面论证。一是筹资方案的战略评估。主要评估筹资方案是否符合企业整体发展战略、企业筹资规模等。二是筹资方案的经济性评估。主要分析筹资方案是否符合经济性要求，是否以最低的筹资成本获得了所需的资金，是否还有降低筹资成本的空间以及更好的筹资方式，筹资期限是否经济合理等。三是筹资方案的风险评估。对筹资方案面临的风险进行分析，特别是对利率、汇率、货币政策等重要条件进行预测分析，对筹资方案面临的风险做出全面评估，有效应对潜在风险。

（3）筹资方案审批。通过可行性论证的筹资方案，需要在企业内部按照授权进行分级审批，企业应重点关注筹资用途的可行性。重大筹资方案，应当提交股东（大）会审议，筹资方案需经有关管理部门批准的，应当履行相应的报批程序。审批中应实行集体决策审议或者联签制度，审批人员与筹资方案编制人员应适当分离。

（4）筹资计划编制与执行。根据审核批准的筹资方案，财务部门应通过制订严密细致的筹资计划，对筹资活动进行安排和控制，使筹资活动在严密控制下高效、有序进行。筹资计划经层层授权审批之后，即付诸实施。在执行筹资计划的过程中，企业必须认真做好筹资合同的签订，资金的划拨、使用以及跟踪管理等工作，保证筹资活动按计划进行，妥善管理所筹集的资金，保证资金的安全性。

（5）筹资后管理。要加强筹资活动的检查监督、评价与责任追究。严格按照筹资方案确定的用途使用资金，做好筹资费用的计提、支付以及会计核算等工作，确保款项的收支、股息和利息的支付、股票和债券的保管等符合有关规定。筹资活动完成后要按规定进行筹资后评价，对存在违规现象的，应严格追究相关人责任。

投资活动资金管控

企业投资活动是筹资活动的延续，也是筹资的重要目的之一。投资活动作为企业一种营利活动，对于筹资成本补偿和企业利润创造，具有举足轻重的意义。企业应该根据自身发展战略规划，结合企业资金状况以及筹资可能性，拟定投资目标，制订投资计划，合理安排资金投放的数量、结构、方向与时机，慎选投资项目，突出主业，谨慎从事股票或衍生金融工具等高风险投资。境外投资还应考虑政治、经济、金融、法律、市场等环境因素。如果采用并购方式进行投资，应当严格控制并购风险，注重并购协同效应的发挥。

1. 投资活动资金管控主要风险

投资活动资金管控面临投资项目选择、投资资金与筹资资金匹配、审批授权、制度管理等方面的主要风险，具体如下。

（1）投资活动与企业战略不符导致的风险。企业投资活动应该以企业发展战略为导向，正确选择投资项目，合理确定投资规模，恰当权衡收益与风险。投资项目要突出主业。如果采用并购方式进行投资，要妥善选择并购目标，控制并购风险，避免盲目投资。

（2）投资与筹资在资金数量、期限、成本与收益上不匹配的风险。投资活动的资金需求，需要通过筹资予以满足。不同的筹资方式，可筹集资金的数量、偿还期限、筹资成本不一样，这就要求企业不可超过企业资金实力和筹资能力进行投资。投资的现金流量在数量和时间上要与筹资现金流量保持一致，以避免财务危机发生。投资收益要与筹资成本相匹配，保证筹资成本的足额补偿和投资盈利性。

（3）投资活动忽略资产结构与流动性的风险。企业在投资中要恰当处理资产流动性和盈利性的关系，通过投资保持合理的资产结构，在保证企业资产具有适度流动性的前提下追求企业最大效益。

（4）缺乏严密的授权审批制度和不相容职务分离制度的风险。授权审批制度是保证投资活动合法性和有效性的重要手段，不相容职务分离制度则能通过相互监督与牵制，保证投资活动在严格控制下进行。

（5）缺乏严密的投资资产保管与会计记录的风险。投资是直接使用资金的行为，也是形成企业资产的过程，容易发生各种舞弊行为。有严密的投资资产保管制度和会计控制制度，也是避免投资风险、投资失败的重要因素。

2. 投资活动业务流程及风险控制

企业投资活动的内部控制，应该根据不同投资类型的业务流程，以及流程中各个环节体现出来的风险，采用不同的具体措施进行合理管控。

（1）拟定投资方案。企业应根据发展战略、宏观经济环境、市场状况等，提出本企业的投资项目规划。在对规划进行筛选的基础上，合理确定投资方案。

（2）投资方案可行性论证。企业应对投资方案进行严格的可行性研究与分析，需要从投资战略是否符合企业的发展战略、是否有可靠的资金来源、能否取得稳定的投资收益、投资风险是否处于可控或可承受范围内、投资活动的技术是否可行、市场容量是否足够与前景是否明朗等方面进行论证。

（3）投资方案审批。按照规定的权限和程序对投资方案进行决策审批，要履行分级审批、集体决策制度，决策者应与方案制订者适当分离。重点审查投资方案是否可行、投资项目是否符合投资战略目标和规划、企业是否具有相应的资金能力、投入资金能否按时收回、项目预期投资收益率能否实现，以及投资和并购风险是否可控等。重大投资项目，应当报经董事会或股东（大）会批准。投资方案需要经过有关管理部门审批的，应当履行相应的报批程序。

（4）投资计划编制与审批。根据审批通过的投资方案，与被投资方签订投资合同或协议，编制详细的投资计划，落实不同阶段的资金投放数量、投资具体内容、项目进度、完成时间、质量标准与要求等，并按程序报经有关部门批准。

（5）投资计划实施。投资项目往往周期较长，企业需要指定专门机构或人员对投资项目进行跟踪管理。在投资项目执行过程中，企业应密切关注投资项目的市场条件和相关政策变化，准确做好投资项目的会计记录和处理。企业应及时收集被投资方经审计的财务报告等相关资料，定期组织投资效益分析，关注被投资方的财务状况、经营成果、现金流量以及投资合同履行情况，发现异常情况的，应当及时报告并妥善处理。同时，在项目实施中，还必须根据各种条件，准确对投资的价值进行合理评估。

（6）投资项目处置。对已到期投资项目的处置同样要经过相关审批流程，妥善处置并实现企业经济效益最大化。企业应加强投资收回和处置环节的控制，对投资收回、转让、核销等决策和审批程序做出明确规定。转让投资应当由相关机构或人员合理确定转让价格，报授权批准部门批准，必要时可委托具有相应资质的专门机构进行评估。

（7）投资业务会计控制。企业应当按照会计准则的规定，对投资项目进行准确的会计核算、记录与报告，确定合理的会计政策，准确反映企业投资的真实状况。企业应当妥善保管投资合同、协议、出资证明等重要的法律文书。建立投资管理台账，详细记录投资对象、金额、期限、收益等事项。企业应当密切关注投资项目的营运情况，一旦出现财务状况恶化、市价大幅下跌等情形，必须按会计准则要求，合理计提减值准备。

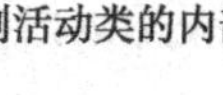

营运活动资金管控

企业营运活动是除投资活动和筹资活动之外的日常产、供、销、人、财、物等所涉资金管理活动。

1. 营运活动资金管控主要风险

企业营运活动资金管控主要面临资金收支平衡、资金使用效率、资金安全、信息传递等方面的主要风险，具体如下。

（1）资金收支不平衡。为防止资金过度溢余或短缺导致资金成本上升，企业应保持生产经营各环节资金收支的动态平衡。为此，企业应当将资金合理安排到采购、生产、销售等各环节，做到实物流和资金流的相互协调、资金收支在数量上及时间上相互协调。

（2）资金使用效率低下。资金只有在不断流动的过程中才能实现增值，为充分发挥资金流动性，企业应当利用各种资金数控平台合理调度资金，以解决其闲置和浪费问题，促进资金合理循环和周转，提高资金使用效率，实现资金效益最大化。

（3）资金安全缺乏保障。资金安全管理面临舞弊风险、支付风险、网络风险、信息风险等多重风险，保护资金安全是进行营运资金管控的头等大事。

（4）信息传递与沟通不畅。全面而可靠的信息是货币资金能够有效配置的前提，企业应当重视信息获取与传递工作，建立畅通的资金信息传递、沟通和交流平台。

2. 营运活动资金业务流程及风险控制

企业营运活动是一种资金价值运动，为保证资金价值运动的安全、完整、有效，企业营运活动应按照设计严密的流程进行控制。下面以集团财务共享中心付款流程为例梳理营运活动资金业务流程，具体如下。

（1）以实际业务发生为基础。财务共享中心在集团资金结算管理中的应用规范了会计核算及资金支付流程，明确了业务经办人为资金结算业务的发起人，主要对业务的真实性、可靠性负责并提出付款申请。

（2）业务部门授权审批。资金支付涉及企业经济利益流出，应严格履行授权分级审批制度。集团内各分、子公司及各部门的付款申请依据不同审批权限通过业务部门负责人、业务分管领导、总经理、董事长进行审批，以对业务付款的真实性、可靠性进行再监督。审批权限的合理划分是营运活动资金业务顺利开展的前提条件，财务共享中心模式下，企业集团母公司在资金集中管控中拥有绝对的决策权和控制权，但资金收付涉及环节众多、业务关联性大，需要明确审批活动中的权责界限，避免权责不对等造成管理越位或缺位，影响资金管控效率。

（3）财务部门复核审批。分、子公司财务部门和集团总部财务人员及财务共享中心人员收到经过企业授权部门审批的相关凭证或付款申请时，应再次复核业务的真实性、金额的准确性、相关票据的齐备性，以及相关手续的合法性和完整性，并进行复核确认后依据资金审批权限提交财务部门负责人和财务总监进行最终审批。严格履行复核程序是减少错误和舞弊的重要措施。复核程序根据企业内部层级的隶属关系可以划分为纵向复核和横向复核两种类型。前者指上级主管对下级活动的复核，后者指平级或无上下级关系人员的相互核对。

（4）办理付款。财务共享中心负责资金付款的人员收到经业务和财务部门审核的相关凭证或付款申请，在核实资金结算业务金额及收支单位信息后，按照集团财务共享中心划拨金额及相关凭证支付资金。在财务共享中心模式下，付款同时、同步形成会计凭证。同时，企业应当严格按照《支付结算办法》等国家有关文件规定，加强银行账户和票据印章的管理，严格按规定开立账户，办理存款、取款等。印章的保管要贯彻不相容职务分离的原则，严禁将办理资金支付业务的相关印章和票据集中于一人保管，印章要与空白票据分管，财务专用章要与企业法人章分管。

3. 营运资金多寡利弊分析

财务人员大多从书本上学习营运资金指标时得知：营运资本是流动资产与流动负债的差额，代表企业流动资产弥补流动负债后的差额，其与流动比率（流动资产 / 流动负债）指标相对应，可以从绝对额和相对比率两个维度反映企业短期偿债能力。

（1）营运资金越多越好吗？

营运资金并不是越多越好。试想一下，企业拥有巨额的应收账款、仓库里面还有巨量的存货，而没有多少应付账款、预收账款等流动负债，虽然该企业的营运资金相当多，但应收账款、存货占用了企业大量现金，增加了企业的资金消耗及其资金占用成本，这绝不是一个好的征兆。因为，在这种情况下，流动资产增加得越多，企业可利用的额外资金反而越少。然而，预收账款和应付账款的增加必然导致企业的额外资金需求增加。流动负债增加得越多，企业可利用的额外资金却越少。

营运资金占用高的企业，管理大都有问题，它是在"被别人用钱"。营运资金占用一般表现为应收账款与存货。从存货到应收账款，代表了企业经营管理的主线。应收账款占用高，代表销售存在困难，因此，给予客户的信用政策较为宽松，说不定产品质量与售后服务存在瑕疵；存货占用高，代表企业对市场与客户的把握不准确，风险较大。用一句话来总结就是，营运资金占用高，说明企业产品的竞争力不够。

营运资金占用低的企业，如果是因为它的竞争优势明显，表明它是在"用别人的钱"，换言之，企业能够将被存货和应收账款占用的资金及其资金成本转嫁给供应商。因为企业在产业链中具有明显的竞争优势，比如产品优势、销售渠道优势等，企业可以通过预收购买方的部分货款，延期支付供应商货款。这样，无异于客户、供应商都在给企业提供无息贷款。这使企业账面上长期存有大量浮存现金，企业可以将这些现金用于规模扩张以进一步提升竞争力，进而带来更多的账面浮存现金。因此，浮存现金还可以增加经营活动产生的现金流量。总之，营运资金占用低，如果经营活动产生的现金流量长期丰盈，说明企业产品的竞争力强，企业在产业链中处于强势地位。

（2）如何合理持有营运资金？

结合现金循环周期的概念可以更好地理解营运资金，现金循环周期的变化会直接影响所需营运资金的数额。

现金循环周期 = 存货周转天数 + 应收账款周转天数 - 应付账款周转天数

一般来说，存货周转期和应收账款周转期越长、应付账款周转期越短，也就是现金循环周期越长，所需要的营运资金数额就越大，这往往预示着企业的存货、应收账款占用的资金太多，预收账款、应付账款太少，对营运资金的管理非常失败，表明是在“被别人用钱”。

相反，存货周转期和应收账款周转期越短、应付账款周转期越长，也就是现金循环周期越短，所需要的营运资金数额就越少。如果现金循环周期为负数，这往往预示着企业有息负债即银行借款等少，无息负债即预收账款、应付账款等多，对营运资金的管理达到了用供应商的资金做自己的生意的境界，即践行的是用别人的钱赚钱的盈利模式。

采购业务

采购业务是企业购买物资（或接受劳务）及支付款项等相关活动的总称。其中，物资主要包括企业的原材料、商品、工程物资、固定资产等。采购是企业生产经营的起点，既是企业的实物流的重要组成部分，又与资金流密切关联。

采购业务管控的主要风险

为了促进企业合理采购，满足生产经营需要，规范采购行为，企业采购业务至少应当关注下列风险。

（1）采购计划安排不合理，市场变化趋势预测不准确，造成库存短缺或积压，可能导致企业生产停滞或资源浪费。

（2）供应商选择不当，采购方式不合理，招投标或定价机制不科学，授权审批不规范，可能导致采购物资质次价高，出现舞弊现象或遭受欺诈。

（3）采购验收不规范，付款审核不严，可能导致采购物资、资金或信用受损。

采购业务流程及风险控制

采购业务流程主要涉及编制需求计划和采购计划、请购、选择供应商、确定采购价格、签订框架协议或采购合同、供应过程管理、物资验收、采购付款、会计控制、采购后评估等环节。

1. 编制需求计划和采购计划

采购业务从计划（或预算）开始，包括需求计划和采购计划。企业实务中，需求部门一般根据生产经营需要向采购部门提出物资需求计划，采购部门根据该需求计划归类汇总平衡现有库存物资后，统筹安排采购计划，并按规定的权限和程序审批后执行。该环节的主要风险包括需求或采购计划不合理、不按实际需求安排采购或随意超计划采购，甚至与企业生产经营计划不协调等。为此，企业应采取如下风险管控措施。（1）生产、经营、项目建设等部门，应当根据实际需求准确、及时地编制需求计划。需求部门提出需求计划时，不能指定或变相指定供应商。（2）采购计划是企业年度生产经营计划的一部分，在制订年度生产经营计划过程中，企业应当根据发展目标实际需要，结合库存和在途情况，科学安排采购计划，防止采购过量或不足。（3）采购计划应纳入采购预算管理，经相关负责人审批后，作为企业刚性指令严格执行。

2. 请购

请购是指企业生产经营部门根据采购计划和实际需要，提出的采购申请。该环节的主要风险包括缺乏采购申请制度，请购未经适当审批或超越授权审批，可能导致采购物资过量或不足，影响企业正常生产经营。为此，企业应采取如下风险管控措施。（1）建立采购申请制度，依据购买物资或接受劳务的类型，确定归口管理部门，授予相应的请购权，明确相关部门或人员的职责权限及相应的请购程序。（2）具有请购权的部门对预算内采购项目，应当严格按照预算执行进度办理请购手续，并根据市场变化提出合理采购申请；对超预算和预算外采购项目，应先履行预算调整程序，由具备相应审批权限的部门或人员审批后，再办理请购手续。（3）具备相应审批权限的部门或人员审批采购申请时，应重点关注采购申请内容是否准确、完整，是否符合生产经营需要，是否符合采购计划，是否在采购预算范围内等。对不符合规定的采购申请，应要求请购部门调整请购内容或拒绝批准。有条件的企业，可充分利用互联网技术、移动平台、网上支付等实施请购流程审批信息化，以提高审批效率。

3. 选择供应商

选择供应商，也就是确定采购渠道和供货单位。该环节的主要风险包括供应商选择不当导致采购物资质次价高，甚至出现舞弊行为。为此，企业应采取如下风险管控措施。（1）建立科学的供应商评估和准入制度，对供应商资质信誉情况的真实性和合法性进行审查，确定合格的供应商清单。企业引入新增供应商、调整供应商物资品类等，都要由采购部门按规定的权限和程序审核批准。对于应用电子招标采购平台的企业，一个科学合理的供应商考核机制，是确保供应商本身专业性和安全性的关键。（2）采购部门应当按照公平、公正和竞争的原则，择优确定供应商，在切实防范舞弊风险的基础上，与供应商签订质量保证协议。（3）建立供应商管理信息系统和供应商淘汰制度。企业应在电子化采购平台中建立供应商管理系统，对供应商统一入库、审批、管理，对其提供物资或劳务的质量和价格、交货及时性、资信等进行寻源评价、履约评价及信用评价。（4）搭建物联网平台，利用大数据挖掘隐藏信息、使用跨界数据可视化供应商，防控供应商经营不合法、不合规等信息不对称风险。

4. 确定采购价格

如何以最优性价比采购到符合需求的物资，是采购部门的永恒主题。该环节的主要风险包括采购定价机制不科学、采购定价方式选择不当、缺乏对重要物资品种价格的跟踪监控，导致采购价格不合理，可能造成企业资金损失。为此，企业应采取如下风险管控措施。（1）健全采购定价机制，采取协议采购、招标采购、询比价采购、动态竞价采购等多种方式，科学合理地确定采购价格。（2）采购部门应当定期采集、分析历史采购价格与市场价格变动趋势，确定重要物资品种的采购执行价格或参考价格。（3）规范采购价格审批流程与权限。（4）通过信息化手段关联业务系统、采购系统、财务系统，实时追踪采购价格，以程序设定管控单价及总价，避免采购计划、报价、定价、核价、价格执行中人为导致的偏离。

5. 签订框架协议或采购合同

框架协议是企业与供应商之间为建立长期物资购销关系而做出的一种约定。采购合同是指企业根据采购需要、确定的供应商、采购方式、采购价格等情况与供应商签订的具有法律约束力的协议。该环节的主要风险包括框架协议签订不当，可能导致物资采购不顺畅；未经授权对外订立采购合同，合同对方主体资格、履约能力等未达要求、合同内容存在重大疏漏和欺诈，可能导致企业合法权益受到侵害等。为此，企业应采取如下风险管控措施。（1）企业应对拟签订框架协议的供应商的主体资格、信用状况等进行风险评估。框架协议的签订应引入竞争制度，确保供应商具备履约能力。（2）企业根据确定的供应商、采购方式、采购价格等情况，拟订采购合同，准确描述合同条款，明确双方权利、义务和违约责任，按照规定权限签署采购合同。对于影响重大、涉及较强技术性或法律关系复杂的合同，应当组织法律、技术、财会等专业人员参与谈判，必要时可聘请外部专家参与相关工作。

6. 供应过程管理

采购供应过程管理主要是指企业建立严格的采购合同跟踪制度，科学评价供应商的供货情况，并根据合理选择的运输工具和运输方式，办理运输、投保等事宜，实时掌握物资采购动态供应过程的情况。该环节的主要风险包括缺乏对采购合同履行情况的有效跟踪，运输方式选择不合理，忽视运输过程保险风险，可能导致采购物资损失或无法保证供应等。为此，企业应采取如下风险管控措施。（1）依据采购合同中确定的主要条款跟踪合同履行情况，对有可能影响生产或工程进度的异常情况，及时报告并提出解决方案。（2）对重要物资建立并执行合同履约过程中的巡视、点检和监造制度。对需要监造的物资，择优确定监造单位，签订监造合同，落实监造责任人，审核确认监造大纲，审定监造报告，并及时向技术等部门通报。（3）根据生产建设进度和采购物资特性等因素，选择合理的运输工具和运输方式，办理运输、投保等事宜。（4）实行全过程的采购留痕制度或信息化管理，确保采购过程的可追溯性。

7. 物资验收

物资验收是指企业对采购物资和劳务的检验接收，以确保其符合合同相关规定或产品质量要求。该环节的主要风险包括验收标准不明确、验收程序不规范、对验收中存在的异常情况不处理，可能造成账实不符、采购物资损失等。为此，企业应采取如下风险管控措施。（1）制订明确的采购验收标准，结合物资特性确定必检物资目录，规定此类物资出具质量检验报告后方可入库。（2）验收机构或人员应当根据采购合同及质量检验部门出具的质量检验证明，重点关注采购合同、发票等原始单据与采购物资的数量、质量、规格型号等是否一致。对验收合格的物资，填制入库凭证，加盖物资收讫章，登记实物账，及时将入库凭证传递给财会部门。物资入库前，采购部门须检查质量保证书、商检证书或合格证等证明文件。验收时涉及技术性强的物资、大宗的物资和新物资，还应进行专业测试，必要时可委托具有检验资质的机构或聘请外部专家协助验收。（3）对于验收过程中发现的异常情况，比如无采购合同或大额超采购合同的物资、超采购预算采购的物资、毁损的物资等，验收机构或人员应当立即向企业有权管理的相关机构报告，相关机构应当查明原因并及时处理。对延迟交货造成生产建设损失的，采购部门要按照合同约定索赔。

8. 采购付款

采购付款是指企业在对采购预算、合同、相关单据凭证、审批程序等内容审核无误后，按照采购合同规定及时向供应商办理支付款项的过程。该环节的主要风险包括付款审核不严格、付款方式不恰当、付款金额控制不严，可能导致企业资金损失或信用受损等。为此，企业应采取如下风险管控措施。（1）企业应当加强采购付款的管理，完善付款流程，明确付款审核人的责任和权力，严格审核采购预算、合同、相关单据凭证、审批程序等相关内容，审核无误后按照合同规定，合理选择付款方式，及时办理付款。（2）严格审查采购发票等票据的真实性、合法性和有效性。如审查发票填制的内容是否与发票种类相符合、发票加盖的印章是否与票据的种类相符合等。企业应当重视采购付款的过程控制和跟踪管理，如果发现异常情况，应当拒绝向供应商付款，避免出现资金损失和信用受损。（3）根据国家有关支付结算的规定和企业生产经营的实际，合理选择付款方式，并严格遵循合同规定，防范付款方式不当带来的法律风险，保证资金安全。（4）加强预付账款和定金的管理，涉及大额或长期的预付款项，应当定期进行追踪核查，综合分析预付账款的期限、占用款项的合理性、不可收回风险等情况。

9. 会计控制

会计控制主要指采购业务会计系统控制。该环节的主要风险包括缺乏有效的采购会计系统控制，未能全面、真实地记录和反映企业采购各环节的资金流和实物流情况，相关会计记录与相关采购记录、仓储记录不一致，可能导致企业采购业务不能如实反映以及采购物资和资金受损。为此，企业应采取如下风险管控措施。（1）企业应当加强对购买、验收、付款业务的会计系统控制，详细记录供应商情况、采购申请、采购合同、采购通知、验收证明、入库凭证、退货情况、商业票据、款项支付等情况，做好采购业务各环节的记录，确保会计记录、采购记录与仓储记录核对一致。（2）指定专人通过函证等方式，定期向供应商寄发对账函，核对应付账款、应付票据、预付账款等往来款项，对供应商提出的异议应及时查明原因，报有权管理的部门或人员批准后，做出相应调整。

10. 采购后评估

采购后评估是指企业应当定期对物资需求计划、采购计划、采购渠道、采购价格、采购质量、采购成本、履行情况等采购供应活动进行专项评估和综合分析，及时发现采购业务薄弱环节，优化采购流程。同时，将采购管理各方面关键指标纳入业绩考核体系，以采购流程为主线，借助与财务资金、供应链、合同支付等业务的衔接，横向扩展采购流程，实现预算、采购、合同、支付、评价、反馈闭环管理，防范采购风险，全面提升采购效能。

同时，强化数字化监管，聚焦采购全过程关键节点，打造穿透式全流程监管平台。适应招标采购全流程电子化的新形势，特别是远程异地评标等带来的内部控制挑战，积极推进监管方式数字化、智慧化。利用招标投标全流程电子化所实现的动态记录、留痕追溯、透明公开的系统能力，推动从事前审批核准、分业监管，向事中事后监管、协同监管转变，进一步提升监管的针对性、有效性和规范性。

企业在采购业务智能化系统的实施过程中，应由专门的信息部门对系统进行维护和管理，持续提供技术支持和系统优化，保证系统稳定正常运行，完善内部控制流程。

企业采购数字化发展趋势

随着供应链走向全球，供应商、合作伙伴和客户之间的界限越来越模糊，变得越来越复杂和一体化。在目前这个大多数购买体验都可以一键获得的世界里，客户和员工都不再愿意接受烦琐的流程。采购部门将会承担比以往任何时候都更广泛、更深刻的战略责任，未来的采购组织需要从后台职能部门发展到促进企业数字化转型的战略部门，采购系统将会实现无缝的数字化体验。供应商、客户和组织需要无缝集成，并通过数字化实现平台协同、大数据分析、敏捷的工作模式，帮助企业在未来的市场展开竞争。企业采购数字化具体将呈现如下趋势。

1. 从供应商角度出发提升供应链协同管理和创新能力

今天企业和供应商的互动主要是供应商管理和合同履约，缺乏真正的洞察力或平台集成。未来的采购不仅是供应商的合同服务水平协议（SLA）的过程管理，而且还要确保企业最好的供应商有能力为终端客户带来创新，从而建立更好、更有成效的关系。这就是为什么未来的采购依赖创建新运营模式，具体如下：通过系统平台、数据联通，实现深度互联；从面向库存的采购转到面向订单的采购；供应商为业务、产品和类别创新做出贡献；通过人工智能技术实现主动预测和数据分析，如通过舆情或者第三方数据来预测；合同履约过程的自动、持续监控和管理，通过风控模型预测风险；加强供应商和客户之间的关系，以实现真正的双赢。

2. 以客户为中心开展采购成为未来采购职能重点

近年来，客户的期望发生了根本性的变化，这种变化正在从 C 端体验走向 B 端的商业场景。在未来的采购职能中，以客户为中心可能会成为采购各个方面的重点，包括系统、流程和人员。采购将寻求成为一个真正的业务合作伙伴，而不是一个支出看门人，业务领导者可以认识到采购带来的附加值，并希望与采购部门合作，让采购部门成为企业战略部门，在重要决策过程中提供数据支撑，具体如下：通过对采购过程的数据分析，来管理供应商和进行未来风险预测；专注于流程和企业整体降本增效，可以通过采购数字化平台的数据分析来深度进行流程和组织的优化；监测市场趋势，评估对采购的潜在影响，培养创新文化。

3. 大数据和分析赋能企业品类战略和创新

在未来的采购组织中，大数据和分析的出现可以让品类战略团队获得以前没有的洞察力。企业的采购部门应该有合适的系统、流程和人员来知道如何提升价值。只有这样，智能自动化才能帮助提供按需洞察，从而帮助进行预测、需求规划和成本建模。企业自动通过制订好的品类战略，为决策提供数据分析和自动判断行动任务，具体实施路径如下：通过数据分析和预测，来预测变化和监控指标等；通过建立供应市场数据和知识，并将其转化为商业战略的见解；通过系统和数据，把品类的需求和成本支出联系到一起；过程中的变化（品类需求），通过平台和数据预测形成联动。

4. 通过全面数字化采购和数据分析决策赢得竞争优势

全面数字化采购的企业可以通过更强的客户关注度和敏捷性来获得竞争优势，以满足日益快速变化的客户需求。数据分析是采购未来的基石之一，也是实现以供应商为中心、以客户为中心和品类战略及创新的基础。在未来的采购组织中，以前分散的数据源有望无缝集成，以支持企业进行准确的、实时的数据分析和决策。

资产管理

资产作为企业重要的经济资源，是企业从事生产经营活动并实现发展战略的物质基础。资产管理贯穿企业生产经营全过程，也就是通常所说的实物流管控。

资产管理主要风险点

为提高资产使用效能，保证资产安全，企业资产管理至少应当关注下列风险。

存货积压或短缺，可能导致流动资金占用过量、存货价值贬损或生产中断；固定资产更新改造不够、使用效能低下、维护不当、产能过剩，可能导致企业缺乏竞争力、资产价值贬损、安全事故频发或资源浪费；无形资产缺乏核心技术、权属不清、技术落后、存在重大技术安全隐患，可能导致企业陷入法律纠纷、缺乏可持续发展能力。

资产管理的主要措施

企业应当加强资产全面风险管控，在保障资产安全的前提下，提高资产效能。通过全面梳理资产管理流程，企业应及时发现资产管理中的薄弱环节，切实采取有效措施加以改进，并关注资产减值，同时应当重视和加强各项资产的投保工作。

1. 全面梳理资产管理流程

为了保障资产安全、提升资产管理效能，企业应当全面、分类别地梳理资产流程，还应贯穿各类资产从进入、使用到退出全生命周期管理。

2. 查找资产管理薄弱环节

企业应当在全面梳理资产管理流程的基础上，围绕主要风险，全面查找资产管理薄弱环节及漏洞，确保资产管理处于不断优化状态。这些薄弱环节若不引起重视并加以及时改进，通常可能引发资产流失或运行风险。

3. 健全和落实资产管控措施

企业应当对资产管理的薄弱环节和问题进行归类，深入分析，查找原因，健全和落实相关措施。一些企业实物流管控不严，导致重大风险的发生，往往不是制度不健全，而是制度一大堆，手册到处有，这些更多的是用于应付检查，实际执行是两回事。这种做法自欺欺人，到头来企业自身遭受损失。

存货管理

存货是指企业在日常活动中持有以备出售的产成品或商品、处在生产过程中的在产品、在生产过程或提供劳务过程中耗用的材料或物料等，包括各类材料、在产品、半成品、产成品或库存商品以及包装物、低值易耗品、委托加工物资等，企业代销、代管、代修、受托加工的存货，虽不归企业所有，也应纳入企业存货管理范畴。

1. 存货管理的主要风险

存货作为企业资源投入的重要组成部分，面临减值贬值、账实不符、溢余导致周转效率低下、短缺影响生产履约、客户取消订单导致积压和资金成本占用等主要风险。不同类型的企业有不同的存货业务特征和管理模式；即使同一企业，不同类型存货的业务特征和管理模式也可能不尽相同。

2. 存货管理流程及风险控制

企业建立和完善存货内部控制制度，必须结合本企业的生产经营特点，针对业务流程中主要风险点和关键环节，制订有效的控制措施。同时，充分利用计算机信息管理系统，强化会计、出入库等相关记录，确保存货管理全过程的风险的有效控制。存货管理一般包括存货取得、验收入库、仓储保管、领用发出、盘点清查、存货处置等环节。

（1）存货取得。

存货的取得有外购、委托加工和自行生产等多种方式，企业应根据行业特点、生产经营计划和市场因素等综合考虑，本着成本效益原则，确定不同类型的存货取得方式。该环节的主要风险包括存货预算编制不科学、采购计划不合理，可能导致存货积压或短缺等。为此，企业存货管理实务中，应当根据各种存货采购间隔期和当前库存，综合考虑企业生产经营计划、市场供求等因素，充分利用信息系统，合理确定存货采购日期和数量，确保存货处于最佳库存状态。

（2）验收入库。

不论是外购原材料、商品或企业自产产品，都必须经过验收（质检）环节，以保证存货的数量和质量符合合同等有关规定或产品质量要求。该环节的主要风险包括验收程序不规范、标准不明确，可能导致数量克扣、以次充好、账实不符等。为此，企业可以依据存货取得的不同方式采取不同的管控措施：外购存货的验收应当重点关注合同、发票等原始单据与存货的数量、质量、规格等核对一致，涉及技术含量较高的货物，必要时可委托具有检验资质的机构或聘请外部专家协助验收；自制存货的验收，应当重点关注产品质量，检验合格的半成品、产成品才能办理入库手续，不合格品应及时查明原因、落实责任、报告处理；其他方式取得存货的验收，应当重点关注存货来源、质量状况、实际价值是否符合有关合同或协议的约定。

（3）仓储保管。

生产企业为保证生产过程的连续性，一般需要对存货进行仓储保管。该环节的主要风险包括存货仓储保管方法不适当、监管不严密，可能导致损坏变质、价值贬损、资源浪费等。为此，企业应当合理有效地保管存货，具体可采取如下措施：存货在不同仓库之间流动时，应当办理出入库手续；存货仓储期间要按照仓储物资所要求的储存条件妥善贮存，做好防火、防洪、防盗、防变质等保管工作，不同批次、型号和用途的产品要分类存放；生产现场的在加工原料、周转材料、半成品等要按照有助于提高生产效率的方式摆放，同时防止浪费、被盗和流失；对代管、代销、暂存、受托加工的存货，应单独存放和记录，避免混淆；结合企业实际情况，加强存货的保险投保，保证存货安全，合理降低存货意外损失风险；仓储部门应对库存物料和产品进行每日巡查和定期抽检，详细记录库存情况；发现毁损、存在跌价迹象的，应及时与生产、采购、财务等相关部门沟通；对于进入仓库的人员应办理进出登记手续，未经授权人员不得接触存货。

（4）领用发出。

生产企业、生产部门领用原材料、辅料、燃料和零部件等用于生产加工，仓储部门向经销商或用户发出产成品，商品流通领域的批发商向下游经销商发出商品等，都涉及存货领用发出问题。该环节的主要风险包括存货领用发出审核不严格、手续不完备，可能导致存货流失等。为此，企业应当根据自身的业务特点，确定适用的存货发出管理模式，制订严格的存货准出制度，明确存货发出和领用的审批权限，健全存货出库手续，加强存货领用记录管理。通常情况下，对于一般的生产企业，仓储部门应核对经过审核的领料单或发货通知单，做到单据齐全，名称、规格、计量单位准确；符合条件的准予领用或发出，应与领用人当面核对、点清交付。商场、超市等商品流通企业，在存货销售发出环节应侧重防止商品失窃、随时整理弃置商品、每日核对销售记录和库存记录等。无论是何种企业，对于大批存货、贵重商品或危险品的发出，均应当实行特别授权，仓储部门应当根据经审批的销售（出库）通知单发出存货。

（5）盘点清查。

存货盘点清查主要指核对实物的数量及质量。该环节的主要风险包括存货盘点清查制度不完善、计划不可行，可能导致工作流于形式、无法查清存货真实状况等。为此，企业应当建立存货盘点清查工作规程，结合本企业实际情况确定盘点周期、流程及方法等相关内容，定期盘点和不定期抽查相结合。盘点清查时，应拟定详细的盘点计划，合理安排相关人员，使用科学的盘点方法，保持盘点记录的完整，以保证盘点的真实性、有效性。要及时根据盘点清查结果编制盘点表，形成书面报告。对盘点清查中发现的问题，应及时查明原因，落实责任，按照规定权限报经批准后处理。

此外，企业至少应当于每年年度终了开展全面的存货盘点清查，及时发现存货减值迹象，将盘点清查结果形成书面报告。

（6）存货处置。

存货处置指存货退出企业生产经营活动，包括商品和产成品的正常对外销售以及存货因变质、毁损等进行的处置。该环节的主要风险包括存货报废处置责任不明确、审批不到位，可能导致企业利益受损等。为此，企业应定期对存货进行检查，及时、充分了解存货的存储状态，对于存货变质、毁损、报废或流失的处理要分清责任、分析原因，必要时聘请第三方机构对存货价值进行评估后按照企业正常资产处置流程进行存货处置。

固定资产管理

固定资产是指为生产商品、提供劳务、出租或经营管理而持有的，使用寿命超过一个会计年度的有形资产，主要包括房屋、建筑物、机器、机械、运输工具以及其他与生产经营活动有关的设备、器具、工具等。固定资产属于企业的非流动资产，是企业开展正常的生产经营活动必要的物资条件，其价值随着企业生产经营活动逐渐转移到产品成本中。

1. 固定资产管理主要风险

固定资产的安全、完整直接影响企业生产经营的可持续发展能力，固定资产管理面临投资可行性研究不足、验收不合理、缺乏日常维护保养、使用不当、升级改造不及时、处置不合法合规、国有资产流失等风险。

2. 固定资产管理流程及风险控制

企业应当根据固定资产特点，分析、设计合理的业务流程，查找管理的薄弱环节，健全全面风险管控措施，保证固定资产安全、完整、高效运行。固定资产业务流程通常可以分为资产取得、登记造册、运行维护、升级改造、资产清查、抵押质押和资产处置等环节。

（1）资产取得。

固定资产涉及外购、自行建造、非货币性资产交换换入等方式。生产设备、运输工具、房屋建筑物、办公家具和办公设备等不同类型固定资产有不同的验收程序和技术要求，同一类固定资产也会因其标准化程度、技术难度等的不同而对验收工作提出不同的要求。该环节的主要风险包括新增固定资产验收程序不规范，可能导致资产质量不符要求，进而影响资产运行效果；固定资产投保制度不健全，可能导致应投保资产未投保、索赔不力，不能有效防范资产损失风险等。为此，企业一方面应建立严格的固定资产交付使用验收制度，未通过验收的不合格资产，不得接收，必须按照合同等有关规定办理退换货或采取其他弥补措施；对于具有权属证明的资产，取得时必须有合法的权属证书。另一方面，重视和加强固定资产的投保工作，企业应当通盘考虑固定资产状况，根据其性质和特点，确定和严格执行固定资产的投保范围和政策。投保金额与投保项目力求适当，对应投保的固定资产项目按规定程序进行审批，办理投保手续，规范投保行为。

（2）登记造册。

企业取得每项固定资产后均需要进行详细登记，编制固定资产目录，建立固定资产卡片，以便固定资产的统计、检查和后续管理。该环节的主要风险包括固定资产登记内容不完整，可能导致资产流失、资产信息失真、账实不符等。为此，企业应根据固定资产的定义，结合自身实际情况，制订适合本企业的固定资产目录，列明固定资产编号、名称、种类、所在地点、使用部门、责任人、数量、账面价值等内容，以利于企业了解固定资产使用情况的全貌。此外，企业应按照单项资产建立固定资产卡片，详细记录各项固定资产的来源、验收、使用地点、责任单位和责任人、维修、改造、折旧等相关内容，便于固定资产的有效识别。固定资产目录和卡片均应定期或不定期复核，保证信息的真实和完整。

（3）运行维护。

固定资产在使用过程中，应定期进行维护保养，以确保资产处于正常使用状态及维持其经济使用寿命。该环节的主要风险包括固定资产操作不当、失修或维护过剩，可能造成资产使用效率低下，甚至发生生产事故或资源浪费等。为此，企业应采取如下管控措施：固定资产使用部门会同资产管理部门负责固定资产日常维修、保养，将资产日常维护流程体制化、程序化、标准化，定期检查，及时消除风险，提高固定资产的使用效率，切实消除安全隐患；固定资产使用部门及资产管理部门建立固定资产运行管理档案，并据以制订合理的日常维修和大修理计划，并经主管领导审批；固定资产实物管理部门审核施工单位资质和资信，并建立管理档案；修理项目应分类，明确需要招投标的项目，修理完成，由施工单位出具交工验收报告，经资产使用和资产管理部门核对工程质量并审批；重大项目应专项审计；企业生产线等关键设备的运作效率与效果将直接影响企业的安全生产和产品质量，操作人员上岗前应由具有资质的技术人员对其进行充分的岗前培训，特殊设备需持证上岗，须对资产运转进行实时监控，确保安全运行，提高使用效率。

（4）升级改造。

企业需要定期或不定期对固定资产进行升级改造，以便不断提高产品质量，降低能源资源消耗，保证生产的安全环保。该环节的主要风险包括固定资产更新改造不够，可能造成企业产品线老化、缺乏市场竞争力等。为此，企业应定期对固定资产技术进行先进性评估，结合盈利能力和企业发展可持续性，由资产使用部门提出技改方案，与财务部门一起进行预算可行性分析，并且经过资产管理部门的审核批准。同时，资产管理部门需对技改方案实施过程适时监控、加强管理，企业也可建立技改专项资金并定期或不定期审计。

（5）资产清查。

企业应建立固定资产清查制度，至少每年进行一次全面清查，保证固定资产账实相符，及时掌握资产盈利能力和市场价值。该环节的主要风险包括固定资产丢失、毁损等造成账实不符或资产贬值严重等。为此，财务部门应组织固定资产使用部门和管理部门定期清查，明确资产权属，确保实物与卡、财务账表相符；在清查结束后，清查人员需要编制清查报告，资产管理部门需就清查报告进行审核，确保其真实、可靠；清查过程中发现的盘盈（盘亏），应分析原因，追究责任，妥善处理，报告审核通过后及时调整固定资产账面价值，确保账实相符，并上报备案。

（6）抵押、质押。

抵押是指债务人或者第三人不转移对财产的占有，而将该财产作为债权的担保的行为，抵押情况下，当债务人不履行债务时，债权人有权依法以抵押财产折价或拍卖、变卖，对取得的价款优先受偿。质押也称质权，就是债务人或第三人将其动产移交债权人占有，将该动产作为债权的担保，当债务人不履行债务时，债权人有权依法就该动产卖得价款优先受偿。该环节的主要风险包括固定资产抵押、质押制度不完善，可能导致抵押、质押资产价值被低估和资产流失等。为此，企业应加强固定资产抵押、质押的管理，明晰固定资产抵押、质押的流程、程序和审批权限，确保资产抵押、质押经过授权审批及适当程序。同时，企业应做好相应记录，保障资产安全。财务部门办理资产抵押、质押时，如需要委托专业中介机构鉴定、评估固定资产的实际价值，应当会同金融机构有关人员、固定资产管理部门、固定资产使用部门现场勘验抵质押品，对抵押、质押资产的价值进行评估。

（7）资产处置。

固定资产应基于所处的资产状态和相关交易目的进行合理处置。该环节的主要风险包括固定资产处置方式不合理、处置程序不合规合法，可能造成企业经济损失。为此，企业应当建立健全固定资产处置的相关制度，区分不同处置方式采取控制措施，确定固定资产处置的范围、标准、程序和审批权限，保证固定资产处置的科学性，使企业的资源得到有效运用。对使用期满、正常报废的固定资产，应由固定资产使用部门或管理部门填制固定资产报废单，经企业授权部门或人员批准后对该固定资产进行报废清理；对使用期限未满、非正常报废的固定资产，由固定资产使用部门提出报废申请，企业组织有关部门进行技术鉴定，按规定程序审批后进行报废清理；对拟出售或投资转出及非货币资产交换换出的固定资产，应由有关部门或人员提出处置申请，对固定资产价值进行评估，并出具资产评估报告，报经企业授权部门或人员批准后予以出售或转让；对于重大固定资产的处置，应当考虑聘请具有资质的中介机构进行资产评估，采取集体审议或联签制度，涉及产权变更的，应及时办理产权变更手续；对出租的固定资产由相关管理部门提出出租或出借的申请，由相关授权人员和部门审

核，通过后应签订出租或出借合同。

无形资产管理

无形资产是企业拥有或控制的没有实物形态的可辨认非货币性资产，通常包括专利权、非专利技术、商标权、著作权、特许权、土地使用权等。

1. 无形资产管理主要风险

企业应当加强对无形资产的管理，建立健全无形资产分类管理制度，保证无形资产的安全，提高无形资产的使用效率，充分发挥无形资产对提升企业创新能力和核心竞争力的作用。无形资产作为企业的一种知识产权，常面临产权不清、权属纠纷、技术更新换代、价值评估困难、资产处置不合理等风险。

2. 无形资产管理流程及风险控制

企业应在对无形资产取得及验收、使用与保全、技术升级与更新换代、处置等环节进行全面梳理的基础上，明确无形资产业务流程中的主要风险，并采用适当的控制措施实施无形资产内部控制。

（1）取得及验收。

无形资产因取得方式不同，面临的相关管控风险不同，主要包括取得的无形资产不具先进性，或权属不清，可能导致企业资源浪费或引发法律诉讼等。为此，企业应当建立严格的无形资产交付使用验收制度，明确无形资产的权属关系，及时办理产权登记手续。企业外购无形资产，必须仔细审核有关合同、协议等法律文件，及时取得无形资产所有权的有效证明文件，同时特别关注外购无形资产的技术先进性；企业自行开发的无形资产，应由研发部门、无形资产管理部门、使用部门共同填制无形资产移交使用验收单，移交使用部门使用；企业购入或者以支付土地出让金方式取得的土地使用权，必须取得土地使用权的有效证明文件；当无形资产权属关系发生变动时，应当按照规定及时办理权证转移手续。

（2）使用与保全。

无形资产在使用过程中包括的主要风险：无形资产使用效率低下，效能发挥不到位；缺乏严格的保密制度，致使体现在无形资产中的商业机密泄露；由于商标等无形资产疏于管理，导致其他企业侵权，严重损害企业利益。为此，企业应当强化无形资产使用过程的风险管控，充分发挥无形资产使用效能；建立健全无形资产核心技术保密制度，严格限制未经授权人员直接接触技术资料，对技术资料等无形资产的保管及接触应有记录，实行责任追究，保证无形资产的安全与完整；对侵害本企业无形资产的，要积极调查取证并提出维权对策，按规定程序审核上报；等等。

（3）技术升级与更新换代。

企业应该随着市场需求或产品的更新换代进行无形资产的技术升级或更新换代。该环节的主要风险包括无形资产内含的技术未能及时升级换代，导致技术落后或存在重大技术安全隐患。为此，企业应当定期对专利、专有技术等无形资产的先进性进行评估；适当考虑淘汰落后技术，同时加大研发投入，不断推动企业自主创新与技术升级。

（4）处置。

无形资产处置环节的主要风险包括无形资产长期闲置或低效使用，失去使用价值；无形资产处置不当，造成企业资产流失等。为此，企业应当建立无形资产处置的相关管理制度，明确无形资产处置的范围、标准、程序和审批权限等要求。同时，无形资产的处置应由独立于无形资产管理部门和使用部门的其他部门按照规定办理；应当选择合理的方式确定处置价格，并报经企业授权部门或人员审批；重大的无形资产处置，应当委托具有资质的中介机构进行资产评估。

数智技术对资产管理的影响

在数智时代背景下，数字经济成为社会经济发展的重要组成部分，随着信息技术发展的突飞猛进，企业信息化体系不断完善，信息技术将对资产管理的如下方面产生影响。

1. 资产采购活动

资产采购活动主要涉及采购数量和采购单价两因素，随着电子采购平台的搭建和应用，资产采购询价将不受时间、地点的影响，采购招标会因信息技术的影响而更加透明和便利；随着库存系统的不断完善，库存系统能随时反映诸如资产的收发存状态，而合作性策略模式（VMI）的建立促成了企业库存系统与供应商系统的对接，使得资产采购活动更加及时有效。

2. 资产出入库活动

随着远距离读取 RFID 技术和射频技术的日益成熟，资产出入库活动更加高效和便利，同时可以节约人力成本。以生产零件为例，资产入库实现批量扫描、识别和分类，并在智能分拣技术的配合下，自动将同一类别的资产放在智能设备自动识别的地方，大大提高了资产入库的效率，同时节约了人力成本；资产出库能够在制造信息系统的数据交换中生成产品配件的生产物料清单，并在对应的物料仓库中自动办理领用、出库、运输等活动，射频技术的应用同样能实现零件出库的批量扫描，代替人工的逐个出库，同时在大数据驱动下，能够实现资产库存的自动预警，降低因缺货带来的潜在损失或溢余产生的资金占用成本。

3. 资产盘点活动

资产盘点是资产管理很重要的环节，传统条件下需要耗用大量的人力、物力，在信息技术条件下，可利用条码技术和 RFID 技术，实现资产的实时盘点，同时由于条码技术包含资产相关的数据信息，比如采购日期、使用寿命、维修记录等信息，可以随时提供资产的状况和状态，提高资产盘点的效率。另外利用信息技术开展资产盘点，可以对状态不正常的资产或者丢失的资产提供可追溯的数据信息流，便于找到责任人，维护企业利益。

4. 资产耗用追踪

对金额巨大的机器设备、交通工具、生产设备等固定资产，利用物联网技术，可以收集设备耗用、空闲的时间，频次数据，为大型设备器具的成本分摊精确的数据，同时也为大型机器设备的利用率优化提供数据支撑。

销售业务

销售业务是指企业出售商品（或提供劳务）及收取款项等相关活动。企业生存、发展、壮大的过程，在相当程度上就是不断加大销售力度、拓宽销售渠道、扩大市场份额的过程。

销售业务管控的主要风险

生产企业的产品或流通企业的商品如不能实现销售的稳定增长，售出的货款如不能足额收回或不能及时收回，必将导致企业持续经营受阻、难以为继。企业销售业务至少应当关注下列风险。

（1）销售政策和策略不当，市场预测不准确，销售渠道管理不当等——可能导致销售不畅、库存积压、经营难以为继。

（2）客户信用管理不到位，结算方式选择不当，账款回收不力等——可能导致销售款项不能收回或遭受欺诈。

销售业务流程及风险控制

销售业务流程主要涉及编制销售计划、客户开发与信用、销售定价、订立销售合同、销售发货、收款、客户服务、会计系统控制等环节。

1. 编制销售计划

销售计划是指在进行销售预测的基础上，结合企业生产能力，设定总体目标额及各产品的销售目标额，进而为实现目标而设定具体营销方案和计划，以促进未来销售额的实现。该环节的主要风险包括销售计划缺乏或

不合理，或未经授权审批，导致产品结构和生产安排不合理，难以实现企业生产经营的良性循环。为此，企业应当根据发展战略和年度生产经营计划，结合企业实际情况、客户订单情况，制订年度销售计划及月度销售计划，并按规定的权限和程序审批后下达执行。同时，企业要定期对各产品（商品）的区域销售额、进销差价、销售计划与实际销售情况等进行分析，结合生产现状，及时调整销售计划，同时履行相应审批程序。

2. 客户开发与信用

企业应当积极开拓市场份额，加强现有客户维护，开发潜在目标客户，对有销售意向的客户进行资信评估，根据企业自身风险接受程度确定信用等级。该环节的主要风险包括现有客户管理不足、潜在市场需求开发不够，可能导致客户丢失或市场拓展不力；客户档案不健全，缺乏合理的资信评估，可能导致客户选择不当；销售款项不能收回或遭受欺诈，从而影响企业的资金流转和正常经营等。

为此，一方面，企业应当在进行充分市场调查的基础上，合理细分市场并确定目标市场，根据不同目标群体的具体需求，确定定价机制和信用方式，灵活运用销售折扣、销售折让、信用销售、代销和广告宣传等多种策略和营销方式，不断提高市场占有率；另一方面，建立和动态更新维护客户信用档案，由与销售部门相对独立的信用管理部门对客户付款情况进行跟踪和监控，提出划分、调整客户信用等级的方案。此外，对于境外客户和新开发客户，应当建立严格的信用保证制度。

3. 销售定价

销售定价是指商品价格的确定、调整及相应审批的环节。该环节的主要风险包括定价或调价不符合价格政策，未能结合市场供需状况对盈利测算等适时调整，造成价格过高或过低、销售受损；商品销售价格未经恰当审批，或存在舞弊，可能导致损害企业经济利益或者企业形象等。为此，一方面，企业应根据有关价格政策，综合考虑企业财务目标、营销目标、产品成本、市场状况及竞争对手情况等多方面因素，确定产品基准定价，定期评价产品基准定价的合理性，定价或调价需经具有相应权限的人员审核批准；另一方面，在执行基准定价的基础上，针对部分商品可以授予销售部门一定限度的价格浮动权，销售部门可结合产品市场特点，将价格浮动权向下实行逐级递减分配。此外，销售折扣、销售折让等政策的制订应由具有相应权限的人员审核批准。销售折扣、销售折让授予的实际金额、数量、原因及对象应予以记录，并归档备查。

4. 订立销售合同

企业应与客户订立销售合同，明确双方的权利和义务，以此作为开展销售活动的依据。该环节的主要风险包括合同内容存在重大疏漏和欺诈、未经授权对外订立销售合同，可能导致企业合法权益受到侵害；销售价格、收款期限等违背企业销售政策，可能导致企业经济利益受损等。为此，一方面，订立销售合同前，企业应当指定专人与客户进行业务洽谈、磋商，关注客户信用状况，明确销售定价、结算方式、权利与义务条款等相关内容，重大的销售业务谈判还应当组织财会、法律等专业人员参加，并形成完整的书面记录；另一方面，企业应当建立健全销售合同订立及审批管理制度，明确必须签订合同的范围，规范合同订立程序，确定具体的审核、审批程序和所涉及的部门人员及相应权责，审核、审批应当重点关注销售合同草案中提出的销售价格、信用政策、发货及收款方式等。重要的销售合同，应当征询法律专业人员的意见。销售合同草案经审批同意后，企业应授权有关人员与客户签订正式销售合同。

5. 销售发货

发货是根据销售合同的约定向客户提供商品的环节。该环节的主要风险包括未经授权发货或发货不符合合同约定，可能导致货物损失或客户与企业的销售争议、销售款项不能收回等。为此，销售部门应当按照审核后的销售合同开具相关的销售通知交仓储部门和财会部门，仓储部门应当落实出库、计量、运输等环节的岗位责任，对销售通知进行审核，严格按照所列的发货品种和规格、发货数量、发货时间等组织发货，形成相应的发货单据，并连续编号。

同时，企业应当以运输合同或条款等形式明确运输方式，商品短缺、毁损或变质的责任，到货验收方式，运输费用承担，保险等内容。货物交接环节应做好装卸和检验工作，确保货物的安全发运，最终由客户验收确

认。此外，企业应当做好发货各环节的记录，填制相应的凭证，设置销售台账，实现全过程的销售登记制度。

6. 收款

收款指企业经授权发货后与客户结算的环节。按照发货时是否收到货款，可分为现销和赊销。该环节的主要风险包括企业信用管理不到位，结算方式选择不当，票据管理不善，账款回收不力，导致销售款项不能收回或遭受欺诈；收款过程中存在舞弊，使企业经济利益受损等。为此，企业需采取如下管控措施。

（1）制订合理的销售政策、信用政策。

企业应该根据自身经营管理要求、产品属性、资金现状、客户商业信用、客户经营风险评价等多种因素，制订合理的销售政策和信用政策。

（2）加强赊销、代销管理。

赊销商品应严格进行审核审批，同时赊销商品一般应取得客户的书面确认，必要时，要求客户办理资产抵押、担保等收款保证手续。加强代销业务款项的管理，及时与代销商结算款项。

（3）加速货款回收。

企业应完善应收款项管理制度，落实责任、严格考核、实行奖惩，销售部门负责应收款项的催收，收取的现金、银行本票、汇票等应及时缴存银行并登记入账。防止由销售人员直接收取款项，如必须由销售人员收取的，应由财会部门加强监控。

7. 客户服务

客户服务指在企业与客户之间建立信息沟通机制，企业应及时解答或处理客户提出的问题，不断改进商品质量和服务水平，以提升客户满意度和忠诚度。客户服务包括产品维修、销售退回、维护升级等。该环节的主要风险包括客户服务水平低，客户满意度不足，影响企业品牌形象，造成客户流失等。为此，企业需采取如下管控措施。（1）结合竞争对手客户服务水平，建立和完善本企业客户服务制度，包括客户服务内容、标准、方式等。设专人或部门进行客户服务和跟踪。提升售前、售中和售后技术服务，实行客户服务人员的薪酬与客户满意度挂钩。（2）建立产品质量管理制度，加强销售、生产、研发、质量检验等相关部门之间的沟通协调。（3）做好客户回访工作，定期或不定期开展客户满意度调查；建立客户投诉制度，记录并提出解决措施。（4）加强销售退回控制。销售退回经具有相应权限的人员审批后方可执行。

8. 会计系统控制

会计系统控制是指利用记账、核对、岗位职责落实和相互分离、档案管理、工作交接程序等会计控制方法，确保企业会计信息真实、准确、完整。会计系统控制包括销售收入的确认、应收款项的管理、坏账准备的计提和冲销、销售退回的处理等内容。该环节的主要风险有：缺乏有效的销售业务会计系统控制，可能导致企业账实不符、账证不符、账账不符或者账表不符，影响销售收入、销售成本、应收款项等会计核算的真实性和可靠性。为此，企业需采取如下管控措施。（1）企业应当加强对销售、发货、收款业务的会计系统控制，详细记录销售客户、销售合同、销售通知、发运凭证、商业票据、款项收回等情况，确保会计记录、销售记录与仓储记录核对一致。（2）建立应收账款清收核查制度，销售部门应定期与客户对账，并取得书面对账凭证。财会部门负责办理资金结算并监督款项回收。（3）及时收集应收账款相关凭证资料并妥善保管；及时要求客户提供担保；对未按时还款的客户，采取申请支付令、申请诉前保全和起诉等方式及时清收欠款；收回的非货币性资产应经评估和恰当审批。（4）企业对可能成为坏账的应收账款，应当按照国家统一的会计准则规定计提坏账准备。对确定发生的各项坏账，应当查明原因，明确责任，并在履行规定的审批程序后做出会计处理。企业核销的坏账应当进行备查登记，做到账销案存。已核销的坏账又收回时应当及时入账，防止形成账外资金。

数智技术对销售业务的影响

驱动销售业务数智化转型的核心在于大数据、云计算、5G、物联网、人工智能等技术的应用，而随着这些技术的渗透及商业应用，对销售业务流程中的人、货、场的数智重构影响也越来越深入。

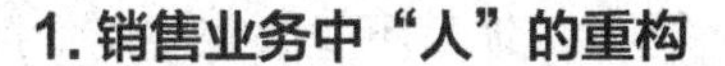

1. 销售业务中“人”的重构

在销售环节中，“人”是一个要素，其中客户、导购、店长、经销商、品牌商、合作伙伴、投资者等都是“人”的一部分，都会受到信息技术的影响。大数据时代，信息技术对人的影响主要体现在用户画像的生成上，用户画像也叫用户信息标签、客户标签。用户画像是指根据用户社会属性、生活习惯和消费行为等信息而抽象出的一个标签化的用户模型。从企业的角度看，根据客户在企业购买物品的行为，可以用一些标签把客户描绘出来，描述客户的标签就是用户画像。构建用户画像的核心工作即给客户贴标签，而标签是通过对客户信息进行分析得来的高度精练的特征标志。因此，通过信息技术影响后的客户，并非某一类人，而是基于大数据用户画像所加载着标签的人，这种信息的展现能够深度还原客户的真实状态，通过大数据对用户画像的描述，从而更细致地了解到客户群体的喜好、对货物的反馈及满意度，且能够实时地对客户做到可识别、可触达、可洞察、可服务，为企业带来更好的销售体验。

2. 销售业务中“货”的重构

产品能够满足消费者的需求，这是传递企业品牌价值主张的落脚点。在考虑增加产品时，企业应该审视产品的整体布局是否能够满足消费者的需求，通过洞察市场与消费者的新趋势，企业可以对产品组合策略进行梳理，明确需要深耕的已有类目。基于信息技术对“货”的影响，由于结合消费者数据可以对消费者进行洞察，实时反馈消费者的需求和期望，因此企业都是根据现有数据来驱动产品的销售，并可以实现小批量、多批次的柔性供应链策略，供应链可以做到库存在线、智能预测、智能补货、就近发货，一方面能避免滞销和库存积压，另一方面也能够对产品的生产制造做到柔性化、个性化、定制化，“货”的全流程也可以做到透明化。

3. 销售业务中“场”的重构

“场”不仅是商场、门店或网店，而是消费者生活、工作等与零售商产生交集的所有场景的组合。其反映在企业端，则是围绕消费者需求的消费场，借助渠道、终端、场景、能力等方面实现更为精细化的运营，因此基于信息技术的发展，对“场”的影响在于，从原来的商场定义转为了全网、全渠道、全场景、全触点的“场”，随时随地，不受时空限制，打破了线上与线下的界限。随着信息技术的不断发展，企业应借助 5G、VR 等技术，为企业销售的发展带来新的活力。

4. 销售终端升级

在信息技术的推动下，销售终端的服务体验也在快速地迭代升级，云端货架可以完全实现可视化制作交互触控、动画、3D 展示等内容，轻松实现与用户的展示、互动与交流。借助数据同步共享的业务中台以及数据中台，可以一改以往线上线下不同渠道之间数据割裂和效率低下的状态。因此用户的互动体验、支付体验、服务体验、导购体验都会逐步升级。互动体验升级主要体现在通过高科技互动设备，用户可以自行了解商品，选择自己喜欢的款式与型号。通过数智化的驱动，消费者的购物会更加便捷。

研究与开发业务

研究与开发业务是指企业为获取新产品、新技术、新工艺等所开展的各种研发活动。研究与开发是企业核心竞争力的本源，是促进企业自主创新的重要体现，是企业加快转变经济发展方式的强大推动力。

研究与开发业务管控的主要风险

在经济全球化背景下，特别是为了抢抓后危机时期的重要发展机遇，企业应提升自主创新能力，增强核心竞争力，有效控制研发风险。企业开展研发活动至少应当关注下列风险。

（1）研究项目未经科学论证或论证不充分，可能导致创新不足或资源浪费。

（2）研发人员配备不合理或研发过程管理不善，可能导致研发成本过高、舞弊或研发失败。

（3）研究成果转化应用不足、保护措施不力，可能导致企业利益受损。

研究与开发业务流程及风险控制

企业应当重视研发工作，根据发展战略，结合市场开拓和技术进步要求，科学制订研发计划，促进研发成果的转化和有效利用。着力梳理研究与开发业务流程，针对主要风险点和关键环节，制订切实有效的控制措施，不断提升研发活动全过程的风险管控效能。

1. 研发立项

研发立项主要包括立项申请、评审和审批。该环节的主要风险包括研发计划与国家（或企业）科技发展战略不匹配，研发承办单位或负责人不具有相应资质，研究项目未经科学论证或论证不充分，评审和审批环节把关不严，可能导致创新不足或资源浪费。为此，企业应采取如下风险管控措施。

（1）建立完善的立项、审批制度，确定研发计划制订原则和审批人，审查承办单位或专题负责人的资质条件和评估、审批流程等。

（2）结合企业发展战略、市场及技术现状，制订研发计划。

（3）企业应当根据实际需要，结合研发计划，提出研发项目立项申请，开展可行性研究，编制可行性研究报告。企业可以组织独立的专业机构和人员进行评估论证，出具评估意见。

（4）研究项目应当按照规定的权限和程序进行审批，重大研究项目应当报经董事会或类似权力机构集体审议决策。

（5）制订开题计划和报告，开题计划应经科研管理部门负责人审批，开题报告应对市场需求与效益、国内外在该方向的研究现状、主要技术路线和经费等进行充分论证，保证项目符合企业需求。

2. 研发过程管理

研发过程是研发的核心环节。实务中，研发通常分为自主研发、委托研发及合作研发。

（1）自主研发。

自主研发是指企业依靠自身的科研力量，独立完成项目，包括原始创新、集成创新和在引进消化基础上的再创新三种类型。其主要风险包括：研究人员配备不合理，导致研发成本过高、舞弊或研发失败；研发过程管理不善，费用失控或科技收入形成账外资产，增加研发成本甚至造成资产流失；多个项目同时进行时，出现资源的短期缺乏或配置不当，可能造成研发效率下降；研究过程中未能及时发现错误，导致修正成本增加；科研合同管理不善，导致权属不清，知识产权存在争议。

为此，企业应加强自主研发过程管理，并采取如下主要风险管控措施。①建立研发项目管理制度和技术标准，建立信息反馈制度和研发项目重大事项报告制度；严格落实岗位责任制。②合理设计项目实施进度计划和组织结构，跟踪项目进展，建立良好的工作机制。③精确预计工作量和所需资源，提高资源使用效率。④建立科技开发费用报销制度，明确费用支付标准及审批权限，遵循不相容岗位分离原则，完善科技经费入账管理程序，准确开展会计核算，建立科技收入管理制度。⑤开展项目中期评审，及时纠偏调整。

（2）委托研发及合作研发。

委托研发是指企业委托具有资质的外部承办单位进行研究和开发，合作研发是指合作双方基于研发协议，就共同的科研项目，以某种合作形式进行研究或开发。委托研发及合作研发的主要风险包括委托或合作单位选择不当，知识产权界定不清。合作研发主要风险还包括与合作单位存在沟通障碍、合作方案设计不合理、权责利益不能合理分配和资源整合不当等风险。

为此，企业应加强委托研发及合作研发过程管理，并采取如下主要风险管控措施。①加强对委托或合作研发单位资信、专业能力等方面的管理。②委托研发应采用招标、议标等方式确定受托单位，制订规范、详尽的委托研发合同，明确产权归属、研究进度和质量标准等相关内容。③合作研发应对合作单位进行尽职调查，签订书面合作研发合同，明确双方投资、分工、权利义务和研究成果产权归属等。④加强项目的管理监督，严格控制项目费用，防止费用被挪用、侵占等。⑤根据项目进展情况、国内外技术发展趋势和市场需求变化情况，对项目的目标、内容、进度、资金进行适当调整。

3. 结题验收

结题验收是指对研究过程形成的交付物进行质量验收。结题验收分检测鉴定、专家评审和专题会议三种方式。其主要风险包括：验收人员的技术、能力和独立性等造成验收成果与事实不符；测试与鉴定投入不足，导致测试与鉴定的不充分，不能有效地降低技术失败的风险。为此，企业应采取如下主要风险管控措施。（1）建立健全技术验收制度，严格执行测试程序。（2）对验收过程中发现的异常情况应重新进行验收申请或补充研发，直至研发项目达到研发标准。（3）落实技术主管部门验收责任，由独立的、具备专业胜任能力的人员进行鉴定试验，并按计划进行正式的、系统的、严格的评审。（4）加大企业在测试和鉴定阶段的投入，重要的研发项目可以组织外部专家参加鉴定。

4. 研究成果开发

研究成果开发是指企业对研究成果经过开发转换为企业的产品。其主要风险包括：研究成果转化应用不足，导致资源闲置；新产品未经充分测试，导致大批量生产不成熟或成本过高；营销策略与市场需求不符，导致营销失败。

主要的管控措施：第一，建立健全研究成果开发制度，促进成果及时有效转化；第二，科学鉴定大批量生产的技术成熟度，力求降低产品成本；第三，坚持开展以市场为导向的新产品开发消费者测试；第四，建立研发项目档案，推进有关信息资源的应用和共享。

5. 研究成果保护

研究成果保护是企业研发管理工作的有机组成部分。有效的研发成果保护，可保证研发企业的合法权益。其主要风险包括未能有效识别和保护知识产权，权属未能得到明确规范，开发出的新技术或产品被限制使用；核心研究人员缺乏管理激励制度，导致形成新的竞争对手或技术秘密外泄。为此，企业应采取如下风险管控措施。（1）进行知识产权评审，及时取得权属；研发完成后确定采取专利或技术秘密等不同保护方式；利用专利文献选择较好的工艺路线。（2）建立研究成果保护制度，加强对专利权、非专利技术、商业秘密及研发过程中形成的各类涉密图纸、程序和资料的管理，严格按照制度规定借阅和使用。（3）建立严格的核心研究人员管理制度，明确界定核心研究人员范围和名册清单并与之签署保密协议。（4）企业与核心研究人员签订劳动合同时，应当特别约定研究成果归属、离职条件、离职移交程序、离职后保密义务、离职后竞业限制年限及违约责任等内容。（5）实施合理有效的研发绩效管理，制订科学的核心研发人员激励体系，注重长效激励。

6. 后评估

后评估是研究与开发内部控制建设的重要环节。企业应当建立研发活动评估制度，加强对立项与研发、开发与保护等过程的全面评估，认真总结研发管理经验，分析存在的薄弱环节，完善相关制度和办法，不断提升研发活动的管理水平。

工程项目

工程项目是指企业自行或者委托其他单位进行的建造、安装工程。重大工程项目往往体现企业发展战略和中长期发展规划，对于提升企业再生产能力和支撑保障能力、促进企业可持续发展具有关键作用。

工程项目管控的主要风险

工程项目投入资源多、占用资金大、建设工期长、涉及环节多、多种利益关系错综复杂，是构成经济犯罪和腐败问题的高危区。

企业工程项目至少应当关注下列风险。（1）立项缺乏可行性研究或者可行性研究流于形式，决策不当，盲目上马，可能导致难以实现预期效益或项目失败。（2）项目招标暗箱操作，存在商业贿赂，可能导致中标人实质上难以承担工程项目、中标价格失实及相关人员涉案。（3）工程造价信息不对称，技术方案不落实，概预算脱离实际，可能导致项目投资失控。（4）工程物资质次价高，工程监理不到位，项目资金不落实，可能导致工程质量低劣，进度延迟或中断。（5）竣工验收不规范，最终把关不严，可能导致工程交付使用后存在重大隐患。

工程项目流程及风险控制

工程项目通常包括立项、设计、招标、建设、竣工验收和后评估六大流程，各流程具体风险控制点如下。

1. 工程立项

工程立项属于项目决策过程，是对拟建项目的必要性和可行性进行技术经济论证，对不同建设方案进行技术经济比较并做出判断和决定的过程。工程立项阶段的主要工作包括编制项目建议书、可行性研究、项目评审与决策。

（1）编制项目建议书。

项目建议书是企业（项目建设单位）根据工程投资意向，综合考虑产业政策、发展战略、经营计划等提出的建设某一工程项目的建议文件，是对拟建项目提出的框架性总体设想。项目建议书的内容一般包括：①项目的必要性和依据；②产品方案、拟建规模和建设地点的初步设想；③ 投资估算、资金筹措方案设想；④项目的进度安排；⑤经济效果和社会效益的初步估计；⑥环境影响的初步评价等。该环节的主要风险有：投资意向与国家产业政策和企业发展战略脱节，项目建议书内容不合规、不完整，项目性质模糊，拟建规模、标准不明确，投资估算和进度安排不协调等。

主要管控措施如下。第一，企业应当明确投资分析、编制和评审项目建议书的职责分工。第二，企业应当全面了解所处行业和法律法规、政策规定，结合实际建设条件和经济环境变化，客观分析投资机会，确定投资意向。第三，企业应当根据国家和行业有关要求，结合本企业实际，明确项目建议书的主要内容和格式等要求；在编制过程中，要对工程质量标准、投资规模和进度计划等分析论证，做到协调平衡。第四，对于专业性较强和较为复杂的工程项目，可以委托专业机构进行工程投资分析，编制项目建议书。第五，企业决策机构应当对项目建议书进行集体审议，必要时，成立专家组或委托专业机构进行评审。第六，根据国家规定及时报批有关项目建议书并取得有效批文。

（2）可行性研究。

企业应当根据经批准的项目建议书开展可行性研究、编制可行性研究报告。可行性研究报告的主要内容包括：①项目概况；②项目建设的必要性和市场预测；③项目建设选址及建设条件论证；④建设规模和建设内容；⑤项目外部配套建设；⑥环境保护、劳动保护与卫生防疫、消防、节能、节水；⑦总投资及资金来源；⑧经济、社会效益；⑨项目建设周期及进度安排；⑩招投标法规定的相关内容等。该环节的主要风险有：缺乏可行性研究，或可行性研究流于形式，导致决策不当，难以实现预期效益，甚至可能导致项目失败。

主要管控措施如下。第一，企业应当根据国家和行业有关规定以及本企业实际，确定可行性研究报告的内容和格式，明确编制要求。第二，委托专业机构进行可行性研究的，应当制订专业机构的选择标准，确保可行性研究科学、准确、公正。第三，切实做到投资、质量和进度控制的有机统一，即技术先进性和经济可行性要有机结合，建设标准要符合企业实际情况和财力、物力的承受能力，技术要先进适用，避免盲目追求技术先进而造成投资损失。

（3）项目评审与决策。

可行性研究报告形成后，企业应当组织有关部门或委托具有相应资质的专业机构，对可行性研究报告进行全面审核和评价。该环节的主要风险有：项目评审流于形式，误导项目决策；权限配置不合理，或者决策程序不规范，导致决策失误，给企业带来巨大经济损失。

主要管控措施如下。第一，企业应当组建项目评审组或委托具有资质的专业机构对可行性研究报告进行评审。项目可行性研究参与人员不得参与评审；利用科学的决策机制，充分兼顾项目投资、质量、进度各方面的不同意见；项目评审应实行评审意见问责制。第二，在项目评审中，要重点关注项目投资方案、投资规模、资金筹措、生产规模、技术、安全、环境保护等方面的情况，特别要对经济技术可行性进行深入分析和全面论证。第三，企业应当按照规定的权限和程序对工程项目进行决策，决策过程必须有完整的书面记录，并实行决策责任追究制度。企业应当在工程项目立项后、正式施工前，依法取得建设用地、城市规划、环境保护、安全、施工等方面的许可。

2. 工程设计

根据国家规定，一般工业项目设计可按初步设计和施工图设计两个阶段进行。对于技术上复杂、在设计时有一定难度的工程，可以按初步设计、技术设计和施工图设计三个阶段进行。这里主要介绍初步设计和施工图设计环节的内部控制。

（1）初步设计。

初步设计是设计构思基本形成的阶段。通过初步设计，企业可以明确拟建工程的技术可行性和经济合理性，同时确定主要技术方案、工程总造价和主要技术经济指标。初步设计阶段的一项重要工作是编制设计概算。设计概算是编制项目投资计划、确定和控制项目投资的依据，也是签订施工合同的基础依据。该环节存在的主要风险有：设计单位不符合项目资质要求；初步设计未进行多方案比选；设计深度不足，造成施工组织不周密、工程质量存在隐患、投资失控以及投产后运行成本过高等。

主要管控措施如下。第一，建设单位应当引入竞争机制，尽量采用招标方式并根据项目特点选择设计单位。第二，在工程设计合同中，要细化设计单位的权利和义务。第三，建设单位应当向设计单位提供开展设计所需的详细的基础资料，并进行有效的技术经济交流，避免资料不完整造成设计保守、投资失控等问题。第四，建设单位应建立严格的初步设计审查和批准制度，通过严格的复核、专家评议等制度，层层把关，确保评审工作质量。在初步设计审查中，技术方案是审查的核心和重点，重大技术方案必须进行技术经济分析比较、多方案比选。此外，还应关注初步设计规模是否与可行性研究报告、设计任务书一致，有无超规模、超标准等问题。

（2）施工图设计。

施工图设计主要是通过图纸，把设计者的意图和全部设计结果表达出来，作为施工建造的依据。与施工图设计直接关联的是施工图预算。对建设单位而言，施工图预算是确定工程招标控制价的依据，也是拨付工程款及办理工程结算的依据。施工图预算也是施工单位投标报价的参考依据。该环节存在的主要风险有：施工图预算严重脱离实际，导致项目投资失控；工程设计与后续施工未有效衔接，导致技术方案未得到有效落实，影响工程质量，发生重大经济损失。

主要管控措施如下。第一，建立严格的施工图预算编制与审核制度。施工图预算的编制要严格执行国家、行业和地方政府各项有关规定和标准，完整、准确地反映设计内容和当时、当地的价格水平。建设单位应当组织工程、技术、财会等部门的相关专业人员或委托具有相应资质的中介机构对编制的施工图预算进行审核，重点审查编制依据、工程量的计算、定额套用等是否真实准确。第二，建立严格的施工图设计管理制度和交底制度。施工图设计基本完成后，应召开施工图会审会议，由建设单位、设计单位、施工单位、监理单位等共同审阅施工图文件，设计单位应进行技术交底，介绍设计意图和技术要求，及时沟通问题，修改不符合实际和有错误的图纸，会议应形成书面纪要。第三，制订严格的设计变更管理制度。设计单位应当提供全面、及时的现场服务，避免设计与施工相脱节的现象发生，减少设计变更的发生。对确需进行的变更，应尽量控制在设计阶段，采用层层审批等方法。第四，建设单位应当严格按照国家法律法规和本单位管理要求执行各项设计报批。第五，可以引入设计监理，提高设计质量。

3. 工程招标

工程招标是指建设单位在立项之后、项目发包之前，依照法定程序，以公开招标或邀请招标等方式，鼓励潜在的投标人依据招标文件参与竞争，通过评标择优选定中标人的一种经济活动。

（1）招标。

招标的主要工作包括招标前期准备和招标公告、资格预审公告的编制与发布。在招标前期准备阶段，应确定招标组织方式（自行招标、委托招标）和招标方式（公开招标、邀请招标）等。招标公告、资格预审公告可以由招标人自行编制，也可以委托专业招标机构编制。投标资格的审查可以在投标前审查（资格预审），也可以在开标后审查（资格后审）。该环节存在的主要风险有：招标项目不完整，或逃避公开招标；投标资格条件未做到公平、合理，可能导致中标人并非最优选择；相关人员违法违纪泄露标底，存在舞弊行为。

主要管控措施如下。第一，建设单位应当按照相关法律法规，结合本单位实际情况，建立健全本单位的招投标管理制度，明确应当进行招标的工程项目范围、招标方式、招标程序，以及投标、开标、评标、定标等各环节的管理要求。第二，工程立项后，对于是否采用招标，以及招标方式、标段划分等，应由建设单位工程管理部门牵头提出方案，报经建设单位招标决策机构集体审议通过后执行。第三，建设单位确需划分标段组织招标的，应当进行科学分析和评估，提出专业意见。第四，招标公告的编制要公开、透明，严格根据项目特点确定投标人的资格要求，不得根据意向中标人的实际情况确定投标人资格要求。建设单位不具备自行招标能力的，应当委托具有相应资质的招标机构代理招标。第五，建设单位应当根据项目特点决定是否编制标底，需要编制标底的，标底编制过程和标底应当严格保密。

（2）投标。

投标主要包括项目现场考察、投标预备会、投标文件的编制和递交。招标人可以根据招标项目的具体情况，组织投标人考察项目现场、召开投标预备会，解答相关问题。投标文件必须对招标文件提出的实质性要求和条件做出响应。该环节存在的主要风险有：招标人与投标人串通投标，存在舞弊行为；投标人的资质条件不符合要求或挂靠、冒用他人名义投标，可能导致工程质量难以达到规定标准等。

主要管控措施如下。第一，对投标人的信息采取严格的保密措施，防止投标人之间串通舞弊。第二，科学编制招标公告，合理确定投标人资格要求，尽量扩大潜在投标人的范围，增强市场竞争性。第三，严格按照招标公告或资格预审文件中确定的投标人资格条件对投标人进行实质审查，通过查验资质原件、实地考察，或到工商和税务机关调查核实等方式，确定投标人的实际资质。第四，建设单位应当履行完备的标书签收、登记和保管手续。签收标书后应将投标文件存放在安全保密的地方，任何人不得在开标前开启投标文件。

（3）开标、评标和定标。

投标工作结束后，建设单位应当组织开标、评标和定标。开标时间和地点应当在招标文件中预先确定。评标由招标人依法组建的评标委员会负责。评标委员会应当按照招标文件确定的评标标准和方法，对投标文件进行评审和比较，推荐合格的中标候选人。建设单位应当按照规定的权限和程序从中标候选人中确定中标人，向中标人发出中标通知书。

开标、评标和定标环节存在的主要风险有：开标不公开、不透明，损害投标人利益；评标委员会成员缺乏专业水平，或者建设单位向评标委员会施加影响，致使评标流于形式；评标委员会成员与投标人串通作弊，损害招标人利益。

主要管控措施如下。第一，开标过程应邀请所有投标人或其代表出席，并委托公证机构进行检查和公证。第二，依法组建评标委员会，确保其成员具有较高的职业道德水平和项目经验。评标委员会成员名单在中标结果确定前应当严格保密。评标委员会成员和参与评标的有关工作人员不得私下接触投标人，不得收受商业贿赂。第三，建设单位应当为保证评标委员会独立、客观地进行评标工作创造良好条件，不得干扰其客观评判。第四，评标委员会应当在评标报告中详细说明每位成员的评价意见以及集体评审结果，对于中标候选人和落标人要分别陈述具体理由。每位成员应对其出具的评审意见承担个人责任。第五，中标候选人是一个以上时，招标人应当按照规定的程序和权限，由决策机构审议决定中标人。

（4）签订合同。

中标人确定后，建设单位应当在规定期限内同中标人订立书面合同，双方不得另行订立背离招标文件实质性内容的其他协议。第一，建设单位应当制订工程合同管理制度，明确各部门在工程合同管理和履行中的职责，严格按照合同行使权利和履行义务。第二，建设工程施工合同、各类分包合同、工程项目施工内部承包合同应当按照国家或本建设单位制订的示范文本的内容填写，清楚列明质量、进度、资金、安全等各项具体标准，有施工图纸的应附在合同后，其是合同的重要附件，与合同具有同等法律效力。第三，建设单位应当建立合同履行执行情况台账，记录合同的实际履约情况并随时督促。

建设单位在确定相应承包商后，由资产动能部工程项目人员草拟工程合同，报经营管理部审核，若对标准合同条款有修改，由经营管理部报法务审核。审核无误后工程项目人员填写合同审批表，按合同金额分别经过部门领导审批，经营管理部审查，业务分管领导、总经理及董事长审批后，与承包商签订工程合同，双方盖章确认。

4. 工程建设

工程建设指的是工程建设的实施，涉及工程监理、工程物资采购和工程价款结算等重要工作。工程监理是指具有相关资质的监理单位受建设单位的委托，代替建设单位对承包单位的工程建设实施监控的一种专业化服务活动。工程监理本身就是工程中一项重要的监控措施。

（1）施工质量、进度和安全保证。

建设单位和承包单位（施工单位）应按合同约定的工期、进度计划等相关要求进行施工建设，并采用科学规范的管理方式保证施工质量、进度和安全。该环节存在的主要风险有：盲目赶进度，牺牲质量、费用目标，导致质量低劣，费用超支；质量、安全监管不到位，存在质量隐患。

主要管控措施如下。

在工程质量管控方面：第一，承包单位应当建立全面的质量控制制度，按照国家相关法律法规和本单位质量控制体系进行建设，并在重要质量控制点的基础上实施质量预控；第二，承包单位应按合同约定对材料、工程设备以及施工工艺等进行全过程的质量检查和检验，定期编制工程质量报表，报送监理单位审查；第三，监理单位发现工程质量不符合要求的，应当要求承包单位立即返工修改，直至符合验收标准。

在工程进度管控方面：第一，监理单位应当建立监理进度控制体系，明确相关程序、要求和责任；第二，承包单位应按合同规定的工程进度编制详细的分阶段或分项进度计划，报送监理单位审批后，严格按照进度计划开展工作；第三，承包单位至少应按月对工程进度进行统计、分析和对比，工程的实际进度与批准的合同进度计划不符时，承包单位应提交修订合同进度计划的申请报告，并附原因分析和相关措施，报监理单位审批。

在安全建设管控方面：第一，建设单位应当加强对承包单位的安全检查，并授权监理单位按合同约定监督、检查承包单位安全工作的实施。建设单位在编制工程概算时，应当确定安全作业环境及安全施工措施所需费用；第二，工程监理单位和监理工程师应当按照法律、法规和工程建设强制性标准实施监理，并对建设工程安全生产承担监理责任；第三，承包单位应当设立安全生产管理机构，配备专职安全生产管理人员，依法建立安全生产、文明施工管理制度，细化各项防范措施。

（2）工程物资采购。

工程物资包括材料和设备。工程物资采购环节的主要风险有：工程物资采购过程控制不力，材料和设备质次价高，不符合设计标准和合同要求，影响工程质量和进度。

主要管控措施如下。在工程物资采购管理方面，除应当遵循采购业务的统一要求外，还应当关注以下方面。第一，重大设备和大宗材料的采购应当采用招标方式。第二，对于由承包单位购买的工程物资，建设单位应当采取必要措施，确保工程物资符合设计标准和合同要求。首先，在施工合同中，建设单位应具体说明建筑材料和设备应达到的质量标准，明确责任追究方式。其次，对于承包单位提供的重要材料和工程设备，应由监理单位进行检验，查验材料合格证明和产品合格证书。未经监理人员签字，工程物资不得在工程上使用或安装，不得进行下一道工序施工。最后，运入施工场地的材料、工程设备，包括备品、备件、安装专用工器具等，必须专用于合同工程，未经监理人员同意，承包单位不得将其运出施工场地或挪作他用。

（3）工程价款结算。

工程价款结算是指对建设工程的发包、承包合同价款进行约定，并依据合同约定进行工程预付款、工程进度款、工程竣工价款结算的活动。该环节存在的主要风险：建设资金使用管理混乱，项目资金不落实，导致工程进度延迟或中断。

主要管控措施如下。第一，建设单位应当建立完善的工程价款结算制度，明确工作流程和职责权限划分，并切实遵照执行。财会部门应当安排专职的工程财会人员，认真开展工程项目核算与财务管理工作。第二，资金筹集和使用应与工程进度协调一致，建设单位应编制资金使用计划，作为资产管控和工程价款结算的重要依据。第三，建设单位财会部门应当加强与承包单位和监理单位的沟通，准确掌握工程进度，确保财务报表能够准确、全面地反映资产价值，并根据施工合同约定，按照规定的审批权限和程序办理工程价款结算。第四，施工过程中，如果工程的实际成本突破了工程项目预算，建设单位应当及时分析原因，按照规定的程序予以处理。

（4）工程变更。

工程变更包括工程量变更、项目内容变更、进度计划变更、施工条件变更等。该环节存在的主要风险有：现场控制不当，工程变更频繁，导致费用超支、工期延误。

主要管控措施如下。第一，建设单位要建立严格的工程变更审批制度，严格控制工程变更，确需变更的，要按照规定程序尽快办理变更手续，减少经济损失。对于重大的变更事项，必须经建设单位、监理单位和承包单位集体商议，同时严加审核并提高审批层级。第二，工程变更获得批准后，应尽快落实变更设计和施工，承包单位应在规定期限内全面落实变更指令。第三，如因人为原因引发工程变更，应当追究当事单位和人员的责任。第四，对工程变更价款的支付实施更为严格的审批制度。

5. 竣工验收

竣工验收指工程项目竣工后由建设单位会同设计、施工、监理单位以及工程质量监督部门等，对该项目是否符合规划设计要求以及建筑施工和设备安装质量进行全面检验的过程。在竣工验收环节，除对工程质量进行验收外，还有竣工结算和竣工决算两项重要工作。竣工结算是指承包单位按照合同规定完成所承包的工程，经验收合格后，与建设单位进行的最终工程价款结算。竣工决算是以实物数量和货币指标为计量单位，综合反映工程项目从筹建到项目竣工交付使用的全部建设费用、财务情况和投资效果的总结性文件。竣工决算是办理固定资产交付使用手续的依据。此环节存在的主要风险有：竣工验收不规范，质量检验把关不严，可能导致工程存在重大质量隐患；虚报项目投资完成额或隐匿结余资金，导致竣工决算失真；固定资产达到预定可使用状态后，未及时进行估价、结转。

主要管控措施如下。第一，建设单位应当健全竣工验收管理制度，明确竣工验收的条件、标准、程序、组织管理和责任追究等。第二，竣工验收必须履行规定的程序，至少应经过承包单位初检、监理单位审核、正式竣工验收三个程序。正式竣工验收前，根据合同规定应当进行试运行的，应当由建设单位、监理单位和承包单位共同参与试运行。试运行符合要求的，才能进行正式验收。正式验收时，应当组成由建设单位、设计单位、承包单位、监理单位等组成的验收组，共同审验。重大项目的验收，可吸收相关方面专家进行评审。第三，初检后，确定固定资产达到预定可使用状态的，建设单位应会同监理单位及时对项目价值进行暂估，转入固定资产核算。第四，建设单位应当加强对工程竣工决算的审核，应先自行审核，再委托具有相应资质的中介机构实施审计，未经审计的，不得办理竣工验收手续。第五，建设单位要加强对完工后剩余物资的管理。第六，建设单位应当按照国家有关档案管理的规定，及时收集、整理工程建设各环节的文件资料，建立工程项目档案。需报政府有关部门备案的，应当及时备案。

6. 项目后评估

工程项目后评估是指在建设项目已经完成并运行一段时间后，对项目的目的、执行过程、效益、作用和影响进行系统的、客观的分析和总结的一种技术经济活动。项目后评估通常安排在工程项目竣工验收后 6 个月或 1 年后，多为效益后评估和过程后评估。首先，建设单位应当建立健全完工项目的后评估制度，对完工工程项目预期目标的实现情况和项目投资效益等进行综合分析与评估，为未来项目的决策和提高投资决策管理水平提出建议。其次，建设单位应当采取有效措施，保证项目后评估的公开、客观和公正。原则上，凡是承担项目可行性研究报告编制、立项决策、设计、监理、施工等业务的机构不得从事该项目的后评估工作，以保证后评估的独立性。最后，要严格落实工程项目决策及执行相关环节责任追究制度，项目后评估结果应当作为绩效考核和责任追究的依据。

担保业务

担保是指企业作为担保人按照公平、自愿、互利的原则与债权人约定，当债务人不履行债务时，依照法律规定和合同、协议承担相应法律责任的行为。在现代市场经济中，担保制度一方面有利于银行等债权人降低贷款风险，另一方面能使债权人与债务人形成稳定可靠的资金供需关系。但是，企业必须了解担保业务具有双刃剑特征，一些企业包括上市公司陷入担保怪圈和旷日持久的诉讼拉锯战，导致重大经济损失的案件时有发生。

担保业务管控的主要风险

担保业务管控主要面临以下风险。（1）对担保申请人的资信状况调查不深、审批不严或越权审批，可能导致企业担保决策失误或遭受欺诈。（2）对被担保人出现财务困难或经营陷入困境等状况监控不力，应对措施不当，可能导致企业承担法律责任。（3）担保过程中存在舞弊行为，可能导致经办、审批等相关人员涉案或企业利益受损。

担保业务流程及风险控制

企业办理担保业务，一般包括受理申请、调查评估、审批、签订担保合同、进行日常监控、会计控制、代为清偿和权利追索等流程。

1. 受理申请

受理申请是企业办理担保业务的第一道关口，其主要风险有：企业担保政策和相关管理制度不健全，导致难以对担保申请人提出的担保申请进行初步评价和审核；或者虽然建立了担保政策和相关管理制度，但对担保申请人提出的担保申请审查把关不严，导致申请受理流于形式。

主要控制措施：第一，依法制订和完善本企业的担保政策和相关管理制度，明确担保的对象、范围、方式、条件、程序、担保限额和禁止担保的事项；第二，严格按照担保政策和相关管理制度对担保申请人提出的担保申请进行审核。比如，担保申请人是否属于可以提供担保的对象；对担保申请人整体实力、经营状况、信用水平的了解情况；担保申请人是否实力较强、经营良好、恪守信用；担保申请人申请资料的完备情况及真实性。

2. 调查评估

企业在受理担保申请后对担保申请人进行资信调查和风险评估，是办理担保业务不可或缺的重要环节，在相当程度上影响甚至决定担保业务的未来走向。这一环节的主要风险有：对担保申请人的资信调查不深入、不透彻，对担保项目的风险评估不全面、不科学，导致企业担保决策失误或遭受欺诈。

主要控制措施如下。第一，委派具备胜任能力的专业人员开展调查和评估。调查评估人员与担保业务审批人员应当分离。企业可以自行对担保申请人进行资信调查和风险评估，也可以委托中介机构进行，同时应加强对中介机构工作情况的监控。第二，对担保申请人资信状况和有关情况进行全面、客观的调查评估。在调查和评估中，企业应当重点关注以下事项：（1）担保业务是否符合国家法律法规和本企业担保政策的要求，凡与国家法律法规和本企业担保政策相抵触的业务，一律不得提供担保；（2）担保申请人的资信状况，包括基本情况、资产质量、财务状况、经营情况、信用程度、行业前景等；（3）担保申请人用于担保和第三方担保的资产状况及其权利归属；（4）企业要求担保申请人提供反担保的，还应对与反担保有关的资产状况进行评估。企业应当综合运用各种行之有效的方法，对担保申请人的资信状况进行调查了解，务求真实准确。涉及对境外企业提供担保的，还应特别关注担保申请人所在国家和地区的政治、经济、法律等因素，并评估外汇政策、汇率变动等可能对担保业务造成的影响。第三，对担保项目经营前景和盈利能力进行合理预测。企业整体的资信状况和担保项目的预期运营情况，构成判断担保申请人偿债能力的两大重要方面，应当予以重视。第四，划定不予担保的红线，并结合调查评估情况做出判断。企业应严格遵守担保业务的高压线。第五，形成书面评估报告，全面反映调查评估情况，为担保决策提供第一手资料。

3. 审批

审批环节在担保业务中具有承上启下的作用，它既是对调查评估结果的判断和认定，也是担保业务进入实际执行阶段的必经之路。这一环节的主要风险有：授权审批制度不健全，导致对担保业务的审批不规范；审批不严格或者越权审批，导致担保决策出现重大疏漏，可能引发严重后果；审批过程存在舞弊行为，可能导致经办、审批等相关人员涉案或企业利益受损。

主要控制措施如下。第一，建立和完善担保授权审批制度，明确授权批准的方式、权限、程序、责任和相关控制措施，规定各层级人员应当在授权范围内进行审批，不得超越权限审批。企业内设机构不得以企业名义对外提供担保。第二，建立和完善重大担保业务的集体决策审批制度。企业应当根据《中华人民共和国公司法》等国家法律法规，结合企业章程和有关管理制度，明确重大担保业务的判断标准、审批权限和程序。第三，认真审查对担保申请人的调查评估报告，在充分了解、掌握有关情况的基础上，权衡比较本企业净资产状况、担保限额与担保申请人提出的担保金额，确保将担保金额控制在企业设定的担保限额之内。第四，从严办理担保变更审批。被担保人要求变更担保事项的，企业应当重新履行调查评估程序，根据新的调查评估报告重新履行审批手续。

4. 签订担保合同

担保合同是审批机构同意办理担保业务的直接体现，也是约定担保双方权利义务的基础载体。签订担保合同的主要风险有：未经授权对外订立担保合同，或者担保合同内容存在重大疏漏和欺诈，可能导致企业诉讼失败、权利追索被动、经济利益和形象信誉受损。

主要控制措施如下。第一，严格按照经审核批准的担保业务订立担保合同。合同订立经办人员应当在职责范围内，按照审批人员的批准意见拟订合同条款。第二，认真审核合同条款，确保担保合同条款内容完整、表述严谨准确、相关手续齐备。在担保合同中应明确被担保人的权利、义务、违约责任等相关内容，并要求被担保人定期提供财务报告和有关资料，及时通报担保事项的实施情况。第三，实行担保合同会审联签。鼓励担保业务经办部门组织法律部门、财会部门、内审部门等参与担保合同会审联签，有效避免权利义务约定、合同文本表述等方面的疏漏。第四，加强对有关身份证明和印章的管理。在担保合同签订过程中，依照法律规定和企业内部管理制度，往往需要提供、使用企业法定代表人的身份证明、个人印章和担保合同专用章等。企业应加强对身份证明和印章的管理，保证担保合同用章用印符合当事人真实意愿。第五，规范担保合同记录、传递和保管，确保担保合同运转轨迹清晰完整、有案可查。

5. 进行日常监控

担保合同的签订，标志着企业的担保权利和担保责任进入法律意义上的实际履行阶段。切实加强对担保合同执行情况的日常监控，通过及时、准确、全面地掌握被担保人的经营状况、财务状况和担保项目运行情况，最大限度地实现企业担保权益，最大限度地降低企业担保责任。这一环节的主要风险有：重合同签订，轻后续管理，对担保合同履行情况疏于监控或监控不当，导致企业不能及时发现和妥善应对被担保人的异常情况，可能延误处置时机，加剧担保风险，加重经济损失。

主要控制措施如下。第一，指定专人定期监测被担保人的经营状况和财务状况，对被担保人进行跟踪和监督，了解担保项目的执行、资金的使用、贷款的归还、财务运行及风险等情况，促进担保合同有效履行。第二，及时报告被担保人异常情况和重要信息。企业有关部门和人员在实施日常监控过程中一旦发现被担保人存在经营困难、债务沉重，或者违反担保合同的其他情况，应在第一时间向企业有关管理人员报告，以便及时采取有针对性的应对措施。

6. 会计控制

在会计控制方面，担保业务直接涉及担保财产、费用收取、财务分析、债务承担、会计处理和会计信息披露等。这一环节的主要风险有：会计系统控制不力，可能导致担保业务记录残缺不全，日常监控难以奏效，或者担保会计处理和信息披露不符合有关监管要求，可能引发行政处罚。

主要控制措施如下。第一，健全担保业务经办部门与财会部门的信息沟通机制，促进担保信息及时有效沟通；第二，建立担保事项台账，详细记录担保对象、金额、期限、用于抵押和质押的物品或权利以及其他有关事项；同时，及时足额收取担保费用，维护企业担保权益；第三，严格按照国家统一的会计准则制度进行担保会计处理，发现被担保人出现财务状况恶化、资不抵债、破产清算等情形的，应当合理确认预计负债和损失；第四，切实加强对反担保财产的管理，妥善保管被担保人用于反担保的权利凭证，定期核实财产的存续状况和价值，确保反担保财产安全完整；第五，夯实担保合同基础管理，妥善保管担保合同、与担保合同相关的主合同、反担保函或反担保合同，以及抵押、质押的权利凭证和有关原始资料。当担保合同到期时，企业要全面清查用于担保的财产、权利凭证，按照合同约定及时终止担保关系。

7. 代为清偿和权利追索

实践中，部分被担保人无法偿还到期债务，连累担保企业不得不按照担保合同约定承担清偿债务的责任。在代为清偿后，担保企业为降低担保损失，应依法主张对被担保人的追索权。这一环节的主要风险有：违背担保合同约定不履行代为清偿义务，可能被银行等债权人诉诸法律成为连带被告，影响企业形象和声誉；承担代为清偿义务后向被担保人追索不力，可能造成较大经济损失。

主要控制措施：第一，强化法治意识和责任观念，在被担保人确实无力偿付债务或履行相关合同义务时，自觉按照担保合同承担代偿义务，维护企业形象；第二，运用法律武器向被担保人进行权利追索，同时，依法处置被担保人的反担保财产，尽力减少企业经济损失；第三，启动担保业务后评估工作，严格落实担保业务责任追究制度，对在担保中出现重大决策失误、未履行集体审批程序或不按规定管理担保业务的部门及人员，严格追究其行政责任和经济责任，并不断完善担保业务内部控制制度，严控担保风险。

业务外包

业务外包是指企业利用专业化分工优势，将日常经营中的部分业务委托给本企业以外的专业服务机构或其他经济组织（以下简称“承包方”）完成的经营行为。业务外包不涉及工程项目外包。外包业务通常包括研发、资信调查、可行性研究、委托加工、物业管理、客户服务、IT 服务等。

业务外包管控的主要风险

企业的业务外包至少应当关注下列风险。

（1）外包范围和价格确定不合理，承包方选择不当，可能导致企业遭受损失。

（2）监控不严、服务质量低劣，可能导致企业难以发挥业务外包的优势。

业务外包流程及风险控制

业务外包流程主要包括：制订业务外包实施方案、审核批准、选择承包方、签订业务外包合同、组织实施业务外包、业务外包过程管理、验收、会计控制等环节。

1. 制订业务外包实施方案

制订业务外包实施方案，是指企业根据年度生产经营计划和业务外包管理制度，结合确定的业务外包范围，制订实施方案。该环节的主要风险有：企业缺乏业务外包管理制度，导致制订实施方案时无据可依；业务外包范围未明确，可能导致将不宜外包的核心业务进行外包；实施方案不合理、不符合企业生产经营特点或内容不完整，可能导致业务外包失败。

主要管控措施如下。第一，建立和完善业务外包管理制度，根据各类业务与核心主业的关联度、对外包业务的控制程度以及外部市场成熟度等标准，合理确定业务外包的范围，同时明确规定业务外包的方式、条件、程序和实施等相关内容。第二，严格按照业务外包管理制度规定的业务外包范围、方式、条件、程序和实施等内容制订实施方案，避免将核心业务外包。第三，根据企业年度预算以及生产经营计划，对实施方案的重要方面进行深入评估及复核，包括承包方的选择方案、外包业务的成本效益及风险、外包方式等，确保方案的可行性。第四，认真听取外部专业人员对业务外包的意见，并根据其合理化建议完善实施方案。

2. 审核批准

审核批准，是指企业应当按照规定的权限和程序审核批准业务外包实施方案。该环节的主要风险有：审批制度不健全，导致对业务外包的审批不规范；审批不严格或者越权审批，导致业务外包决策出现重大疏漏；未能对业务外包实施方案的成本效益进行合理审核以及恰当判断，导致业务外包不经济。

主要管控措施如下。第一，建立和完善业务外包的审核批准制度。明确授权批准的方式、权限、程序、责任和相关控制措施，不得超越权限审批。同时加大对分公司重大业务外包的管控力度。第二，在对业务外包实施方案进行审查和评价时，应当着重对比分析该业务项目在自营与外包情况下的风险和收益，确定外包的合理性和可行性。第三，总会计师或企业分管会计工作的负责人应当参与重大业务外包的决策，对业务外包的经济效益做出合理评价。第四，对于重大业务外包方案，应当提交董事会或类似权力机构审批。

3. 选择承包方

选择承包方，是指企业应当按照批准的业务外包实施方案选择承包方。该环节的主要风险有：承包方不是合法设立的法人主体，缺乏应有的专业资质，从业人员不具备相关专业技术资格，缺乏从事相关项目的经验，导致企业受损甚至陷入法律纠纷；价格不合理，导致业务外包成本过高；存在商业贿赂等舞弊行为。

主要管控措施如下。第一，充分调查候选承包方的合法性。第二，调查候选承包方的专业资质、技术实力及其从业人员的职业履历和专业技能。第三，考察候选承包方从事类似项目的成功案例、业界评价和口碑。第四，综合考虑企业内外部因素，对业务外包的人工成本、营销成本、业务收入、人力资源等指标进行测算分析，合理确定外包价格，严格控制业务外包成本。第五，引入竞争机制，按照有关法律法规，遵循公开、公平、公正的原则，采用公开招标等适当方式，择优确定承包方。第六，按照规定的程序和权限从候选承包方中择优确定，并建立严格的回避制度和监督处罚制度，避免相关人员出现受贿和舞弊行为。

4. 签订业务外包合同

确定承包方后，企业应当及时与选定的承包方签订业务外包合同，约定业务外包的内容和范围、双方权利和义务、服务和质量标准、费用结算标准和违约责任等事项。该环节的主要风险有：合同条款未能针对业务外包风险做出明确的约定，对承包方的违约责任界定不够清晰，导致企业陷入合同纠纷和诉讼；合同约定的业务外包价格不合理或成本费用过高，导致企业遭受损失。

主要管控措施如下。第一，在订立外包合同前，充分考虑业务外包方案中识别出的重要风险，并通过合同条款予以有效规避或降低。第二，在合同的内容和范围方面，明确承包方提供的服务类型、数量、成本，以及明确界定服务的环节、作业方式、作业时间、服务费用等细节。第三，在合同的权利和义务方面，明确企业有权督促承包方改进服务流程和方法，并对存在的问题进行有效沟通。第四，在合同的服务和质量标准方面，应当规定承包方最低的服务水平要求以及如果未能满足标准应实施的补救措施。第五，在合同的保密事项方面，应进行具体约定。第六，在费用结算标准方面，严格控制业务外包成本。第七，在违约责任方面，制订既具原则性又体现一定灵活性的合同条款，以适应环境、技术和企业自身业务的变化。

5. 组织实施业务外包

组织实施业务外包，是指企业严格按照业务外包管理相关要求，组织业务外包过程中人、财、物等方面的资源分配，建立与承包方的合作机制，为下一环节的业务外包过程管理做好准备，确保承包方严格履行业务外包合同。该环节的主要风险有：组织实施业务外包的工作不充分或未落实到位，影响下一环节业务外包过程管理的有效实施，导致难以实现业务外包的目标。

主要管控措施如下。第一，按照业务外包制度、工作流程和相关要求，制订业务外包实施的管控措施，包括落实与承包方之间的资产管理、信息资料管理、安全保密管理等机制，确保承包方在履行外包业务合同时有章可循。第二，做好与承包方的对接工作，确保承包方充分了解企业的工作流程和质量要求，从价值链的起点开始控制业务质量。第三，与承包方建立并保持畅通的沟通协调机制，以便及时发现并有效解决业务外包过程中存在的问题。第四，梳理有关工作流程，明确每个环节上的岗位职责分工、运营模式、管理机制、质量水平等方面的要求。

6. 业务外包过程管理

根据业务外包合同的约定，承包方会采取在特定时点向企业一次性交付产品或在一定期间内持续提供服务的方式交付业务外包成果。该环节的主要风险有：承包方在合同期内因市场变化等原因无法继续按照合同约定履行义务，导致业务外包失败和本企业生产经营活动中断；承包方发生未按照业务外包合同约定要求提供合格的产品或服务等违约行为；管控不力，导致商业秘密泄露。

主要管控措施如下。第一，密切关注重大业务外包中承包方的履约能力，采取动态管理方式，对承包方开展日常绩效评价和定期考核。第二，持续评估承包方的履约能力，包括承包方对该项目的投入是否能够支持其产品或服务质量达到企业预期目标等。第三，建立即时监控机制，一旦发现偏离合同目标等情况，应及时要求承包方调整改进。第四，对重大业务外包的各种意外情况做出充分预计，建立相应的应急处理机制，避免业务外包失败造成企业生产经营活动中断。第五，有确凿证据表明承包方存在重大违约行为，并导致业务外包合同无法履行的，应当及时终止合同，并按照法律程序向承包方索赔。第六，切实加强对业务外包过程中形成的商业信息资料的管理。

7. 验收

在业务外包合同执行完成后需要验收的，企业应当组织相关部门或人员进行验收。该环节的主要风险有：验收方式与业务外包成果交付方式不匹配，验收标准不明确，验收程序不规范，不能及时发现业务外包质量低劣等情况，可能导致企业受损。

主要管控措施如下。第一，根据承包方业务外包成果交付方式的特点，制订不同的验收方式。一般而言，可以进行一次性验收，也可以在整个外包过程中分阶段验收。第二，根据业务外包合同的约定，对外包业务质量进行基本评价并确定验收标准。第三，组织有关职能部门、财会部门、质量控制部门的相关人员，严格按照验收标准对承包方交付的产品或服务进行审查和全面测试，并出具验收证明。第四，在验收过程中发现异常情况的，应当立即报告，查明原因，视问题的严重性与承包方协商采取恰当的补救措施，并依法索赔。第五，根据验收结果对业务外包是否达到预期目标做出总体评价，据此对业务外包管理制度和流程进行改进和优化。

8. 会计控制

会计控制是指企业应当根据国家统一的会计准则制度，加强对外包业务的核算与监督，并做好外包费用结算等工作。该环节的主要风险有：缺乏有效的业务外包会计控制，未能全面真实地记录和反映企业业务外包各环节的资金流和实物流情况，可能导致企业资产流失或贬损；业务外包相关会计处理不当，可能导致财务报告信息失真；结算审核不严格、支付方式不恰当，可能导致企业资金损失或信用受损。

主要管控措施如下。第一，企业财会部门应当根据国家统一的会计准则制度，对业务外包中交由承包方使用的资产、涉及资产负债变动的事项以及外包合同诉讼潜在影响等加强核算与监督。第二，根据企业会计准则制度的规定，结合外包业务特点和企业管理机制，建立完善的外包成本核算方法，进行有关会计处理，并在财务报告中进行必要、充分的披露。第三，在向承包方结算费用时，应当依据验收证明，严格按照合同约定的结算条件、方式和标准办理支付手续。

财务报告

财务报告是指反映企业某一特定日期财务状况和某一会计期间经营成果、现金流量的文件。企业应当严格执行会计法律法规和国家统一的会计准则制度，加强对财务报告编制、对外提供和分析利用全过程的管理，明确相关工作流程和要求，落实责任制，确保财务报告合法合规、真实完整和有效利用。

财务报告管控的主要风险

企业编制、对外提供和分析利用财务报告，至少应当关注下列风险。（1）编制财务报告违反会计法律法规和国家统一的会计准则制度，可能导致企业承担法律责任和声誉受损。（2）提供虚假财务报告，误导使用者，造成使用者决策失误，干扰市场秩序。（3）不能有效利用财务报告，难以及时发现企业经营管理中存在的问题，可能导致企业财务和经营风险。

财务报告流程及风险控制

企业财务报告流程具体包括报告编制、对外提供、分析利用等环节，各环节面临的风险点及控制措施如下。

1. 财务报告的总体要求

第一，规范企业财务报告控制流程，明晰各岗位职责。企业应当制订明确的财务报告编制、报送及分析利用等相关流程，职责分工、权限范围和审批程序应当明确规范，机构设置和人员配备应当科学合理，并确保全过程中财务报告的编制、披露和审核等不相容岗位相互分离。

第二，健全财务报告各环节授权批准制度。企业应当健全财务报告编制、对外提供和分析利用各环节的授权批准制度，具体包括：编制方案的审批、会计政策与会计估计的审批、重大交易和事项会计处理的审批、对财务报告内容的审核审批等。

第三，建立日常信息核对制度。企业应当从会计记录的源头开始，建立日常信息定期核对制度，以保证财务报告的真实、完整，防范有关人员编造虚假交易，虚构收入、费用的风险，以及会计人员业务能力不足导致的会计记录与实际业务发生的金额、内容不符的风险。

第四，充分利用信息技术。企业应当充分利用信息技术，提高工作效率和工作质量，减少或避免编制差错和人为调整因素。同时，企业也应当注意防范信息技术所带来的特有风险，做好会计信息系统的更新维护、安全访问及数据源的管理，制订业务操作规范。

2. 财务报告的编制

（1）制订财务报告编制方案。

企业财会部门应在编制财务报告前制订编制方案，编制方案应明确财务报告编制方法（包括会计政策和会计估计、合并方法、范围与原则等）、财务报告编制程序、职责分工（包括牵头部门与相关配合部门的分工与责任等）、编报时间安排等相关内容。

该环节的主要风险有：会计政策未能有效更新，不符合有关法律法规；重要会计政策、会计估计变更未经审批，导致会计政策使用不当；会计政策未能有效贯彻、执行；各部门职责、分工不清，导致数据传递出现差错、遗漏，报告格式不一致等；各步骤时间安排不明确，导致整体编制进度延后等。

主要管控措施如下。第一，会计政策应符合国家有关会计法规和最新监管要求。企业应按照国家最新会计准则制度规定，结合自身情况，制订企业统一的会计政策。第二，会计政策和会计估计的调整，需按照规定的权限和程序审批。第三，企业的内部会计规章制度至少要经财会部门负责人审批后才能生效，财务报告流程、年报编制方案应当经企业分管会计工作的负责人核准后签发。第四，企业应建立完备的信息沟通渠道，将内部会计规章制度和财务流程、会计科目表和相关文件及时有效地传达至相关人员。企业还应通过内部审计等方式，定期进行测试，保证会计政策有效执行。第五，应明确各部门的职责分工，由总会计师或分管会计工作的负责人负责组织领导；财会部门负责财务报告编制工作；各部门应当及时向财会部门提供编制财务报告所需的信息，并对所提供信息的真实性和完整性负责。第六，应根据财务报告的报送要求，倒排工时，为各步骤设置关键时间点，并由财会部门负责督促和考核各部门的工作进度，及时进行提醒，对未能及时完成的进行相应处罚。

（2）确定重大事项的会计处理。

在编制财务报告前，企业应当确认对当期有重大影响的主要事项，并确定重大事项的会计处理。该环节的主要风险有：重大事项，如债务重组、非货币性交易、公允价值的计量、收购兼并、资产减值等的会计处理不合理，会导致会计信息扭曲，无法如实反映企业实际情况。

主要管控措施如下。第一，企业应对重大事项予以关注，通常包括以前年度审计调整以及相关事项对当期的影响、会计准则制度的变化及对财务报告的影响、年度内合并财务报告范围的变化及对财务报告的影响等。企业应建立重大事项的处理流程，按权限审批后执行。第二，及时沟通需要专业判断的重大会计事项并确定相应会计处理。企业应规定下属各部门、各单位人员及时将重大事项信息报告至同级财会部门。财会部门应定期研究、分析，并与相关部门组织沟通重大事项的会计处理，逐级报请总会计师或分管会计工作的负责人审批后下达各相关单位执行。

（3）清查资产与核实债务。

企业应在编制财务报告前，组织财会和相关部门进行资产清查、减值测试和债权债务核实工作。该环节的主要风险有：资产、负债账实不符，虚增或虚减资产、负债；资产计价方法随意变更；提前、推迟甚至不确认资产、负债等。

主要管控措施如下。第一，确定具体可行的资产清查、负债核实计划，合理安排时间及人员，确定实物资产盘点的具体方法和过程。第二，做好各项资产、负债的清查、核实工作，包括：核对银行对账单、盘点库存现金、核查结算款项、核查账面投资是否存在等。第三，对清查过程中发现的差异，应当分析原因，提出处理意见，取得合法证据和按照规定权限审批，将清查、核实的结果及其处理办法向企业的董事会或者相应机构报告，并根据国家统一的会计准则制度的规定进行会计处理。

（4）财务报告编制前的结账。

企业在编制年度财务报告前，应在日常定期核对信息的基础上完成对账、调账、差错更正等业务，然后实施关账操作。该环节的主要风险有：账务处理存在错误，导致账证、账账不符；虚列或隐瞒收入，推迟或提前确认收入；随意改变费用、成本的确认标准或计量方法，虚列、多列、不列或者少列费用、成本；结账的时间、程序不符合相关规定等。

主要管控措施如下。第一，核对各会计账簿记录与会计凭证的内容、金额等是否一致，记账方向是否相符。第二，检查相关账务处理是否符合国家统一的会计准则制度和企业制订的核算方法。第三，调整有关账项，合理确定本期应计的收入和应计的费用。第四，检查是否存在因会计差错、会计政策变更等原因需要调整前期或者本期相关项目的情况。第五，不得为了赶编财务报告而提前结账，或把本期发生的经济业务事项延至下期登账，也不得先编财务报告后结账，应在当期所有交易或事项处理完毕并经财会部门负责人审核签字确认后，实施关账和结账操作。第六，如果在关账之后需要重新打开已关闭的会计期间，须填写相应的申请表，经总会计师或分管会计工作的负责人审批后进行。

（5）编制个别财务报告。

企业应当按照国家统一的会计准则制度规定的财务报告格式和内容，根据登记完整、核对无误的会计账簿记录和其他有关资料编制财务报告，做到内容完整、数字真实、计算准确。该环节的主要风险有：提供虚假财务报告，误导财务报告使用者，造成决策失误，干扰市场秩序；报表数据不完整、不准确；报表种类不完整；附注内容不完整等。

主要管控措施如下。第一，企业财务报告列示的资产、负债、所有者权益金额应当真实可靠。一是各项资产计价方法不得随意变更，如有减值，应当合理计提减值准备，严禁虚增或虚减资产。二是各项负债应当反映企业的现时义务，不得提前、推迟或不确认负债，严禁虚增或虚减负债。三是所有者权益应当反映企业资产扣除负债后由所有者享有的剩余权益，由实收资本、资本公积、留存收益等构成。企业应当做好所有者权益保值增值工作，严禁虚假出资、抽逃出资、资本不实。第二，企业财务报告应当如实列示当期收入、费用和利润。一是各项收入的确认应当遵循规定的标准，不得虚列或者隐瞒收入，推迟或提前确认收入。二是各项费用、成本的确认应当符合规定，不得虚列、多列、不列或者少列费用、成本。三是利润由收入减去费用后的净额、直接计入当期利润的利得和损失等构成。不得随意调整利润的计算、分配方法，编造虚假利润。第三，企业财务报告列示的各种现金流量由经营活动、投资活动和筹资活动的现金流量构成，应当按照规定划清各类交易和事项的现金流量的界限。第四，按照岗位分工和规定的程序编制财务报告。一是财会部门制订本单位财务报告编制分工表，并由财会部门负责人审核，确保报告编制范围完整。二是财会部门报告编制岗位按照登记完整、核对无误的会计账簿记录和其他有关资料对相关信息进行汇总编制。三是进行校验审核工作。第五，按照国家统一的会计准则制度编制附注。检查担保、诉讼、未决事项、资产重组等重大事项是否在附注中得到反映和披露。第六，财会部门负责人审核报表内容和种类的真实性、完整性，通过后予以上报。

（6）编制合并财务报告。

企业集团应当编制合并财务报告，如实反映企业集团的财务状况、经营成果和现金流量。该环节的主要风险有：合并范围不完整；合并内部交易和事项不完整；合并抵销分录不准确。

主要管控措施如下。第一，编报单位财会部门应依据经法律部门确认的产权（股权）结构图，按照国家统一的会计准则制度规定确定合并范围，由财会部门负责人审核。第二，财会部门收集、审核下级单位财务报告，并汇总出本级次的财务报告，经汇总单位财会部门负责人审核。第三，财会部门制订内部交易和事项核对表及填制要求，报财会部门负责人审批后下发纳入合并范围的各单位。财会部门核对本单位及纳入合并范围的各单位之间内部交易的事项和金额并提交财会部门负责人审核。第四，合并抵销分录应有相应的标准文件和证据进行支持，由财会部门负责人审核。第五，对合并抵销分录实行交叉复核制度，具体编制人完成调整分录后即提交相应复核人进行审核，审核通过后才可录入试算平衡表。

3. 财务报告的对外提供

财务报告结果应当及时传递给企业内部有关管理层级，充分发挥财务报告在企业生产经营管理中的重要作用。

（1）财务报告对外提供前的审核。

财务报告对外提供前需按规定程序进行审核，主要包括财会部门负责人审核财务报告的准确性并签名盖章；总会计师或分管会计工作的负责人审核财务报告的真实性、完整性、合法合规性，并签名盖章；企业负责人审核财务报告整体合法合规性，并签名盖章。该环节的主要风险有：在财务报告对外提供前未按规定程序进行审核，对内容的真实性、完整性以及格式的合规性等审核不充分。

主要管控措施如下。第一，企业应严格按照规定的财务报告编制的审批程序，由各级负责人逐级把关，对财务报告内容的真实性、完整性，格式的合规性等予以审核。第二，企业应保留审核记录，建立责任追究制度。第三，财务报告在对外提供前应当装订成册，加盖公章，并由企业负责人、总会计师或分管会计工作的负责人、财会部门负责人签名并盖章。

（2）财务报告对外提供前的审计。

法律法规规定了年度财务报告需依法经会计师事务所审计的，审计报告应随同财务报告一并对外提供。该环节的主要风险有：财务报告对外提供前未经审计，审计机构不符合相关法律法规的规定，审计机构与企业串通舞弊。

主要管控措施如下。第一，企业应根据相关法律法规的规定，选择符合资质的会计师事务所对财务报告进行审计。第二，企业不得干扰审计人员的正常工作，并应对审计意见予以落实。第三，注册会计师及其所在的事务所出具的审计报告，应随财务报告一并提供。

（3）财务报告的对外提供。

一般企业的财务报告经完整审核并签名盖章后即可对外提供，上市公司的财务报告还需经董事会和监事会审批，通过后方能对外提供。该环节的主要风险有：对外提供未遵循相关法律法规的规定，导致承担相应的法律责任；对外提供的财务报告的编制基础、依据、原则和方法不一致，影响报告使用者的判断和经济决策；未能及时对外报送财务报告，导致使用价值降低；财务报告在对外提供前泄露，导致发生内幕交易等。

主要管控措施如下。第一，企业应根据相关法律法规的要求，明确负责财务报告对外提供的对象并由企业负责人监督，如：国有企业应当依法定期向监事会提供财务报告，至少每年一次在本企业的职工代表大会公布财务报告。第二，企业应严格执行财务报告编制的审批程序，由财会部门负责人、总会计师或分管会计工作的负责人、企业负责人逐级把关，对财务报告内容的真实性、完整性，格式的合规性等予以审核。第三，企业应严格遵守相关法律法规和国家统一的会计准则规定的报送时间。第四，企业应设置严格的保密程序，对能够接触财务报告信息的人员进行权限设置，保证财务报告信息在对外提供前控制在适当的范围。

4. 财务报告的分析利用

（1）制订财务分析制度。

企业财会部门应在对企业基本情况进行分析研究的基础上，提出财务报告分析制度草案，并逐级审批。该环节的主要风险有：制订的财务分析制度不符合企业实际情况，财务分析制度未充分利用企业现有资源，财务分析的流程、要求不明确，财务分析制度未经审批等。

主要管控措施如下。第一，企业在对基本情况分析时，应当重点了解企业的发展背景，包括企业组织结构、产品销售及资产变动情况等，熟悉企业业务流程，分析研究企业的资产及财务管理活动。第二，企业在制订财务报告分析制度时，应重点关注：财务报告分析的内容、分析的步骤、分析方法和指标体系；财务报告分析报告的编写要求等。第三，财务报告分析制度草案经财会部门负责人、总会计师或分管会计工作的负责人、企业负责人检查、修改、审批之后，根据制度设计的要求进行试行，发现问题及时总结上报。第四，财会部门根据试行情况进行修正，确定最终的财务报告分析制度文稿，并经财会部门负责人、总会计师或分管会计工作的负责人、企业负责人进行最终的审批。

（2）编写财务分析报告。

财会部门应按照财务分析制度定期编写财务分析报告，并通过定期召开财务分析会议等形式加以完善，全面分析企业的经营管理状况和存在的问题，不断提高经营管理水平。该环节的主要风险有：财务分析报告的目的不正确或者不明确，财务分析方法不正确；财务分析报告的内容不完整，未对本期生产经营活动中发生的重大事项做专门分析；财务分析质量和可用性不足；财务分析报告未经审核等。

主要管控措施如下。第一，明确编写目的，运用正确的财务分析方法，并能充分、灵活地运用各项资料。分析内容如下。一是企业的资产分布、负债水平和所有者权益结构，通过资产负债率、流动比率、资产周转率等指标分析企业的偿债能力和营运能力；分析企业净资产的增减变化，了解和掌握企业规模和净资产的不断变化过程。二是分析各项收入、费用的构成及其增减变动情况，通过净资产收益率、每股收益等指标，分析企业的盈利能力和发展能力，了解和掌握当期利润增减变化的原因和未来发展趋势。三是分析经营活动、投资活动、筹资活动现金流量的运转情况，重点关注现金流量能否保证生产经营的正常运行，防止现金短缺或闲置。第二，总会计师或分管会计工作的负责人应当在财务分析和利用工作中发挥主导作用，负责组织领导。财会部门负责人审核财务分析报告的准确性，判断是否需要对特殊事项进行补充说明，并对财务分析报告进行补充说明。第三，企业财务分析会议应吸收有关部门负责人参加，充分沟通、分析各部门提出的意见。第四，修订后的财务分析报告应及时报送企业负责人审批，并对存在的问题及时采取解决措施。

（3）整改落实。

财会部门应将经过企业负责人审批的报告及时报送各部门负责人，各部门负责人根据分析结果进行决策和整改落实。该环节的主要风险有：财务分析报告的内容传递不畅，未能及时传达有关各部门；各部门对财务分析报告不够重视，未对其中的意见进行整改落实。

主要管控措施如下。第一，定期的财务分析报告应作为内部报告的组成部分，并充分利用信息技术进行编制。第二，根据财务分析报告的意见，明确各部门职责。责任部门按要求落实改正，财会部门负责监督、跟踪责任部门的落实情况，并及时向有关负责人反馈落实情况。

第4章

数智时代企业控制工具类的内部控制

扫码即可观看
本章微视频课程

▶▶ 从一个案例讲起

大数据云会计给企业预算带来了什么？云会计指在大数据环境下，应用云计算技术构建虚拟会计信息系统，提供可靠、及时、相关的信息，完成会计核算和会计管理。在信息技术迅猛发展的今天，利用大数据云会计在海量数据中有效挖掘价值信息支持预算管理成为提升全面预算管理水平的重要途径。大数据云会计对全面预算管理的影响如下。

一是大数据云会计平台为企业高层管理者提供企业内部环境资源、机遇与风险等可靠的、及时的信息，帮助高层管理者制订企业战略，提高管理者对基于以战略为导向的全面预算管理的认识。

二是大数据云会计为企业建立大数据分析中心，利用大数据处理技术对横向的同行业数据和纵向的企业历史数据进行分布式和多维式分析处理，从而帮助企业实现战略预算管理。

三是大数据云会计可对预算执行进行实时调整。当内外部环境发生重要变化时，企业各级决策者还可在掌握实时信息的情况下，及时调整预算目标甚至战略目标，最终实现企业资源的合理配置。

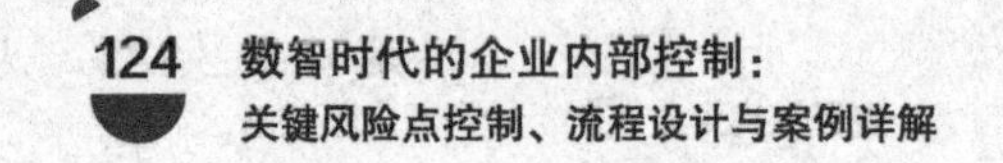

全面预算管理

全面预算管理指企业以战略目标为导向，通过对未来一定期间的经营活动和相应的财务结果进行全面预测和筹划，科学、合理配置企业各项财务和非财务资源，并对执行过程进行监督和分析，对执行结果进行评价和反馈，指导经营活动的改善和调整，进而推动实现企业战略目标的管理活动。

全面预算管理的主要风险

全面预算作为一种全方位、全过程、全员参与编制与实施的预算管理模式，凭借其计划、协调、控制、激励、评价等综合管理功能，整合和优化配置企业资源，提升企业运行效率，成为促进实现企业发展战略的重要抓手。正如美国著名管理学家戴维·奥利所指出的那样：全面预算管理是为数不多的能把组织的所有关键问题融合于一个体系的管理控制方法之一。

企业实行全面预算管理，至少应当关注以下风险。（1）不编制预算或预算编制不健全，可能导致企业经营缺乏约束或盲目经营。（2）预算目标不合理、编制不科学，可能导致企业资源浪费或发展战略难以实现。（3）预算缺乏刚性、执行不力、考核不严，可能导致预算管理流于形式。

全面预算管理流程及风险控制

全面预算管理的基本流程一般包括预算编制、预算执行和预算考核三阶段。

预算编制阶段包括预算编制、预算审批、预算下达等具体环节。企业应当建立和完善预算编制工作制度，明确编制依据、编制程序、编制方法等内容，确保预算编制依据合理、程序适当、方法科学，避免预算指标过高或过低。企业应当在预算开始年度前完成全面预算草案的编制工作。企业编制全面预算时，应当根据发展战略和年度生产经营计划，综合考虑预算期内经济政策、市场环境等因素，按照上下结合、分级编制、逐级汇总的程序进行编制。

预算执行阶段包括预算指标分解及责任落实、预算执行控制、预算分析、预算调整等具体环节。企业应当加强对预算执行的管理，明确预算指标分解方式、预算执行审批权限和要求、预算执行情况报告等，落实预算执行责任制，确保预算刚性，严格预算执行。

预算考核阶段，企业应当建立严格的预算执行考核制度，对各预算执行单位和个人进行考核，切实做到有奖有惩、奖惩分明。

这些业务环节相互关联、相互作用、相互衔接，周而复始，从而实现对企业全面经济活动的控制。全面预算基本业务流程如图 4-1 所示。

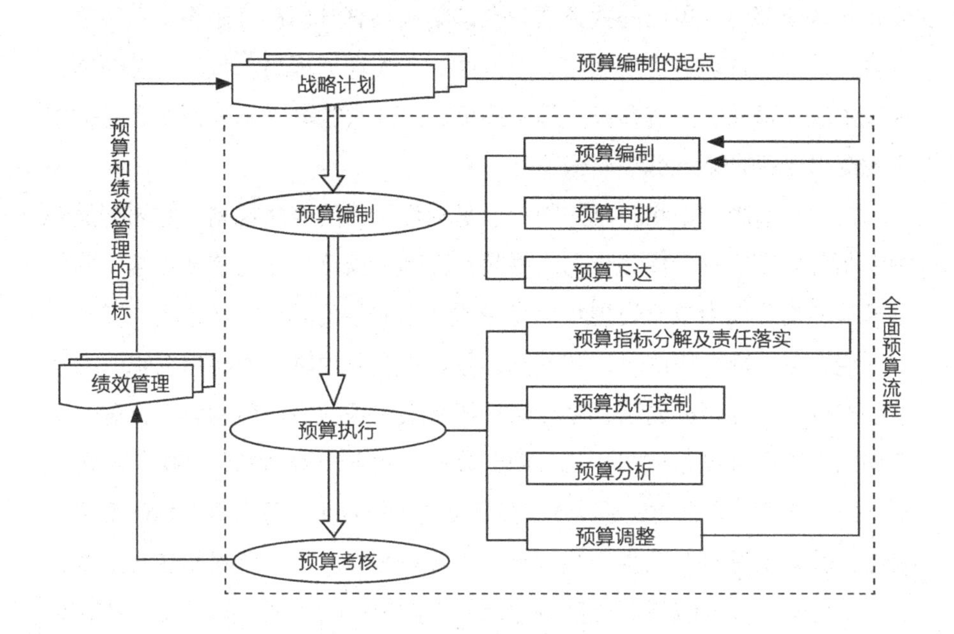

图 4-1 全面预算基本业务流程

1. 预算编制

预算编制是企业实施全面预算管理的起点。预算编制环节的主要风险如下。（1）预算编制以财务部门为主，业务部门参与度较低，可能导致预算编制不合理，预算管理责、权、利不匹配；预算编制范围和项目不全面，各个预算之间缺乏整合，可能导致全面预算难以形成。（2）预算编制所依据的相关信息不足，可能导致预算目标与战略规划、经营计划、市场环境、企业实际等脱离；预算编制基础数据不足，可能导致预算编制准确率降低。（3）预算编制程序不规范，横向、纵向信息沟通不畅，可能导致预算目标缺乏准确性、合理性和可行性。（4）预算编制方法选择不当，或强调采用单一的方法，可能导致预算目标缺乏科学性和可行性。（5）预算目标及指标体系设计不完整、不合理、不科学，可能导致预算管理在实现发展战略和经营目标、促进绩效考评等方面的功能难以有效发挥。（6）编制预算的时间太早或太晚，可能导致预算准确性不高，或影响预算的执行。

主要控制措施如下。

第一，全面性控制。一是明确企业各个部门、单位的预算编制责任，使企业各个部门、单位的业务活动全部纳入预算管理；二是将企业经营、投资、财务等各项经济活动的各个方面、各个环节都纳入预算编制范围，形成由经营预算、投资预算、筹资预算、财务预算等一系列预算组成的相互衔接和钩稽的综合预算体系。

第二，编制依据和基础控制。一是制订明确的战略规划，并依据战略规划制订年度经营目标和计划，将其作为制订预算目标的首要依据，确保预算编制真正成为战略规划和年度经营计划的年度具体行动方案；二是深入开展企业外部环境的调研和预测，包括对企业预算期内客户需求、同行业发展等市场环境的调研，以及宏观经济政策等社会环境的调研，确保预算编制以市场预测为依据；三是深入分析企业上一期间的预算执行情况，充分预计预算期内企业资源状况、生产能力、技术水平等自身环境的变化，确保预算编制符合企业生产经营活动的客观实际；四是重视和加强预算编制基础管理工作，包括历史资料记录、定额制订与管理、标准化工作、会计核算等，确保预算编制以可靠、翔实、完整的基础数据为依据。

第三，编制程序控制。企业应当按照上下结合、分级编制、逐级汇总的程序，编制年度全面预算。其基本步骤及其控制为：一是建立系统的指标分解体系，并在与各预算责任中心进行充分沟通的基础上分解下达初步预算目标；二是各预算责任中心按照下达的预算目标和预算政策，结合自身特点以及预测的执行条件，认真测算并提出本责任中心的预算草案，逐级汇总上报预算管理工作机构； 三是预算管理工作机构进行充分协调、沟通，审查平衡预算草案；四是预算管理委员会对预算管理工作机构在综合平衡基础上提交的预算草案进行研究论证，从企业发展全局角度提出进一步调整、修改的建议，形成企业年度全面预算草案，提交董事会；五是董事会审核全面预算草案，确保全面预算与企业发展战略、年度生产经营计划相协调。

第四，编制方法控制。企业应当本着遵循经济活动规律，充分考虑符合企业自身经济业务特点、基础数据管理水平、生产经营周期和管理需要的原则，选择或综合运用固定预算、弹性预算、滚动预算等方法编制预算。

第五，预算目标及指标体系设计控制。一是按照“财务指标为主体、非财务指标为补充”的原则设计预算指标体系；二是将企业的战略规划、经营目标体现在预算指标体系中；三是将企业产、供、销、投融资等各项活动的各个环节、各个方面的内容都纳入预算指标体系；四是将预算指标体系与绩效评价指标协调一致；五是按照各责任中心在工作性质、权责范围、业务活动特点等方面的不同，设计不同或各有侧重的预算指标体系。

第六，预算编制时间控制。企业可以根据自身规模大小、组织结构和产品结构的复杂性、预算编制工具及运用熟练程度、全面预算开展的深度和广度等因素，确定合适的全面预算编制时间，并应当在预算年度开始前完成全面预算草案的编制工作。

2. 预算审批及下达

预算审批及下达环节的主要风险有：全面预算未经适当审批或超越授权审批，可能导致预算权威性不够、执行不力，或可能由重大差错、舞弊而导致损失；全面预算下达不力，可能导致预算执行或考核无据可查。

主要控制措施：企业全面预算应当按照《中华人民共和国公司法》等

相关法律法规及企业章程的规定报经股东会、董事会等审议批准；企业全面预算经审议批准后应及时以红头正式文件形式下达执行。

3. 预算指标分解及责任落实

预算指标分解及责任落实环节的主要风险有：预算指标分解不够详细、具体，可能导致企业的某些岗位和环节缺乏预算执行和控制依据；预算指标分解与业绩考核体系不匹配，可能导致预算执行不力；预算责任体系缺失或不健全，可能导致预算责任无法落实，预算缺乏强制性与严肃性；预算责任与执行单位或个人的控制能力不匹配，可能导致预算目标难以实现。

主要控制措施如下。

第一，企业全面预算一经批准下达，各预算执行单位应当认真组织实施，将预算指标层层分解，横向将预算指标分解为若干相互关联的因素，寻找影响预算目标的关键因素并加以控制；纵向将各项预算指标层层分解落实到最终的岗位和个人，明确责任部门和最终责任人。时间上将年度预算指标分解细化为季度、月度预算，通过实施分期预算控制，实现年度预算目标。

第二，建立预算执行责任制度，对照已确定的责任指标，定期或不定期地对相关部门及人员责任指标完成情况进行检查，实施考评。可以通过签订预算目标责任书等形式明确各预算执行部门的预算责任。

第三，分解预算指标和建立预算执行责任制应当遵循定量化、全局性、可控性原则。即：预算指标的分解要明确、具体，便于执行和考核；预算指标的分解要有利于企业经营总目标的实现；赋予责任部门和责任人的预算指标应当是通过该责任部门或责任人的努力可以达到的，责任部门或责任人以其责权范围为限，对预算指标负责。

4. 预算执行控制

预算执行控制环节的主要风险有：缺乏严格的预算执行授权审批制度，可能导致预算执行随意；预算审批权限及程序混乱，可能导致越权审批、重复审批，降低预算执行效率和严肃性；预算执行过程中缺乏有效监控，可能导致预算执行不力，预算目标难以实现；缺乏健全有效的预算反馈和报告体系，可能导致预算执行情况不能及时反馈和沟通，预算差异得不到及时分析，预算监控难以发挥作用。

主要控制措施如下。

第一，加强资金收付业务的预算控制，及时组织资金收入，严格控制资金支付，调节资金收付平衡，防范支付风险。

第二，严格资金支付业务的审批控制，及时制止不符合预算目标的经济行为，确保各项业务和活动都在授权的范围内运行。企业应当就涉及资金支付的预算内事项、超预算事项、预算外事项建立规范的授权批准制度和程序，避免越权审批、违规审批、重复审批现象的发生。预算执行单位提出超预算或预算外资金支付申请，应当提供有关发生超预算或预算外支付的原因、依据、金额测算等资料。

第三，建立预算执行实时监控制度，及时发现和纠正预算执行中的偏差，确保企业办理采购与付款、销售与收款、成本费用、工程项目、对外投融资、研究与开发、信息系统、人力资源、安全环保、资产购置与维护等各项业务和事项，均符合预算要求。

第四，建立重大预算项目特别关注制度。对于工程项目、对外投融资等重大预算项目，企业应当密切跟踪其实施进度和完成情况，实行严格监控。对于重大的关键性预算指标，也要密切跟踪、检查。

第五，建立预算执行情况预警机制，科学选择预警指标，合理确定预警范围，及时发出预警信号，积极采取应对措施。有条件的企业，应当推进和实施预算管理的信息化，通过现代电子信息技术手段控制和监控预算执行，提高预警与应对水平。

第六，建立健全预算执行情况内部反馈和报告制度，确保预算执行信息传输及时、畅通、有效。预算管理工作机构应当加强与各预算执行单位的沟通，运用财务信息和其他相关资料监控预算执行情况，采用恰当方式及时向预算管理委员会和各预算执行单位报告、反馈预算执行进度、执行差异及其对预算目标的影响，促进企业全面预算目标的实现。

5. 预算分析

预算分析环节的主要风险有：预算分析不正确、不科学、不及时，可能削弱预算执行控制的效果，或可能导致预算考评不客观、不公平；对预算差异原因的解决措施不得力，可能导致预算分析形同虚设。

主要控制措施如下。

第一，企业预算管理工作机构和各预算执行单位应当建立预算执行情况分析制度，定期召开预算执行分析会议，通报预算执行情况，研究、解决预算执行中存在的问题，认真分析原因，提出改进措施。

第二，企业应当加强对预算分析流程和方法的控制，确保预算分析结果准确、合理。预算分析流程一般包括确定分析对象、收集资料、确定差异及分析原因、提出措施及形成反馈报告等环节。企业分析预算执行情况，应当充分收集有关财务、业务、市场、技术、政策、法律等方面的信息资料，根据不同情况分别采用比率分析、比较分析、因素分析等方法，从定量与定性两个层面充分反映预算执行单位的现状、发展趋势及潜力。

第三，企业应当采取恰当措施处理预算执行偏差。企业应针对造成预算差异的不同原因采取不同的处理措施：因内部执行导致的预算差异，应分清责任归属，与预算考评和奖惩挂钩，并将责任单位或责任人的改进措施的实际执行效果纳入业绩考核；外部环境变化导致的预算差异，应分析该变化是否长期影响企业发展战略的实施，并作为下期预算编制的影响因素。

6. 预算调整

预算调整环节的主要风险有：预算调整依据不充分、方案不合理、审批程序不严格，可能导致预算调整随意、频繁，预算失去严肃性和硬约束。

主要控制措施如下。

第一，明确预算调整条件。市场环境、国家政策或不可抗力等客观因素，导致预算执行发生重大差异确需调整预算的，应当履行严格的审批程序。企业应当在有关预算管理制度中明确规定预算调整的条件。

第二，强化预算调整原则。一是预算调整应当符合企业发展战略、年度经营目标和现实状况，重点放在预算执行中出现的重要的、非正常的、不符合常规的关键性差异方面；二是预算调整方案应当客观、合理、可行，在经济上能够实现最优化；三是预算调整应当谨慎，调整频率应予以严格控制，年度调整次数应尽量少。

第三，规范预算调整程序，严格审批。预算调整一般由预算执行单位逐级向预算管理委员会提出书面申请，详细说明预算调整理由、调整建议方案、调整前后预算指标的比较、调整后预算指标可能对企业预算总目标的影响等内容。预算管理工作机构应当对预算执行单位提交的预算调整报告进行审核分析，集中编制企业年度预算调整方案，提交预算管理委员会。预算管理委员会应当对年度预算调整方案进行审议，根据预算调整事项性质或预算调整金额的不同及授权进行审批，或提交原预算审批机构审议批准，然后下达执行。企业预算管理委员会审批预算调整方案时，应当依据预算调整条件，并考虑预算调整原则，严格把关，对于不符合预算调整条件的，坚决予以否决；对于预算调整方案欠妥的，应当协调有关部门和单位研究改进方案，并责成预算管理工作机构予以修改后再履行审批程序。

7. 预算考核

预算考核环节的主要风险有：预算考核不严格、不合理、不到位，可能导致预算目标难以实现、预算管理流于形式。其中，预算考核是否合理受到考核主体和对象的界定是否合理、考核指标是否科学、考核过程是否公开透明、考核结果是否客观公正、奖惩措施是否公平合理且能否落实等因素的影响。

主要控制措施如下。

第一，建立健全预算执行考核制度。一是建立严格的预算执行考核制度，对各预算执行单位和个人进行考核，将预算目标执行情况纳入考核和奖惩范围，切实做到有奖有惩、奖惩分明。二是制订有关预算执行考核的制度或办法，并认真、严格地组织实施。三是定期组织实施预算考核，预算考核的周期一般应当与年度预算细分周期相一致，即一般按照月度、季度实施考核，预算年度结束后再进行年度总考核。

第二，合理界定预算考核主体和考核对象。预算考核主体分为两个层次：预算管理委员会和内部各级预算责任单位。预算考核对象为企业内部各级预算责任单位和相关个人。界定预算考核主体和考核对象应当主要遵循以下原则：一是上级考核下级原则，即由上级预算责任单位对下级预算责任单位实施考核；二是逐级考核原则，即由预算执行单位的直接上级对其进行考核，间接上级不能隔级考核间接下级；三是预算执行与预算考核相互分离原则，即预算执行单位的预算考核应由其直接上级部门来进行，而绝不能自己考核自己。

第三，科学设计预算考核指标体系。设计预算考核指标体系应主要把握以下原则：预算考核指标要以各责任中心承担的预算指标为主，同时本着相关性原则，增加一些全局性的预算指标和与其关系密切的相关责任中心的预算指标；考核指标应以定量指标为主，同时根据实际情况辅以适当的定性指标；考核指标应当具有可控性、可达到性和明晰性。

第四，按照公开、公平、公正原则实施预算考核。一是考核程序、标准、结果要公开。企业应当将全面预算考核程序、考核标准、奖惩办法、考核结果等及时公开。二是考核结果要客观公正。预算考核应当以客观事实作为依据。预算执行单位上报的预算执行报告是预算考核的基本依据，应当经本单位负责人签章确认。企业预算管理委员会及其工作机构定期组织预算执行情况考核时，应当将各预算执行单位负责人签字上报的预算执行报告和已掌握的动态监控信息进行核对，确认各执行单位预算完成情况。必要时，实行预算执行情况内部审计制度。三是奖惩措施要公平合理并得以及时落实。预算考核的结果应当与各执行单位以及员工的薪酬、职位等挂钩，实施奖惩。企业设计奖惩方案时，应当以实现全面预算管理目标为首要原则，同时还应遵循公平合理、奖罚并存的原则。奖惩方案要注意各部门利益分配的合理性，要根据各部门承担的工作的难易程度和技术含量合理确定奖惩差距。要奖惩并举，不能只奖不惩，并防止奖惩实施中添加人情因素。

合同管理

合同，是指企业与自然人、法人及其他组织等平等主体之间设立、变更、终止民事权利义务关系的协议。加强合同管理，有利于规范、约束市场主体交易行为，优化资源配置，维护市场秩序。

合同管理的主要风险

企业合同管理至少应当关注以下风险。（1）未订立合同、未经授权对外订立合同、合同对方主体资格未达要求、合同内容存在重大疏漏和欺诈，可能导致企业合法权益受到侵害。（2）合同未全面履行或监控不当，可能导致企业诉讼失败、经济利益受损。（3）合同纠纷处理不当，可能损害企业利益、信誉和形象。

合同管理流程及风险控制

1. 合同谈判

初步确定合同对象后，企业内部的合同承办部门将在授权范围内与对方进行合同谈判，按照自愿、公平原则，磋商合同内容和条款，明确双方的权利义务和违约责任。该环节的主要风险有：忽略合同重大问题或在重大问题上做出不当让步；谈判经验不足，缺乏技术、法律和财务知识的支撑，导致企业利益损失；泄露本企业谈判策略，导致企业在谈判中处于不利地位。

主要管控措施如下。（1）收集谈判对手资料，充分熟悉谈判对手情况，做到知己知彼；研究国家相关法律法规、行业监管、产业政策、同类产品或服务价格等与谈判内容相关的信息，正确制订本企业谈判策略。（2）关注合同核心内容、条款和关键细节，具体包括合同标的的数量、质量或技术标准，合同价格的确定方式与支付方式，履约期限和方式，违约责任和争议的解决方法，合同变更或解除条件等。（3）对于影响重大、涉及较强技术性或法律关系复杂的合同，组织法律、技术、财会等专业人员参与谈判，充分发挥团队智慧，及时总结谈判过程中的得失，研究确定下一步谈判策略。（4）必要时可聘请外部专家参与相关工作，并充分了解外部专家的专业资质、胜任能力和职业道德情况。（5）加强保密工作，严格责任追究制度。（6）对谈判过程中的重要事项和参与谈判人员的主要意见，予以记录并妥善保存，作为避免合同舞弊的重要资料和责任追究的依据。

2. 合同文本拟定

企业在合同谈判后，根据谈判结果，拟定合同文本。该环节的主要风险有：选择不恰当的合同形式；合同与国家法律法规、行业产业政策、企业总体战略目标或特定业务经营目标产生冲突；合同内容和条款不完整、表述不严谨准确，或存在重大疏漏和欺诈，导致企业合法利益受损；有意拆分合同，规避合同管理规定等；对于合同文本须报经国家有关主管部门审查或备案的，未履行相应程序。

主要管控措施如下。（1）企业对外发生经济行为，除即时结清方式外，应当订立书面合同。（2）严格审核合同需求与国家法律法规、行业产业政策、企业总体战略目标的关系，保证其协调一致。考察合同是否以生产经营计划、项目立项书等为依据，确保完成具体业务经营目标。（3）合同文本一般由业务承办部门起草，法律部门审核，重大合同或法律关系复杂的特殊合同应当由法律部门参与起草。国家或行业有合同示范文本的，可以优先选用，但对涉及权利义务关系的条款应当进行认真审查，并根据实际情况进行适当修改。各部门应当各司其职，保证合同内容和条款的完整准确。（4）通过统一归口管理和授权审批制度，严格合同管理，防止通过化整为零等方式故意规避招标的做法和越权行为。（5）由签约方起草的

合同，企业应当认真审查，确保合同内容准确反映企业诉求和谈判达成的一致意见，特别留意“其他约定事项”等需要补充填写的栏目，如不存在其他约定事项时，注明“此处空白”或“无其他约定”，防止合同后续被篡改。（6）合同文本须报经国家有关主管部门审查或备案的，应当履行相应程序。

3. 合同审核

合同文本拟定完成后，企业应进行严格的审核。该环节的主要风险有：合同审核人员因专业素质或工作态度原因未能发现合同文本中的不当内容和条款；审核人员虽然通过审核发现问题但未提出恰当的修订意见；合同起草人员没有根据审核人员的修订意见修改合同，导致合同中的不当内容和条款未被纠正。

主要管控措施如下。（1）审核人员应当对合同文本的合法性、经济性、可行性和严密性进行重点审核，关注合同的主体、内容和形式是否合法，合同内容是否符合企业的经济利益，对方当事人是否具有履约能力，合同权利和义务、违约责任和争议解决条款是否明确等。（2）建立会审制度，对影响重大或法律关系复杂的合同文本，组织财会部、审计部、法律部、业务关联的相关部门进行审核，内部相关部门应当认真履行职责。（3）慎重对待审核意见，认真分析研究，对审核意见准确无误地加以记录，必要时对合同条款做出修改并再次提交审核。

4. 合同签署

企业经审核同意签订的合同，应当与对方当事人正式签署并加盖企业合同专用章。该环节的主要风险有：超越权限签订合同，合同印章管理不当，签署后的合同被篡改，因手续不全导致合同无效等。

主要管控措施如下。（1）按照规定的权限和程序与对方当事人签署合同。对外正式订立的合同应当由企业法定代表人或由其授权的代理人签名或加盖有关印章。授权签署合同的，应当签署授权委托书。（2）严格合同专用章保管制度，合同经编号、审批及企业法定代表人或由其授权的代理人签署后，方可加盖合同专用章。用印后保管人应当立即收回合同专用章，并按要求妥善保管，防止他人滥用。保管人应当记录合同专用章使用情况以备查，如果发生合同专用章遗失或被盗现象，应当立即报告企业负责人并采取妥善措施，如向公安机关报案、登报声明作废等，以最大限度消除可能带来的负面影响。（3）采取恰当措施，防止已签署的合同被篡改。如在合同各页码之间加盖骑缝章、使用防伪印记、使用不可编辑的电子文档格式等。按照国家有关法律、行政法规规定，需办理批准、登记等手续之后方可生效的合同，企业应当及时按规定办理相关手续。

5. 合同履行

合同订立后，企业应当与合同对方当事人一起遵循诚实信用原则，根据合同的性质、目的和交易习惯履行通知、协助、保密等义务。该环节的主要风险有：本企业或合同对方当事人没有恰当地履行合同中约定的义务；合同生效后，对合同条款未明确约定的事项没有及时协议补充，导致合同无法正常履行；在合同履行过程中，未能及时发现已经或可能导致企业利益受损的情况，或未能采取有效措施；合同纠纷处理不当，导致企业遭受外部处罚、诉讼失败，损害企业利益、信誉和形象等。

主要管控措施如下。（1）强化对合同履行情况及效果的检查、分析和验收，全面履行本企业义务，敦促对方积极执行合同，确保合同被全面有效履行。（2）对合同对方的合同履行情况实施有效监控，一旦发现有违约可能或违约行为，应当及时提示风险，并立即采取相应措施将合同损失降到最低。（3）根据需要及时补充、变更甚至解除合同。一是对合同没有约定或约定不明确的内容，通过双方协商一致对原有合同进行补充；无法达成补充协议的，按照国家相关法律法规、合同有关条款或者交易习惯确定；二是对显失公平、条款有误或存在欺诈行为的合同，以及因政策调整、市场变化等客观因素已经或可能导致企业利益受损的合同，按规定程序及时报告，并经双方协商一致，按照规定权限和程序办理合同变更或解除事宜；三是对方当事人提出中止、转让、解除合同，造成企业经济损失的，应向对方当事人书面提出索赔。（4）加强合同纠纷管理，在履行合同过程中发生纠纷的，应当依据国家相关法律法规，在规定时效内与对方当事人协商并按规定权限和程序及时报告。合同纠纷经协商一致的，双方应当签订书面协议；合同纠纷经协商无法解决的，根据合同约定选择仲裁或诉讼方式解决。企业内部授权处理合同纠纷，应当签署授权委托书。纠纷处理过程中，未经授权批准，相关经办人员不得向对方当事人做出实质性答复或承诺。

6. 合同结算

合同结算是合同管理的重要环节，既是对合同签署的审查，也是对合同履行的监督，一般由财会部门负责办理。该环节的主要风险有：违反合同条款，未按合同规定期限、金额或方式付款；疏于管理，未能及时催收到期合同款项；在没有合同依据的情况下盲目付款等。

主要管控措施如下。（1）财会部门应当在审核合同条款后办理结算业务，按照合同规定付款，及时催收到期欠款。（2）未按合同条款履约或应签订书面合同而未签订的，财会部门有权拒绝付款，并及时向企业有关负责人报告。

7. 合同登记

合同登记管理制度体现合同的全过程封闭管理，合同的签署、履行、结算等都需要进行合同登记。该环节的主要风险有：合同档案不全，合同泄密，合同滥用等。

主要管控措施如下。（1）合同管理部门应当加强合同登记管理，充分利用信息化手段，定期对合同进行统计、分类和归档，详细登记合同的订立、履行、变更、终结等情况，合同终结应及时办理销号和归档手续，以实行合同的全过程封闭管理。（2）建立合同文本统一分类和连续编号制度，以防止或及早发现合同文本的遗失。（3）加强合同信息安全保密工作，未经批准，任何人不得以任何形式泄露合同订立与履行过程中涉及的国家或商业秘密。（4）规范合同管理人员职责，明确合同流转、借阅和归还的职责权限和审批程序等。

内部信息传递

内部信息传递是指企业内部各管理层级之间通过内部报告形式传递生产经营管理信息的过程。

内部信息传递的主要风险

企业内部信息传递至少应当关注下列风险：（1）内部报告系统的缺失、功能不健全、内容不完整，可能影响生产经营有序运行；（2）内部信息传递不通畅、不及时，可能导致决策失误、相关政策措施难以落实；（3）内部信息传递中泄露商业秘密，可能削弱企业核心竞争力。

内部信息传递流程及风险控制

企业内部信息传递过程主要包括内部报告的形成阶段和使用阶段，其中内部报告形成阶段主要包括建立内部报告指标体系、收集整理内外部信息和编制及审核内部报告三个流程；内部报告使用阶段主要包括构建内部报告流转体系及渠道、内部报告有效使用及保密要求、内部报告的保管以及定期全面评估内部报告四个流程。此外，反舞弊也是内部报告管控的主要风险点。

1. 建立内部报告指标体系

企业应当根据发展战略、风险控制和业绩考核要求，科学规范不同级次内部报告的指标体系，采用经营快报等多种形式，全面反映与企业生产经营管理相关的各种内外部信息。内部报告指标体系的设计应当与全面预算管理相结合，并随着环境和业务的变化不断进行修订和完善。设计内部报告指标体系时，应当关注企业成本费用预算的执行情况。内部报告应当简洁明了、通俗易懂、传递及时，便于企业各管理层级和全体员工掌握相关信息，正确履行职责。该环节的主要风险有：指标体系的设计未能结合企业的发展战略，指标体系级次混乱，与全面预算管理要求脱节，指标设定后未能根据环境和业务变化有所调整。

主要管控措施如下。（1）企业应认真研究企业的发展战略、风险控制和业绩考核标准，根据各管理层级对信息的需求和详略程度，建立一套层级分明的内部报告指标体系。企业明确的战略目标和具体的战略规划为内部报告控制目标的确定提供了依据。（2）企业内部报告指标确定后，应进行细化，层层分解，使企业中各责任中心及各相关职能部门都有自己明确的目标，以利于控制风险并进行业绩考核。由此可见，企业的战略目标、战略规划、内部报告的控制目标、各责任中心以及各职能部门的控制目标，是一个通过内部信息传递并相互联系、不断细化的体系。（3）内部报告需要依据全面预算的标准进行信息反馈，将预算控制的过程和结果向企业管理层报告，以有效控制预算的执行情况、明确相关责任、科学考核业绩，并根据新的环境和业务调整决策部署，更好地规划和控制企业的资产和收益，实现资源的有效配置和管理的协同效应。

2. 收集整理内外部信息

企业应当制订严密的内部报告流程，充分利用信息技术，强化内部报告信息集成和共享，将内部报告纳入企业统一信息平台，构建科学的内部报告网络体系。企业内部各管理层级均应当指定专人负责内部报告工作，重要信息应及时上报，并可以直接报告高级管理人员。企业应当建立内部报告审核制度，确保内部报告信息质量。该环节的主要风险有：收集的内外部信息过于散乱，不能突出重点；内容准确性差，据此信息进行的决策容易误导经营活动；获取内外部信息的成本过高，违反了成本效益原则。

主要管控措施如下。（1）根据特定服务对象的需求，选择信息收集过程中重点关注的信息类型和内容。为特定对象、特定目标服务的信息，具有更高的适用性，对于使用者具有更现实、重要的意义。因此，需要根据信息需求者要求按照一定的标准对信息进行分类汇总。（2）对信息进行审核和鉴别，对已经筛选的资料做进一步的检查，确定其真实性和合理性。企业应当检查信息在事实与时间上有无差错，是否合乎逻辑，其来源单位、资料份数、指标等是否完整。（3）企业应当在收集信息的过程中考虑获取信息的便利性及获取成本的高低，如果获取信息需要付出较大代价，则应当比较其成本与信息的使用价值，确保所获取信息符合成本效益原则。

3. 编制及审核内部报告

企业各职能部门应将收集的有关资料进行筛选、抽取，然后根据各管理层级对内部报告的信息需求和先前制订的内部报告指标，建立各种分析模型，提取有效数据进行反馈汇总，在此基础上，对分析模型进一步改造，进行资料分析，起草内部报告，形成总结性结论，并提出相应的建议，从而对发展趋势、策略规划、前景预测等提供重要的分析指导，为企业的效益分析、业务拓展提供有力的保障。该环节的主要风险有：内部报告未能根据各内部使用单位的需求进行编制，内容不完整、编制不及时，未经审核即向有关部门传递。

主要管控措施如下。（1）企业内部报告的编制单位应紧紧围绕内部报告使用者的信息需求，以内部报告指标体系为基础，编制内容全面、简洁明了、通俗易懂的内部报告，便于企业各管理层级和全体员工掌握相关信息，正确履行职责。（2）企业应合理设计内部报告编制程序，提高编制效率，保证内部报告能在第一时间提供给相关管理部门。对于重大突发事件应以速度优先，尽可能快地编制出内部报告，向董事会报告。（3）企业应当建立内部报告审核制度，设定审核权限，确保内部报告信息质量。企业必须对岗位与职责分工进行控制，内部报告的起草与审核岗位分离，内部报告在传递前必须经签发部门负责人审核。对于重要信息，企业应当委派专门人员对其传递过程进行复核，确保信息正确传递给使用者。

4. 构建内部报告流转体系及渠道

企业应当制订严密的内部报告传递流程，充分利用信息技术，强化内部报告信息集成和共享，将内部报告纳入企业统一信息平台，构建科学的内部报告网络体系。企业各管理层级均应当指定专人负责内部报告工作。

正常而言，内部报告应当按照职责分工和权限指引中规定的报告关系传递信息。但为保证信息传递的及时性，重要信息应当及时传递给董事会、监事会和经理层。企业应当拓宽内部报告渠道，通过落实奖励措施等多种有效方式广泛收集合理化建议。该环节的主要风险有：缺乏内部报告传递流程，内部报告未按传递流程进行传递流转，内部报告流转不及时。

主要管控措施如下。（1）企业应当制订内部报告传递制度。企业可根据信息的重要性、内容等特征，确定不同的流转环节。（2）企业应严格按设定的传递流程进行内部报告流转。企业各管理层对内部报告的流转应做好记录，对于未按照流转制度进行操作的情况，应当调查原因，并做相应处理。（3）企业应及时更新信息系统，确保内部报告有效安全地传递。企业应在实际工作中尝试精简信息系统的处理程序，使信息在企业内部更快地传递。对于重要紧急的信息，可以越级向董事会、监事会或经理层直接报告，便于相关负责人迅速做出决策。

5. 内部报告有效使用及保密要求

企业各级管理人员应当充分利用内部报告进行有效决策，管理和指导企业的日常生产经营活动，及时反映全面预算执行情况，协调企业内部相关部门和各单位的运营进度，严格绩效考核和责任追究，确保企业实现发展战略和经营目标。企业应当有效利用内部报告进行风险评估，准确识别和系统分析企业生产经营活动中的内外部风险，确定风险应对策略，实现对风险的有效控制。企业对内部报告反映出的问题应及时解决。企业应当制订严格的内部报告保密制度，明确保密内容、保密措施、密级程度和传递范围，防止泄露商业秘密。该环节的主要风险有：企业管理层在决策时并没有使用内部报告提供的信息，内部报告未能用于风险识别和控制，商业秘密通过企业内部报告被泄露。

主要管控措施如下。（1）企业应在预算控制、生产经营管理决策和业绩考核时充分使用内部报告提供的信息。企业应当将预算控制和内部报告接轨，通过内部报告及时反映全面预算的执行情况；企业应尽可能利用内部报告的信息对生产、购销、投资、筹资等业务进行因素分析、对比分析和趋势分析等，发现存在的问题，及时查明原因并加以解决。（2）企业管理层应通过内部报告提供的信息对企业生产经营管理中存在的风险进行评估，准确识别和系统分析企业生产经营活动中的内外部风险，涉及突出问题和重大风险的，应当启动应急预案。（3）企业应从内部报告传递的时间、空间、节点、流程等方面建立控制机制，通过职责分离、授权接触、监督和检查等手段防止商业秘密泄露。

6. 内部报告的保管

在企业的经营管理活动中，会产生大量的数据信息，管理好这些资料，对于分析和解决企业管理中的问题至关重要。但是，有些企业对这些管理中产生的大量数据记录采取粗放经营的态度，甚至使一些重要数据丢失，造成不可挽回的损失。该环节的主要风险有：企业缺少内部报告的保管制度，内部报告的保管杂乱无序，对重要资料的保管期限过短，保密措施不严。

主要控制措施如下。（1）企业应当建立内部报告保管制度，各部门应当指定专人按类别保管相应的内部报告。（2）为了便于内部报告的查阅、对比分析，改善内部报告的格式，提高内部报告的有用性，企业应分类保管内部报告，对影响较大、金额较高的一般要严格保管。（3）企业对不同类别的报告应按影响程度规定其保管期限，只有超过保管期限的内部报告方可予以销毁。对影响重大的内部报告，应当永久保管。（4）企业应当制订严格的内部报告保密制度，明确保密内容、保密措施、密级程度和传递范围，防止泄露商业秘密。有关企业商业秘密的重要文件要由企业较高级别的管理人员负责，至少由两人共同管理，放置在专用保险箱内。查阅保密文件必须经该高层管理人员同意，由两人分别开启相应的锁具打开。

7. 定期全面评估内部报告

由于内部报告传递对企业有重要影响。内部信息传递强调企业应当建立内部报告评估制度。企业应当对内部报告是否全面、完整，内部信息传递是否及时、有效，内部报告的使用是否符合预期做到心中有数，这就要求企业建立内部报告评估制度，通过对一段时间内内部报告的编制和利用情况进行全面的回顾评价，掌握内部信息的真实状况。企业对内部报告的评估应当定期进行，具体由企业根据自身管理要求做出规定，至少每年度对内部报告进行一次评估。企业应当重点关注内部报告的及时性、内部信息传递的有效性和安全性。经过评估发现内部报告存在缺陷的，企业应当及时进行修订完善，确保内部报告提供的信息及时有效。该环节的主要风险有：企业缺乏完善的内部报告评价体系，对各信息传递环节和传递方式控制不严，针对传递不及时、信息不准确的内部报告缺乏相应的惩戒机制。

主要管控措施如下。（1）企业应建立并完善企业内部报告的评估制度，严格按照评估制度对内部报告进行合理评估，考核内部报告在企业生产经营活动中所起的真实作用。（2）为保证信息传递的及时准确，企业必须执行惩戒机制。对经常不能及时或准确传递信息的相关人员应当进行批评和教育，并与绩效考核体系挂钩。

8. 反舞弊

舞弊是指以故意的行为获得不公平或者非法收益，主要包括以下情况。虚假财务报告、资产的不适当处置、不恰当的收入和支出、故意的不当关联方交易、税务欺诈、贪污以及收受贿赂和回扣等。有效的反舞弊机制，是企业防范、发现和处理舞弊行为，优化内部环境的重要制度安排。有效的信息沟通是反舞弊程序和控制成功的关键。如果信息沟通机制不畅通，就会产生信息不对称的问题，舞弊行为产生的概率就会增大。

企业应当建立反舞弊机制，坚持惩防并举、重在预防的原则，明确反舞弊工作的重点领域、关键环节和有关机构在反舞弊工作中的职责权限，规范舞弊案件的举报、调查、处理、报告和补救程序。该环节的主要风险有：忽视对员工的道德准则体系的培训，内部审计检察不严，内部人员未经授权或者采取其他不法方式侵占、挪用企业资产，在财务报告和信息披露等方面存在虚假记录、误导性陈述或重大遗漏等，董事、监事、经理及其他高管人员滥用职权，相关机构或人员串通舞弊，企业对举报人的保护力度小，信访事务处理不及时，缺乏相应的舞弊风险评估机制。

主要管控措施如下。（1）企业应当重视和加强反舞弊机制建设，对员工进行道德准则培训，通过设立员工信箱、投诉热线等方式，鼓励员工及企业利益相关方举报和投诉企业内部的违法违规、舞弊和其他有损企业形象的行为。（2）企业应通过审计委员会对信访、内部审计、监察、接受举报过程中收集的信息进行复查，监督管理层对财务报告施加不当影响的行为，管理层进行的重大不寻常交易以及企业各管理层级的批准、授权、认证等，防止侵占资产、挪用资金、编制虚假财务报告、滥用职权等现象的发生。（3）企业应当建立反舞弊情况通报制度。企业应定期召开反舞弊情况通报会，由审计部门通报反舞弊工作情况，分析反舞弊形势，评价现有的反舞弊控制措施和程序。（4）企业应当建立举报人保护制度，设立举报责任主体、举报程序，明确举报投诉处理程序，并做好投诉记录的保存。切实落实举报人保护制度是举报投诉制度有效运行的关键。结合企业的实际情况，企业应明确举报人应向谁举报，以何种方式举报，举报内容的界定等，确定举报责任主体接到举报后的处理程序。

信息系统

信息系统是指企业利用计算机和通信技术，对内部控制进行集成、转化和提升所形成的信息化管理平台。

信息系统的主要风险

信息系统内部控制的目标是促进企业有效实施内部控制，提高企业现代化管理水平，减小人为操纵因素的影响；同时，增强信息系统的安全性、可靠性和合理性以及相关信息的保密性、完整性和可用性，为建立有效的信息与沟通机制提供支持、保障。信息系统内部控制的主要对象是信息系统，由计算机硬件、软件、人员、信息流和运行规程等要素组成。

现代企业的运营越来越依赖信息系统。比如航空公司的网上订票系统、银行的资金实时结算系统、旅行网站的客户服务系统等，没有信息系统的支撑，业务开展举步维艰、难以为继，企业经营很可能陷入瘫痪。还有一些新兴产业和新兴企业，其商业模式完全依赖信息系统，比如各种网络公司、各种电子商务公司，没有信息系统，这些企业就可能失去生存之基。

企业信息系统内部控制以及利用信息系统实施内部控制至少应当关注下列风险：（1）信息系统缺乏或规划不合理，可能造成信息孤岛或重复建设，导致企业经营管理效率低下；（2）系统开发不符合内部控制要求，授权管理不当，可能导致无法利用信息技术实施有效控制；（3）系统运行维护和安全措施不到位，可能导致信息泄露或毁损，系统无法正常运行。

信息系统内部控制的主要风险及风险控制

企业可以根据实际情况，采取自行开发、外购调试或业务外包等方式开发信息系统。信息系统的运行与维护主要包含日常运行维护、系统变更和安全管理。

1. 信息系统的开发

企业根据发展战略和业务需要进行信息系统建设，首先要确立系统建设目标，根据目标进行系统建设战略规划，再将规划细化为项目建设方案。企业开展信息系统建设，可以根据实际情况，采取自行开发、外购调试或业务外包等方式。

（1）制订信息系统开发的战略规划。

信息系统开发的战略规划是信息化建设的起点，战略规划是以企业发展战略为依据制订的企业信息化建设的全局性、长期性规划。制订信息系统战略规划的主要风险如下。第一，缺乏战略规划或规划不合理，可能造成信息孤岛或重复建设，导致企业经营管理效率低下。第二，没有将信息化与企业业务需求结合，降低了信息系统的应用价值。信息孤岛现象是不少企业信息系统建设中普遍存在的问题，根源在于这些企业往往忽视战略规划的重要性，缺乏整体观念和整合意识，常陷于“头痛医头，脚痛医脚”，这就导致有的企业财务管理信息系统、销售管理信息系统、生产管理信息系统、人力资源管理系统、办公自动化系统等各自为政、孤立存在，削弱了信息系统的协同效用，甚至引发系统冲突。

主要控制措施如下。第一，企业必须制订信息系统开发的战略规划和中长期发展计划，并在每年制订经营计划的同时制订年度信息系统建设计划，促进经营管理活动与信息系统的协调统一。第二，企业在制订信息化战略过程中，要充分调动和发挥信息系统归口管理部门与业务部门的积极性，使各部门广泛参与，充分沟通，提升战略规划的科学性、前瞻性和适应性。第三，信息系统战略规划要与企业的组织架构、业务范围、地域分布、技术能力等相匹配，避免脱节。

（2）选择适当的信息系统开发方式。

信息系统的开发建设是信息系统生命周期中技术难度较大的环节。在开发建设环节，要将企业的业务流程、内控措施、权限配置、预警指标、核算方法等固化到信息系统中，因此开发建设的好坏直接影响信息系统的成败。

开发建设主要有自行开发、外购调试、业务外包等方式。各种开发方式有各自的优缺点和适用条件，企业应根据自身实际情况合理选择。

①自行开发。

自行开发指企业依托自身力量完成整个开发过程。其优点是开发人员熟悉企业情况，可以较好地满足本企业的需求，尤其是具有特殊性的业务需求。通过自行开发，企业还可以培养锻炼自己的开发队伍，便于后期的运行和维护。其缺点是开发周期较长、技术水平和规范程度较难保证，成功率相对较低。因此，自行开发方式的适用条件通常是企业自身技术力量雄厚，而且市场上没有能够满足企业需求的成熟的商品化软件和解决方案。

②外购调试。

外购调式的基本做法是企业购买成熟的商品化软件，通过参数配置和二次开发满足企业需求。其优点是开发建设周期短，成功率较高，成熟的商品化软件质量稳定、可靠性高，专业的软件提供商实施经验丰富。其缺点是难以满足企业的特殊需求，系统的后期升级进度受制于商品化软件供应商产品更新换代的速度，企业自主权不强，较为被动。外购调试方式的适用条件通常是企业的特殊需求较少，市场上已有成熟的商品化软件和系统实施方案。比如大部分企业的财务管理系统、ERP 系统、人力资源管理系统等多采用外购调试方式。

③业务外包。

信息系统的业务外包指委托其他单位开发信息系统，基本做法是企业将信息系统开发项目外包出去，由专业公司或科研机构负责开发、安装，企业直接使用。其优点是企业可以充分利用专业公司的专业优势，量体裁衣，构建全面、高效满足企业需求的个性化系统；企业不必培养、维持庞大的开发队伍，相应节约了人力资源成本。其缺点是沟通成本高，系统开发方难以深刻理解企业需求，可能导致开发出的信息系统与企业的期望产生较大偏差；同时，由于外包信息系统与系统开发方的专业技能、职业道德和敬业精神存在密切关系，也要求企业必须加大对外包项目的监督力度，从而增加监督成本。业务外包方式的适用条件通常是市场上没有能够满足企业需求的成熟的商品化软件和系统解决方案，企业自身技术力量薄弱或出于成本效益原则考虑不愿意维持庞大的开发队伍。

（3）自行开发方式的关键控制点和主要控制措施。

虽然信息系统的开发方式有自行开发、外购调试、业务外包等多种方式，但基本流程大体相似，通常包含项目计划、需求分析、系统设计、编程和测试、上线等环节。

①项目计划环节。

项目计划通常将完整的信息系统分成若干子系统，并分阶段建设不同的子系统。比如，制造企业可以将信息系统划分为财务管理系统、人力资源管理系统、MRP 系统（销售、采购、库存、生产）、计算机辅助设计和制造系统、客户关系系统、电子商务系统等若干子系统。项目就是指本阶段需要建设的相对独立的一个或多个子系统。

项目计划通常包括项目范围说明、项目进度计划、项目质量计划、项目资源计划、项目沟通计划、风险对策计划、项目采购计划、需求变更控制、配置管理计划等内容。项目计划不是一成不变的，在项目启动阶段，可以先制订一个较为基本的项目计划，确定项目主要内容和重大事项，然后根据项目的大小和性质以及项目进展情况进行调整、充实和完善。项目计划环节的主要风险有：信息系统建设缺乏项目计划或者计划不当，导致项目进度滞后、费用超支、质量低下。

主要控制措施如下。a. 企业应当根据信息系统建设整体规划提出分阶段项目的建设方案，明确建设目标、人员配备、职责分工、经费保障和进度安排等相关内容，按照规定的权限和程序审批后实施。b. 企业可以采用标准的项目管理软件（比如 Office Project）制订项目计划，并加以跟踪。在关键环节进行阶段性评审，以保证过程可控。c. 项目关键环节编制的文档应参照《GB8567-88 计算机软件产品开发文件编制指南》等相关国家标准和行业标准，以提高项目计划编制水平。

②需求分析环节。

需求分析的目的是明确信息系统需要实现哪些功能。该项工作是系统分析人员和用户单位的管理人员、业务人员在深入调查的基础上，详细描述业务活动涉及的各项工作以及用户的各种需求，从而建立未来目标系统的逻辑模型。这一环节的主要风险如下。第一，需求本身不合理，对信息系统提出的功能、性能、安全性等方面的要求不符合业务处理和控制的需要。第二，技术上不可行、经济上成本效益倒挂，或与国家有关法规制度存在冲突。第三，需求文档表述不准确、不完整，未能真实全面地表达企业需求，存在表述缺失、表述不一致甚至表述错误等问题。

主要控制措施如下。第一，信息系统归口管理部门应当组织企业内部各有关部门提出开发需求，加强系统分析人员和有关部门的管理人员、业务人员的交流，经综合分析提炼后形成合理的需求。第二，编制表述清晰、表达准确的需求文档。需求文档是业务人员和技术人员共同理解信息系统的桥梁，必须准确表述系统建设的目标、功能和要求。企业应当采用标准建模语言，综合运用多种建模工具和表现手段，参照《GB8567-88 计算机软件产品开发文件编制指南》等相关标准，提高系统需求说明书的编写质量。第三，企业应当建立健全需求评审和需求变更控制流程。依据需求文档进行设计（含需求变更设计）前，应当评审其可行性，由需求提出人和编制人签字确认，并经业务部门与信息系统归口管理部门负责人审批。

③系统设计环节。

系统设计是根据系统需求分析阶段所确定的目标系统逻辑模型，设计出一个能在企业特定的计算机和网络环境中实现的方案，即建立信息系统的物理模型。系统设计包括总体设计和详细设计。总体设计的主要任务有：第一，根据设计系统的模块结构，合理划分子系统边界和接口；第二，选择系统实现的技术路线，确定系统的技术架构，明确系统重要组件的内容和行为特征，以及组件之间、组件与环境之间的接口关系；第三，数据库设计，包括主要的数据库表结构设计、存储设计、数据权限和加密设计等；第四，设计系统的网络拓扑结构、系统部署方式等。详细设计的主要任务包括：程序说明书编制、数据编码规范设计、输入输出界面设计等内容。

系统设计环节的主要风险有：第一，设计方案不能完全满足用户需求，不能实现需求文档规定的目标；第二，设计方案未能有效控制建设开发成本，不能保证建设质量和进度；第三，设计方案不全面，导致后续变更频繁；第四，设计方案没有考虑信息系统建成后对企业内部控制的影响，导致系统运行后衍生新的风险。

主要控制措施如下。第一，系统设计负责部门应当就总体设计方案与业务部门进行沟通和讨论，说明方案对用户需求的覆盖情况；存在备选方案的，应当详细说明各方案在成本、建设时间和用户需求响应上的差异；信息系统归口管理部门和业务部门应当对选定的设计方案予以书面确认。第二，企业应参照《GB8567-88 计算机软件产品开发文件编制指南》等相关国家标准和行业标准，提高系统设计说明书的编写质量。第三，企业应建立设计评审制度和设计变更控制流程。第四，在系统设计时应当充分考虑信息系统建成后的控制环境，将生产经营管理业务流程、关键控制点和处理规程嵌入系统程序，实现手工环境下难以实现的控制功能。例如：对于某一财务软件，当输入支出凭证时，可以让计算机自动检查银行存款余额，防止透支。第五，应充分考虑信息系统环境下的新的控制风险。比如，要通过信息系统中的权限管理功能控制用户的操作权限，避免将不相容职务的处理权限授予同一用户。第六，应当针对不同的数据输入方式，强化对进入系统的数据的检查和校验功能。比如，凭证的自动平衡校对。第七，系统设计时应当考虑在信息系统中设置操作日志功能，确保操作的可审计性。对异常的或者违背内部控制要求的交易和数据，应当设计由系统自动报告并设置跟踪处理机制。第八，预留必要的后台操作通道，对于必需的后台操作，应当加强管理，建立规范的操作流程，确保足够的日志记录，保证对后台操作的可监控性。

④编程和测试环节。

编程阶段是将详细设计方案转换成某种计算机编程语言的过程。编程阶段完成之后，要进行测试，测试主要有以下目的。一是发现软件开发过程中的错误，分析错误的性质，确定错误的位置并予以纠正。二是通过某些系统测试，了解系统的响应时间、事务处理吞吐量、载荷能力、失效恢复能力以及系统实用性等指标，以便对整个系统做出综合评价。测试环节在系统开发中具有举足轻重的地位。

这一环节的主要风险如下。第一，编程结果与设计不符。第二，各程序员编程风格差异大，程序可读性差，导致后期维护困难，维护成本高。第三，缺乏有效的程序版本控制，导致重复修改或修改不一致等问题。第四，测试不充分。单个模块正常运行但多个模块集成运行时出错，开发环境下测试正常而生产环境下运行出错，开发人员自测正常而业务部门用户使用时出错，导致系统上线后可能出现严重问题。

主要控制措施如下。a. 项目组应建立并执行严格的代码复查评审制度。b. 项目组应建立并执行统一的编程规范，在标识符命名、程序注释等方面统一风格。c. 应使用版本控制软件系统（例如 CVS 即代码版本控制软件），保证所有开发人员基于相同的组件环境开展项目工作，协调开发人员对程序的修改。d. 应区分单元测试、组装测试（集成测试）、系统测试、验收测试等不同测试类型，建立严格的测试工作流程，提高最终用户在测试工作中的参与程度，改进测试用例的编写质量，加强测试分析，尽量采用自动测试工具提高测试工作的质量和效率。具备条件的企业，应当组织独立于开发建设项目组的专业机构对开发完成的信息系统进行验收测试，确保在功能、性能、控制要求和安全性等方面符合开发需求。

⑤上线环节。

上线是将开发出的系统（可执行的程序和关联的数据）部署到实际运行的计算机环境中，使信息系统按照既定的用户需求来运转，切实发挥信息系统的作用。这一环节的主要风险有：第一，缺乏完整可行的上线计划，导致系统上线混乱无序；第二，人员培训不足，不能正确使用系统，导致业务处理错误，或者未能充分利用系统功能，导致开发成本浪费；第三，初始数据准备设置不合格，导致新旧系统数据不一致、业务处理错误。

主要控制措施如下。a. 企业应当制订信息系统上线计划，并经归口管理部门和用户部门审核批准。上线计划一般包括人员培训、数据准备、进度安排、应急预案等内容。b. 系统上线涉及新旧系统切换的，企业应当在上线计划中明确应急预案，保证新系统失效时能够顺利切换回旧系统。c. 系统上线涉及数据迁移的，企业应当制订详细的数据迁移计划，并对迁移结果进行测试。用户部门应当参与数据迁移过程，对迁移前后的数据予以书面确认。

（4）业务外包方式的关键控制点和主要控制措施。

在业务外包、外购调试方式下，企业对系统设计、编程、测试环节的参与程度明显低于自行开发方式，因此可以适当简化相应的风险控制措施，但同时也会因开发方式的差异产生一些新的风险，需要采取有针对性的控制措施。

①选择外包服务商。

选择外包服务商环节的主要风险有：企业与外包服务商之间本质上是一种委托与代理关系，合作双方的信息不对称容易诱发道德风险，外包服务商可能会实施损害企业利益的自利行为，如偷工减料、放松管理、信息泄露等。

主要控制措施如下。a. 企业在选择外包服务商时要充分考虑服务商的市场信誉、资质条件、财务状况、服务能力、对本企业业务的熟悉程度、既往承包服务成功案例等因素，对外包服务商进行严格筛选。b. 企业可以借助外包业界基准来判断外包服务商的综合实力。c. 企业要严格施行外包服务审批及管控流程，对信息系统外包业务，原则上应采用公开招标等形式选择外包服务商，并实行集体决策审批。

②签订外包合同。

签订外包合同环节的主要风险有：合同条款不准确、不完善，可能导致企业的正当权益无法得到有效保障。

主要控制措施如下。a. 企业在与外包服务商签约之前，应针对外包可能出现的各种风险损失，恰当拟定合同条款，对涉及的工作目标、合作范畴、责任划分、所有权归属、付款方式、违约赔偿及合约期限等问题做出详细说明，并由法律部门或法律顾问审查把关。b. 开发过程中涉及商业秘密、敏感数据的，企业应当与外包服务商签订详细的保密协定，以保证数据安全。c. 在合同中约定付款事宜时，应当选择分期付款方式，尾款应当在系统运行一段时间并经评估验收后再支付。d. 应在合同条款中明确要求外包服务商保持专业技术服务团队的稳定性。

③持续跟踪评价外包服务商的服务过程。

持续跟踪评价外包服务商的服务过程环节的主要风险有：企业缺乏外包服务跟踪评价机制或跟踪评价不到位，可能导致外包服务质量水平不能满足企业信息系统开发需求。

主要控制措施如下。a. 企业应当规范外包服务评价工作流程，明确相关部门的职责权限，建立外包服务质量考核评价指标体系，定期对外包服务商进行考评，并公布服务周期的评估结果，实现外包服务水平的跟踪评价。b. 必要时，可以引入监理机制，降低外包服务风险。

（5）外购调试方式的关键控制点和主要控制措施。

在外购调试方式下，一方面，企业面临与业务外包方式类似的问题，企业要选择软件产品的供应商和服务供应商、签订合约、跟踪服务质量，因此，企业可采用与业务外包方式类似的控制措施；另一方面，外购调试方式也有其特殊之处，企业需要有针对性地强化某些控制措施。

①软件产品选型和供应商选择。

在外购调试方式下，软件供应商的选择和软件产品的选型是密切相关的。这一环节的主要风险有：第一，软件产品选型不当，产品在功能、性能、易用性等方面无法满足企业需求；第二，软件供应商选择不当，产品的支持服务能力不足，产品的后续升级缺乏保障。

主要控制措施如下。a. 企业应明确自身需求，对比分析市场上的成熟软件产品，合理选择软件产品的模块组合和版本。b. 企业在软件产品选型时应广泛听取行业专家的意见。c. 企业在选择软件产品和服务供应商时，不仅要评价其现有产品的功能、性能，还要考察其服务支持能力和后续产品的升级能力。

②服务提供商选择。

大型企业管理信息系统（例如 ERP 系统）的外购实施，不仅需要选择合适的软件供应商和软件产品，也需要选择合适的咨询公司等服务提供商，以指导企业将通用软件产品与本企业的实际情况有机结合。这一环节的主要风险有：服务提供商选择不当，削弱了外购软件产品的功能发挥，导致无法有效满足用户需求。

主要控制措施：在选择服务提供商时，不仅要考核其对软件产品的熟悉、理解程度，也要考核其是否深刻理解企业所处行业的特点、是否理解企业的个性化需求、是否有过相同或相近的成功案例。

2. 信息系统的运行与维护

信息系统的运行与维护主要包含：日常运行维护、系统变更和安全管理。

（1）日常运行维护的关键控制点和主要控制措施。

日常运行维护的目标是保证系统正常运转，主要工作内容包括系统的日常操作、系统的日常巡检和维修、系统运行状态监控、异常事件的报告和处理等。这一环节的主要风险如下。第一，没有建立规范的信息系统日常运行管理规范，计算机软硬件的内在隐患易于爆发，可能导致企业信息系统出错。第二，没有执行例行检查，导致一些人为恶意攻击长期隐藏在系统中，可能造成严重损失。第三，企业信息系统数据未能定期备份，可能导致数据损坏后无法恢复，从而造成重大损失。

主要控制措施如下。①企业应制订信息系统使用操作程序、信息管理制度以及各模块子系统的具体操作规范，及时跟踪、发现和解决系统运行中存在的问题，确保信息系统按照规定的程序、制度和操作规范持续稳定运行。②切实做好系统运行记录，尤其是对系统运行不正常或无法运行的情况，应对异常现象、发生时间和可能的原因做出详细记录。③企业要重视系统运行的日常维护，在硬件方面，日常维护主要包括各种设备的保养与安全管理、故障的诊断与排除、易耗品的更换与安装等，这些工作应由专人负责。④配备专业人员负责处理信息系统运行中的突发事件，必要时应会同系统开发人员或软硬件供应商共同解决。

（2）系统变更的关键控制点和主要控制措施。

系统变更主要包括硬件的升级扩容、软件的修改与升级等。系统变更是为了更好地满足企业需求，但同时应加强对变更申请、变更成本与进度的控制。这一环节的主要风险有：第一，企业没有建立严格的变更申请、审批、执行、测试流程，导致系统随意变更；第二，系统变更后的效果达不到预期目标。

主要控制措施如下。①企业应当建立标准流程来实施和记录系统变更，保证变更过程得到适当的授权与管理层的批准，并对变更进行测试。信息系统变更应当严格遵照管理流程进行操作。信息系统操作人员不得擅自进行软件的删除、修改等操作；不得擅自升级、改变软件版本；不得擅自改变软件系统的环境配置。②系统变更程序（如软件升级）需要遵循与新系统开发项目同样的验证和测试程序，必要时还应当进行额外测试。③企业应加强紧急变更的控制管理。④企业应加强对将变更移植到生产环境中的控制管理，包括系统访问授权控制、数据转换控制、用户培训等。

（3）安全管理的关键控制点和主要控制措施。

安全管理的目标是保障信息系统安全，信息系统安全是指信息系统包含的所有硬件、软件和数据受到保护，不因偶然和恶意的原因而遭到破坏、更改和泄露，信息系统能够连续正常运行。这一环节的主要风险如下。第一，硬件设备分布物理范围广，设备种类繁多，安全管理难度大，可能导致设备生命周期短。第二，业务部门信息安全意识薄弱，对系统和信息安全缺乏有效的监管手段。少数员工可能恶意或非恶意滥用系统资源，造成系统运行效率降低。第三，对系统程序的缺陷或漏洞安全防护不够，导致遭受黑客攻击，造成信息泄露。第四，对各种计算机病毒防范清理不力，导致系统运行不稳定甚至瘫痪。第五，缺乏对信息系统操作人员的严密监控，可能导致舞弊和相关人员利用计算机犯罪。

主要控制措施如下。

第一，建立信息系统相关资产的管理制度，保证电子设备的安全。硬件和网络设备不仅是信息系统运行的基础载体，也是价格昂贵的固定资产。企业应在健全设备管理制度的基础上，建立专门的电子设备管控制度，对于关键信息设备（例如银行的核心数据库服务器），未经授权，不得接触。

第二，企业应成立专门的信息系统安全管理机构，由企业主要领导负总责，对企业的信息安全做出总体规划和全方位严格管理，具体实施工作可由企业的信息主管部门负责。企业应强化全体员工的安全保密意识，特别要对重要岗位员工进行信息系统安全保密培训，并签署安全保密协议。

企业应当建立信息系统安全保密制度和泄密责任追究制度。

第三，企业应当按照国家相关法律法规以及信息安全技术标准，制订信息系统安全实施细则。根据业务性质、重要程度、涉密情况等确定信息系统的安全等级，建立不同等级信息的授权使用制度，采用相应技术手段保证信息系统运行安全有序。对于信息系统的使用者和不同安全等级信息之间的授权关系，应在系统开发建设阶段就形成方案并加以设计，在软件系统中预留这种对应关系的设置功能，以便根据使用者岗位职务的变迁进行调整。

第四，企业应当有效利用IT手段，对硬件配置调整、软件参数修改严加控制。例如，企业应对操作系统、数据库系统提供的安全机制，设置安全参数，保证系统访问安全；对于重要的计算机设备，企业应当利用技术手段防止员工擅自安装、卸载软件或者改变软件系统配置，并定期对上述情况进行检查。

第五，企业委托专业机构进行系统运行与维护管理的，应当严格审查其资质条件、市场声誉和信用状况等，并与其签订正式的服务合同和保密协议。

第六，企业应当采取安装安全软件等措施防范信息系统受到病毒等恶意软件的感染和破坏。企业应当特别注重加强对服务器等关键部位的防护；对于存在网络应用的企业，应当综合利用防火墙、路由器等网络设备，采用内容过滤、漏洞扫描、入侵检测等软件技术加强网络安全，严密防范来自互联网的黑客攻击和非法侵入。对于通过互联网传输的涉密或者关键业务数据，企业应当采取必要的技术手段确保信息传递的保密性、准确性、完整性。

第七，企业应当建立系统数据定期备份制度，明确备份范围、频度、方法、责任人、存放地点、有效性检查等内容。系统首次上线运行时应当完全备份，然后根据业务频率和数据重要性程度，定期做好增量备份。数据正本与备份应分别存放于不同地点，防止因火灾、水灾、地震等灾害产生不利影响。企业可综合采用磁盘、磁带、光盘等备份存储介质。

第八，企业应当建立信息系统开发、运行与维护等环节的岗位责任制度和不相容职务分离制度，防范利用计算机舞弊和犯罪。一般而言，信息系统不相容职务涉及的人员可以分为三类：系统开发建设人员、系统管理和维护人员、系统操作使用人员。系统开发建设人员在运行阶段不能操作、使用信息系统，否则就可能掌握其中的涉密数据，进行非法利用；系统管理和维护人员担任密码保管、授权、系统变更等关键任务，如果允许其使用信息系统，其就可能较为容易地篡改数据，从而达到侵吞财产或滥用计算机信息的目的。

（4）系统终结的关键控制点和主要控制措施。

系统终结是信息系统生命周期的最后一个阶段，在该阶段信息系统将停止运行。停止运行的原因通常有：企业破产或被兼并、原有信息系统被新的信息系统代替。这一环节的主要风险有：第一，因经营条件发生剧变，数据可能泄露；第二，信息档案的保管期限不够长。

主要控制措施：（1）要做好善后工作，不管何种情况导致系统停止运行，都应将废弃系统中有价值或者涉密的信息进行销毁、转移；（2）严格按照国家有关法规制度和对电子档案的管理规定（比如审计准则对审计证据保管年限的要求），妥善保管相关信息档案。

第5章 »

数智时代的企业内部控制评价

扫码即可观看
本章微视频课程

认识企业内部控制评价

企业内部控制评价是指企业董事会或类似权力机构对内部控制有效性进行全面评价、形成评价结论、出具评价报告的过程。内部控制有效性是指企业建立与实施内部控制对实现控制目标提供合理保证的程度，包括内部控制设计的有效性和内部控制运行的有效性。需要强调的是，即使同时满足设计有效性和运行有效性标准的内部控制，也只能为内部控制目标的实现提供合理保证，而不能提供绝对保证。

数智时代技术的发展推动企业管理逐渐信息化，各项业务活动逐渐从人工控制转换为系统操作，而且企业也逐渐建立 ERP 体系，改变了企业业务流程、组织结构等。在数智时代的环境下，企业内部控制评价工作也发生了改变。图 5-1 所示为 2007—2019 年我国上市公司内部控制评价结论非整体有效数量及占比情况，表 5-1 总结了不同板块上市公司在 2019 年内部控制评价报告的总体披露情况。

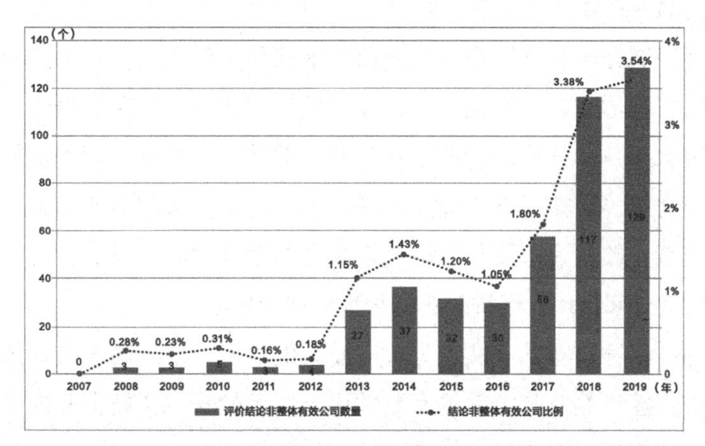

图 5-1　2007—2019 年我国上市公司内部控制评价结论非整体有效数量及占比情况

表 5-1　2019 年上市公司内部控制评价报告总体披露情况

上市主板	披露内部控制评价报告		未披露内部控制评价报告		上市公司数量
	数量	占比	数量	占比	
沪市主板	1391	92.8%	108	7.2%	1499
深市主板	459	100%	0	0%	459
深市中小板	947	100%	0	0%	947
深市创业板	796	99.87%	1	0.13%	797
沪市科技版	49	53.26%	43	46.74%	92
合计	3642	95.99%	152	4.01%	3794

1. 内部控制评价的定义

内部控制评价是指企业董事会或类似权力机构对内部控制有效性进行全面评价、形成评价结论、出具评价报告的过程。

2. 内部控制评价的作用

内部控制评价有助于企业自我完善内部控制体系。内部控制评价是通过评价反馈、再评价，报告企业在内部控制建立与实施中存在的问题，并持续地进行自我完善的过程。通过内部控制评价查找、分析内部控制缺陷并有针对性地督促落实整改，可以及时堵塞管理漏洞，防范偏离目标的各种风险，并举一反三，从设计和执行等全方位健全优化管控制度，从而促进企业内部控制体系的不断完善。

内部控制评价有助于提升企业市场形象和公众认可度。企业开展内部控制评价，需形成评价结论，出具评价报告。通过自我评价报告，企业的风险管理水平、内部控制状况以及与此相关的发展战略、竞争优势、可持续发展能力等能公布于众，树立诚信、透明、负责任的企业形象，有利于增强投资者、债权人以及其他利益相关者的信任度和认可度，为自己创造更为有利的外部环境，促进企业的长远可持续发展。

内部控制评价有助于实现与政府监管的协调互动。政府监管部门有权对企业内部控制建立与实施的有效性进行监督检查。实施企业内部控制自我评价，能够通过自查及早排查风险、发现问题，并积极整改，有利于在配合政府监管中赢得主动，并借助政府监管成果进一步改进企业内部控制实施和评价工作，促进自我评价与政府监管的协调互动。

内部控制评价有助于企业战略目标的实现。在传统管理中，企业内部控制主要是监督企业经营是否合规，内部控制评价也是管理的核心。随着信息化的发展，企业的管理活动逐渐在线上进行，企业的管理也越来越复杂。在安全运营的要求下，企业的内部控制目标逐渐趋向于企业的战略目标，更加关注企业各项经营活动的效率、有效性和准确性。内部控制评价的目标也从之前的纠错转变为如何进一步优化企业内部控制，更好地发挥内部控制功能的作用，提高整体经营业绩。

3. 内部控制评价的责任

无论采取何种组织形式，董事会、经理层和内部控制评价机构在内部控制评价中的职能作用不会发生本质的变化。（1）董事会对内部控制评价承担最终责任。企业董事会应当对内部控制评价报告的真实性负责。（2）经理层负责组织实施内部控制评价，也可以授权内部控制评价机构具体组织实施，并积极支持和配合内部控制评价的开展，创造良好的环境和条件。对于内部控制评价中发现的问题或报告的缺陷，要按照董事会或审计委员会的整改意见积极采取有效措施予以整改。（3）内部控制评价机构根据授权承担内部控制评价的具体组织实施任务。（4）各专业部门应负责组织本部门的内部控制自查、测试和评价工作。（5）企业所属单位，应逐级落实内部控制评价责任，建立日常监控机制，开展内部控制自查、测试和定期检查评价，发现问题并认定内部控制有缺陷时，需拟订整改方案和计划，报本级管理层审定后，督促整改，编制内部控制评价报告，考核内部控制执行和整改情况。

4. 评价内部控制设计的有效性

内部控制设计有效性是指为实现控制目标所必需的内部控制要素都存在并且设计恰当。对于财务报告目标而言，指所设计的相关内部控制是否能够防止或发现并纠正财务报告的重大错报；对于资产安全目标而言，指所设计的内部控制是否能够合理保证资产的安全、完整，防止资产流失；对于合规目标而言，指所设计的相关内部控制是否能够合理保证遵循适用的法律法规；对于战略、经营目标而言，指相关控制的设计是否有助于企业提高经营效率和提升经营效果，实现发展战略。

5. 评价内部控制运行的有效性

内部控制运行有效性是指现有内部控制按照规定程序得到了正确执行。评价内部控制的运行有效性，应当着重考虑以下几个方面：相关控制在评价期内是如何运行的；相关控制是否得到了持续、一致的运行；实施控制的人员是否具备必要的权限和能力。

6. 内部控制评价的原则

内部控制评价遵循以下原则。

（1）全面性原则。全面性原则强调的是内部控制评价的涵盖范围应当全面，包括内部控制的设计与运行，涵盖企业及其所属单位的各种业务和事项。

（2）重要性原则。重要性原则强调着眼于风险，突出重点。一是要坚持风险导向的思路，着重关注那些影响内部控制目标实现的高风险领域和风险点；二是要坚持重点突出的思路，着重关注那些重要的业务事项和关键的控制环节，以及重要业务单位。

（3）客观性原则。客观性原则强调内部控制评价工作应当准确地揭示经营管理的风险状况，如实反映内部控制设计和运行的有效性。实务中，应防止以下因素影响客观性原则，包括：经理层对内部控制评价认识不够，有意识或无意识地在评价方案、评价报告等方面回避存在的问题；内部控制评价与设计不独立； 缺乏较为科学的手段，评价人员专业知识和业务能力不足，依靠印象等因素主观评价；评价人员独立性不强，下属单位管理层干涉评价过程或结果，甚至有意制造障碍；专业部门、审计部门与内部控制部门缺乏良好的沟通机制，内部控制评价方案不能确定最佳的检查评价范围和重点，测试样本选择不合适，以偏概全。

企业内部控制评价的依据和内容

数据电子化、信息化的发展使企业各个区域的业务信息能够实现实时共享。财务人员和审计人员的工作不再受地域限制，审查范围大大增加。此外，电子记录还可以将业务活动的各个阶段的数据存储在系统中，数据保留率高，管理人员可以进行实时检测，审查内容进一步扩大。与传统管理相比，在数智时代背景下，企业的内部控制评价除了审核各种数据外，还可以确定企业财务系统软件的流程、权限设置、运行安全等。评价的依据和内容更加深入，结果更加科学全面。

内部控制评价依据

企业内部控制评价应依照中华人民共和国财政部等五部委联合发布的《企业内部控制基本规范》《企业内部控制评价指引》《企业内部控制审计指引》的要求，结合企业内部控制制度和评价办法，在内部控制日常监督和专项监督的基础上对企业内部控制制度进行评价。

企业内部控制评价应根据企业的性质、业务范围、机构范围和性质，以及国家行政法规和现有的监管要求，来确定本企业的内部控制评价依据。

〈 案例 〉

以某国有上市企业为例，其评价依据主要如下。

（1）国务院国资委和财政部于 2012 年 5 月 7 日发布的《关于加快构建中央企业内部控制体系有关事项的通知》（国资发评价〔2012〕68 号）。

（2）财政部、证监会、审计署、银监会、保监会于2008年5月22日发布的《企业内部控制基本规范》（财会〔2008〕7号）。

（3）财政部、证监会、审计署、银监会、保监会于2010年4月26日发布的《企业内部控制配套指引》，包括《企业内部控制应用指引》《企业内部控制评价指引》《企业内部控制审计指引》等18项（财会〔2010〕11号）。

（4）财政部于2012年2月23日发布的《关于印发企业内部控制规范体系实施中相关问题解释第1号的通知》（财会〔2012〕3号）；以及2012年9月24日发布的《关于印发企业内部控制规范体系实施中相关问题解释第2号的通知》（财会〔2012〕18号）。

（5）证监会于2011年2月14日发布的《关于做好上市公司内部控制规范试点有关工作的通知》（上市部函〔2011〕031号）。

（6）上海证券交易所于2012年1月30日发布的《上市公司2011年年度报告工作备忘录第一号》（上海证券交易所公司管理部 2012年1月30日）。

（7）香港联交所的相关监管要求，如《企业管治常规守则》。

（8）国务院国资委2006年6月6日印发的《中央企业全面风险管理指引》（国资发改革〔2006〕108号）。

（9）国务院国资委于2004年8月23日发布的《中央企业内部审计管理暂行办法》（国务院国有资产监督管理委员会令第8号）。

（10）《独立审计具体准则第9号——内部控制与审计风险》（中国注册会计师协会协字〔1996〕456号）。

（11）《萨班斯－奥克斯利法案》404和302条款（海外上市公司）等海外监管条款。

（12）其他中国相关法律法规要求。

各企业需遵守相关监管部门的要求，对内部控制的设计与运行情况进行全面评价，并出具整体内部控制评价报告，揭示和防范风险，提升风险管理能力，保证生产经营活动目标的实现。

内部控制评价的内容和工作底稿设计

内部控制评价应紧紧围绕内部环境、风险评估、控制活动、信息与沟通、内部监督五要素进行，确定具体评价内容，对内部控制设计与运行情况进行全面评价。

企业应当对与实现整体控制目标相关的内部环境、风险评估、控制活动、信息与沟通、内部监督等内部控制要素进行全面系统、有针对性的评价。评价内容包括但不限于：（1）单位组织结构中的职责分工的健全状况；（2）各项内部控制制度及相关措施是否健全、规范，是否与单位内部的组织管理相吻合；（3）各项工作中的业务处理与记录程序是否规范、经济，其执行是否有效；（4）各项业务工作中的授权、批准、执行、记录、核对、报告等手续是否完备；（5）各岗位的职权划分是否符合不相容岗位相互分离的原则，其职权履行是否得到有效控制；（6）是否有严格的岗位责任制度和奖惩制度；（7）关键控制点是否均有必要的控制措施，其措施是否有效执行；（8）内部控制制度在执行中受管理层的影响程度。

具体评价内容确定后，内部控制评价工作应形成工作底稿，详细记录企业执行评价工作的内容，包括评价要素、主要风险点、采取的控制措施、有关证据资料以及认定结果等。实际工作中，工作底稿一般是通过系列评价表格来体现的，通过对每个要素核心指标的分别分解、评价，最终汇总出评价结果。

企业集团对被评价单位内部控制的有效性进行评价，应当至少涉及下列内容：（1）被评价单位内部控制是否在风险评估的基础上涵盖了企业层面的风险和所有重要的业务流程层面的风险；（2）被评价单位内部控制设计的方法是否适当，内部控制建设的时间进度安排是否科学、阶段性工作要求是否合理；（3）被评价单位内部控制设计和运行的组织是否有效，人员配备、职责分工和授权是否合理；（4）被评价单位是否开展内部控制自查并上报有关自查报告；（5）被评价单位是否建立有利于促进内部控制各项政策措施落实和问题整改的机制；（6）被评价单位在评价期间是否出现过重大风险事故等。

〈 案例 〉

× 公司内部控制评价内容包括内部环境、风险评估、控制活动、信息与沟通、内部监督五个部分。在内部控制核心指标体系的基础上，根据企业内部控制制度，对每一项要素进一步细分，形成内部控制评价核心指标（见表 5-2），并制订具体的测试评价方法，其工作底稿是由内部控制评价汇总表（见表 5-3）、内部环境评价表（见表 5-4）、内部监督评价表（见表 5-5）和年度内部控制业务流程评价汇总表（见表 5-6）组成的。年度内部控制业务流程评价汇总表涉及企业多项业务流程，每一项业务流程均根据企业内部控制制度规定和相应的测试评价方法形成工作底稿，如采购与付款流程的评价底稿（见表 5-7）。

表 5-2 内部控制评价核心指标

核心指标	参考标准
一、内部环境	
（一）组织架构	
董事会、监事会、经理层的相互制衡	董事会及各专门委员会、监事会和经理层的职责权限、任职资格和议事规则是否明确并严格履行
董事会、监事会、经理层致力于内部控制建设和执行	1. 是否科学界定了董事会、监事会、经理层在建立与实施内部控制中的职责分工 2. 董事会是否采取必要的措施促进和推动企业内部控制工作，按照职责分工提出内部控制评价意见，定期听取内部控制报告，督促内部控制整改，修订内部控制要求
组织机构设置科学、精简、高效、透明、权责匹配、相互制衡	1. 组织机构设置是否与企业业务特点相一致，能够控制各项业务关键控制环节，各司其职、各尽其责，不存在冗余的部门或多余的控制 2. 是否明确了权责分配、制订了权限指引并保持了权责行使的透明度
组织架构适应性	是否定期梳理、评估企业治理结构和内部机构设置，发现问题及时采取措施加以优化调整，是否定期听取董事、监事、高级管理人员和其他员工的意见，按照规定的权限和程序进行决策审批
组织架构对子公司的控制力	是否通过合法有效的形式履行出资人职责、维护出资人权益，特别关注异地、境外子公司的发展战略、年度财务预决算、重大投融资、重大担保、大额资金使用、主要资产处置、重要人事任免、内部控制体系建设等重要事项

续表

核心指标	参考标准
（二）发展战略	
发展战略科学合理，既不缺乏也不激进，且实施到位	1. 企业是否综合考虑宏观经济政策、国内外市场需求变化、技术发展趋势、行业及竞争对手状况、可利用资源水平和自身优势与劣势等影响因素制订科学合理的发展战略 2. 是否根据发展目标制订战略规划，确定不同发展阶段的具体目标、工作任务和实施路径 3. 是否设立战略委员会或指定相关机构负责发展战略管理工作，是否明确战略委员会的职责和议事规则并按规定履行职责 4. 是否对发展战略进行可行性研究和科学论证，并报董事会和股东（大）会审议批准
发展战略有效实施	1. 是否制订年度工作计划，编制全面预算，确保发展战略的有效实施 2. 是否采取有效方式将发展战略及其分解落实情况传递到内部各管理层级和全体员工
发展战略科学调整	是否及时监控发展战略实施情况，并根据环境变化及风险评估等情况及时对发展战略做出调整
（三）人力资源政策	
人力资源结构合理、能够满足企业需要	1. 人力资源政策是否有利于企业可持续发展和内部控制的有效执行 2. 是否明确各岗位职责权限、任职条件和工作要求，选拔是否公开、公平、公正，是否因事设岗、以岗选人
人力资源开发机制健全有效	1. 是否制订并实施关于员工聘用、培训、辞退与辞职、薪酬、考核、健康与安全、晋升与奖惩等方面的管理制度 2. 是否建立员工培训长效机制，培训是否能满足员工和业务岗位需要，是否存在员工知识老化的情况
人力资源激励约束机制健全有效	1. 是否设置科学的业绩考核指标体系，并严格考核评价，以此作为确定员工薪酬、职级调整和解除劳动合同等的重要依据 2. 是否存在人才流失现象 3. 是否对关键岗位员工有强制休假制度或定期轮岗制度等方面的安排 4. 是否对掌握国家秘密或重要商业秘密的员工离岗有限制性的规定 5. 是否将有效执行内部控制纳入企业绩效考评体系
（四）社会责任	

续表

核心指标	参考标准
安全生产体系、机制健全有效	1. 是否建立严格的安全生产管理体系、操作规范和应急预案，切实做到安全生产 2. 是否落实安全生产责任，对安全生产的投入，包括人力、物力等，是否能保证及时发现、排除生产安全隐患 3. 发生生产安全事故，是否妥善处理，排除故障，减轻损失，追究责任。是否有迟报、谎报、瞒报重大生产安全事故的现象
产品质量体系健全有效	是否建立严格的产品质量控制和检验制度并严格执行，是否有良好的售后服务，能够妥善处理消费者提出的投诉和建议
切实履行环境保护和资源节约责任	1. 是否制订环境保护与资源节约制度，采取措施促进环境保护、生态建设和资源节约并实现节能减排目标 2. 是否实施清洁生产，合理开发利用不可再生资源
促进就业和保护员工权益	1. 是否依法保护员工的合法权益，保持工作岗位相对稳定，积极促进充分就业 2. 是否实现按劳分配、同工同酬、建立科学的员工薪酬制度和激励机制，是否建立高级管理人员与员工薪酬的正常增长机制 3. 是否及时办理员工社会保险，足额缴纳社会保险费 4. 是否维护员工健康，落实休息休假制度 5. 是否积极开展员工职业教育培训，创造平等发展机会
（五）企业文化	
企业文化具有凝聚力和竞争力，促进企业可持续发展	1. 是否采取切实有效的措施，积极培育具有自身特色的企业文化，打造以主业为核心的企业品牌，促进企业长远发展 2. 企业董事、监事、经理及其他高级管理人员是否在文化建设和履行社会责任中起到表率作用，是否促进文化建设在内部各层级的有效沟通 3. 是否做到文化建设与发展战略的有机结合，使员工自身价值在企业发展中得到充分体现 4. 是否重视并购重组后的企业文化建设，平等对待被并购方的员工，促进并购双方的文化融合
企业文化评估具有客观性、实效性	1. 是否建立企业文化评估制度，重点对董事、监事、经理和其他高级管理人员在企业文化建设中的责任履行情况、全体员工对企业核心价值观的认同感、企业经营管理行为与企业文化的一致性、企业品牌的社会影响力、参与企业并购重组各方文化的融合度，以及员工对企业未来发展的信心做出评估

续表

核心指标	参考标准
企业文化评估具有客观性、实效性	2. 是否针对评估结果巩固和发扬文化建设成果，进而研究影响企业文化建设的不利因素，分析深层次的原因，及时采取措施加以改进
二、风险评估	
目标设定	1. 企业层面，是否有明确的目标、目标是否具有广泛的认识基础、企业战略是否与企业目标相匹配 2. 业务层面，各业务层面目标是否与企业目标一致、各业务层面目标是否衔接一致、各业务层面目标是否具有操作指导性 3. 是否结合企业的风险偏好，确定相应的风险承受度
风险识别	1. 目标是否层层分解并确立关键业务或事项 2. 是否持续性地收集相关信息，内外部风险识别机制是否健全，是否识别影响企业目标实现的风险 3. 是否根据关键业务或事项分析关键成功因素
风险分析	1. 风险分析技术方法的适用性 2. 结合风险发生可能性和影响程度标准划分风险等级的准确性 3. 风险发生后对负面影响判断的准确性
风险应对	1. 风险应对策略与企业战略、企业文化的一致性 2. 风险承受度与风险应对策略的匹配程度
三、控制活动	
（一）控制活动的设计	
控制措施足以覆盖企业重要风险，不存在控制缺失、控制过度	1. 是否针对企业内部环境设立了相应的控制措施 2. 各项控制措施的设计是否与风险应对策略相适应 3. 各项主要业务控制措施是否完整、恰当 4. 是否针对非常规性、非系统性业务事项制订相应的控制措施，并定期对其执行情况进行检查分析 5. 是否建立重大风险预警机制和突发事件应急处理机制，相关应急预案的处置程序和处理结果是否有效
（二）控制活动的运行	
控制活动运行符合控制措施规定	针对各类业务事项的主要风险和关键环节所制订的各类控制方法和控制措施是否得以有效实施
四、信息与沟通	
信息收集处理和传递及时、准确、适用	是否有透明高效的信息收集、处理、传递程序，合理筛选、核对、整合与经营管理和内部控制相关的信息

续表

核心指标	参考标准
反舞弊机制健全	1. 是否建立健全并有效实施反舞弊机制 2. 举报投诉制度和举报人保护制度是否及时、准确传达至企业全体员工 3. 对舞弊事件和举报所涉及的问题是否及时、妥善地做出处理
沟通顺畅	1. 信息在企业内部各层级之间、企业与外部有关方面之间的沟通是否有效 2. 董事会、监事会和经理层是否能够及时掌握经营管理和内部控制的重要信息并进行应对 3. 员工诉求是否有顺畅的反映渠道
利用信息化程度	1. 企业是否建立与经营管理相适应的信息系统，利用信息技术提高对业务事项的自动控制水平 2. 在信息系统的开发过程中，是否对信息技术风险进行识别、评估和防范 3. 信息系统的一般控制是否涵盖信息系统开发与维护、访问与变更、数据输入与输出、文件储存与保管、网络安全、硬件设备、操作人员等方面，确保信息系统安全稳定运行 4. 信息系统的应用控制是否紧密结合业务事项进行，利用信息技术固化流程、提高效率、减少或消除人为操纵因素 5. 信息系统是否建立并保存相关信息交流与沟通的记录
五、内部监督	
内部监督能够覆盖并监控企业日常业务活动	1. 管理层是否定期与内部控制机构沟通评价结果，并积极整改 2. 是否落实职能部门和所属单位在日常监督中的责任，及时识别环境和业务变化 3. 日常监督的内容是否为经过分析确认的关键控制并有效控制，是否按重要程度将发现问题如实反馈给内部控制机构，是否积极采取整改措施 4. 日常监督用以证明内部控制有效性的信息是否适当和充分，监督人员是否具有胜任能力和客观性 5. 内部审计的独立性是否得以保障，审计委员会和内部审计机构是否独立、充分地履行监督职责，审计监督与内部控制沟通是否顺畅 6. 是否开展了必要的专项监督

续表

核心指标	参考标准
内部监督能够覆盖并监控企业日常业务活动	7. 内部控制机构是否追踪重大风险和重要业务，是否制订内部控制自我评价办法和考核奖惩办法，明确评价主体、职责权限、工作程序和有关要求，定期组织开展内部控制自我评价，报送自我评价报告，合理认定内部控制缺陷并分析原因，提出整改方案建议
内部控制缺陷认定科学、客观、合理，且报送机制健全	1. 内部控制机构是否制订科学的内部控制缺陷认定标准并予以一贯的执行 2. 是否对控制缺陷进行全面、深入的研究分析，提出并实施整改方案，采取适当的形式及时向董事会、监事会或者经理层报告，督促业务部门整改，重大缺陷按规定予以披露 3. 对发现的内部控制重大缺陷，是否追究相关责任单位和责任人的责任 4. 是否建立内部控制缺陷信息数据库，并对历年发现的内部控制缺陷及其整改情况进行跟踪检查
内部控制建设与评价文档妥善保管	1. 是否采取书面或其他适当方式对内部控制的建立与实施情况进行记录 2. 是否妥善保存内部控制相关记录和资料，确保内部控制建立与实施过程的可验证性 3. 对暂未建立健全的有关内部控制文档或记录，是否有证据表明确已实施了有效控制或者替代控制措施

表 5-3　内部控制评价汇总表

<table>
<tr><th>行次</th><th colspan="3">评价项目（评价部门）</th><th>指标类型</th><th>检查评价得分</th></tr>
<tr><td>1</td><td colspan="3">一、企业内部环境检查评价</td><td></td><td></td></tr>
<tr><td>2</td><td colspan="3">二、企业内部监督评价</td><td></td><td></td></tr>
<tr><td>3</td><td colspan="3">三、业务流程综合检查评价</td><td></td><td></td></tr>
<tr><td>4</td><td colspan="3">综合评价得分</td><td></td><td></td></tr>
<tr><td>5</td><td rowspan="8">四、缺陷认定</td><td rowspan="6">财务报告缺陷</td><td rowspan="3">影响会计报表的缺陷</td><td>错报指标 1（‰）</td><td></td></tr>
<tr><td>6</td><td>错报指标 2（‰）</td><td></td></tr>
<tr><td>7</td><td>缺陷等级</td><td></td></tr>
<tr><td>8</td><td>其他会计信息质量缺陷</td><td>缺陷数量（个）</td><td></td></tr>
<tr><td>9</td><td>IT 控制缺陷</td><td>缺陷数量（个）</td><td></td></tr>
<tr><td>10</td><td>内部控制重大事故事件缺陷</td><td>缺陷等级及数量（个）</td><td></td></tr>
<tr><td>11</td><td colspan="2">非财务报告缺陷</td><td>缺陷数量（个）</td><td></td></tr>
<tr><td>12</td><td colspan="3">综合扣分比例</td><td></td></tr>
<tr><td>13</td><td colspan="4">修正后综合评价得分</td><td></td></tr>
</table>

表 5-4 内部环境评价表

控制措施要点	测试与评价方法（以 0.1 分为扣分单位）	测试记录（访谈部门、责任人取得的书面文件名称、编号等）	是否符合控制要求（或不适用）。如否，有无替代控制措施	基础分值	评价得分
1. 责任分配与授权（满分 1 分）					
1.1 分（子）公司经理层应有明确的职责分工及授权。公司经理层的任职资格、人数范围和岗位职责应符合总部规定	取得分（子）公司经理层人员名单及其职责分工等相关资料，了解任职人数与既定的岗位是否匹配，是否按照授权履行工作职责				
1.2 分（子）公司经理层应明确规定本单位重要岗位管理人员的任职资格、人数范围和岗位职责	访谈技术、财务等重要部门，判断重要岗位管理人员的资源是否充足，能否满足公司可持续发展的需要				
2. 组织结构					
董事会、监事会应按照公司章程行使工作职责，董事须在所有董事会会议记录和重大决策文件上签名，监事会须监督公司董事和其他高级管理人员是否滥用权力或侵害公司利益。审计委员会应制订行使职责的详细说明，并定期向董事会报告工作。公司每年至少召开一次股东大会，董事长向股东大会阐述公司目标并报告公司发展的最新情况（仅子公司适用）	取得公司章程。查询董事会、监事会主要工作职责以及相关会议记录或文件，检查董事、监事是否符合任职资格并切实履行职责。查询审计委员会主要工作职责及相关会议记录、报告等，检查委员是否符合任职资格并定期向董事会报告工作。检查股东会议相关资料				

续表

控制措施要点	测试与评价方法（以 0.1 分为扣分单位）	测试记录（访谈部门、责任人取得的书面文件名称、编号等）	是否符合控制要求（或不适用）。如否，有无替代控制措施	基础分值	评价得分
3. 管理哲学与经营风格（含风险管理机制）（满分 1 分）					
4. 人力资源政策与实务（满分 1 分）					
5. 信息与沟通（满分 1 分）					

表 5-5　内部监督评价表

项目	测试与评价方法（以 0.1 分为扣分单位）	基础分值	评价得分	检查记录	扣分原因
合计					
1. 总体要求					
2. 责任部门测试要求					
2.1 业务流程责任部门（责任人）至少应每半年开展一次内部控制流程测试。内部控制流程测试不得由分（子）公司内部控制办公室进行替代测试	1. 检查企业责任部门是否至少每半年开展一次测试，测试时间是否符合要求（0.6 分） 2. 检查测试是否由业务流程责任部门（责任人）负责实施（0.4 分）				
2.2 各部门应将内部控制纳入部门工作目标，并与日常管理工作紧密结合。应按内部控制要求及时梳理并修订相关专业管理制度	1. 抽取 3 个主要部门，检查是否将内部控制纳入部门工作目标，并与日常管理工作紧密结合（1 分） 2. 抽取 3 个主要部门，检查是否按内部控制要求及时梳理并修订相关专业管理制度（1 分）				
3 . 综合检查要求					

续表

项目	测试与评价方法（以0.1分为扣分单位）	基础分值	评价得分	检查记录	扣分原因
企业至少每年应组织一次内部控制综合检查。内部控制办公室应制订综合检查评价方案，确定检查的目的、时间、范围、内容、人员配备、检查方式等。综合检查评价方案须经本企业内部控制领导小组批准后实施	1. 检查企业是否至少每年开展一次内部控制综合检查，每次检查区间须与上一检查区间衔接（0.5分） 2. 查阅年度综合检查工作方案，检查方案是否包括检查目的、时间、范围、内容、人员配备、检查方式等内容，是否报本企业内部控制领导小组批准（0.5分） 3. 检查审计部门（或审计人员）是否参与综合检查（0.5分）				
4. 内部审计					

表5-6 年度内部控制业务流程评价汇总表

使用业务流程名称	控制点总数	不适应控制点数	应执行控制点数	未发生控制点数	未执行控制点数	应得分值	实际得分
一般物资采购供应业务流程							
全面预算管理业务流程							
生产成本管理业务流程							
管理费用、销售费用、营业外支出管理业务流程							
修理费用管理业务流程							
科技开发费管理业务流程							
一般产品销售业务流程							
筹资业务流程							
货币资金管理业务流程							
固定资产管理业务流程							
编制财务报表管理业务流程							
担保业务流程							

续表

使用业务流程名称	控制点总数	不适应控制点数	应执行控制点数	未发生控制点数	未执行控制点数	应得分值	实际得分
利率、汇率风险管理业务流程							
企业并购管理业务流程							
信息系统管理业务流程							
ERP 系统、IT 一般性控制流程							
基础设施、IT 一般性控制流程							
生产调度运行业务流程							
安全环保业务流程							
税务管理业务流程							
一般合同管理业务流程							
人力资源管理业务流程							
内部审计管理业务流程							
信息披露业务流程							
……							
控制点得分合计							

表 5-7　内部控制的业务流程评价底稿（采购与付款流程）

流程名称	风险描述	控制目标	控制活动编号	控制活动现状	控制执行人	控制执行证据（表单）	相关管理制度条款	关键控制是否	频率	测试结果	样本量	测试步骤	抽样样本名称	测试结论	缺陷描述	整改方案	整改负责部门	预计完成整改时间	缺陷编号
采购与付款流程	未按时与供应商对采购应付情况进行对账，可能影响应付账款财务核算的准确性	确保应付供应商往来账款准确、完整	PP-11	每月，财务部应付会计联合采购部与供应商就往来账款余额及发生额进行核对，形成对账单，并由对账双方签章确认。对于对账差异，由采购经理及时进行跟进和解决	财务部应付岗、采购部采购主管	供应商月度对账表	N-A	是	每月	202×年××月，访谈财务部应付岗，并抽取3月供应商对账表一份，与控制活动描述一致	2个	1. 询问。询问财务部经理，了解实际执行与控制描述是否一致以及对账差异的解决流程 2. 检查。按照控制月度发生频率，抽取2个月的供应商往来账对账单，检查其是否经过对账双方的签字确认；对于对账差异，检查是否跟进记录并及时处理	供应商对账表	发现异常	测试发现，从202×年6月开始，未按控制要求进行供应商往来对账工作	财务部将联合采购部对202×年6月至12月的往来交易量大于20笔的供应商往来进行集中核对，确保交易量大的往来款发生额和余额准确	财务部、采购部	202×年××月	PP-01

企业内部控制评价的程序和开展

在数智时代背景下，企业在规划和开展内部控制评价时应充分考虑信息管理的特点，根据对信息系统的理解和实施进行程序设计。根据需要，企业内部控制评价应全面覆盖企业所有经营活动，围绕核心业务和重点管理事项，确定内部控制评价范围、各部门的权责分配、各人员的权责配置、实施进度和投入预算等。

在实践中，企业可以参考以下思路。首先，在考虑相关政策指引的基础上，借鉴同行企业的经验，将内部控制评价范围扩大到企业全业务周期，根据风险导向原则明确管理风险点为内部控制评价的核心点。其次，在评价内部控制时，要从企业的整体层面出发，然后从各个部门的角度进行评价和控制。另外，在数智时代环境下，企业在分析影响经营的相关风险时，除了考虑整体经济市场情况、自身经营情况外，还需考虑行业因素的影响，不同行业间风险因素差异较大，比如制造业和金融业。最后，企业还应当科学选择评价方法，目前市面上存在的内部控制评价方法较为多元化，包括详细评价法、穿行测试法、调查问卷法、比较分析法等。在实际选择中，企业还需根据定量评价指标和定性评价指标相结合的原则，合理选择内部控制评价方法，从而得出较为合理的评价结果。

内部控制评价的一般程序

内部控制评价程序一般包括计划阶段，实施阶段，汇总评价结果，编制评价报告阶段，报告反馈和跟踪阶段。内部控制评价流程见图 5-2。

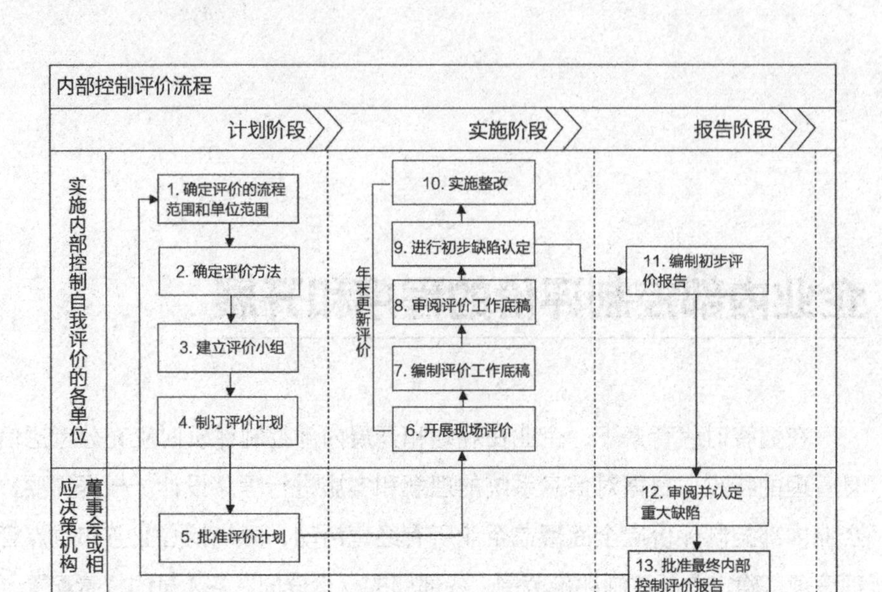

图 5-2 内部控制评价流程

1. 计划阶段

（1）制订评价工作方案。

内部控制评价机构应当根据企业内部监督情况和管理要求，分析企业经营管理过程中的高风险领域和重要业务事项，确定检查评价方法，制订科学合理的评价工作方案，经董事会批准后实施。评价工作方案应当明确评价主体范围、工作任务、人员组织、进度安排和费用预算等相关内容。评价工作方案既以全面评价为主，也可以根据需要采用重点评价的方式。一般而言，内部控制建立与实施初期，实施全面综合评价有利于推动内部控制工作的深入有效开展；内部控制系统趋于成熟后，企业可在全面评价的基础上，更多地采用重点评价或专项评价，以提高内部控制评价的效率和提升内部控制评价的效果。

（2）组成评价工作组。

评价工作组在内部控制评价机构领导下，具体承担内部控制检查评价任务。内部控制评价机构根据经批准的评价方案，挑选具备独立性、业务胜任能力和职业道德素养的评价人员实施评价。评价工作组成员应当吸收熟悉企业内部相关机构情况、参与日常监控的负责人或业务骨干。企业根据自身条件，尽量建立长效内部控制评价培训机制，培养内部控制评价专业人员，熟悉内部控制专业知识及相关规章制度、业务流程及需重点关注的问题、评价工作流程、检查评价方法、工作底稿填写要求、缺陷认定标准、评价人员的权利与义务等内容。

2. 实施阶段

（1）了解被评价单位基本情况。评价工作组与被评价单位进行充分沟通，了解其经营业务范围、企业文化和发展战略、组织机构设置及职责分工、领导层成员构成及分工、评价期间内生产经营计划和预算完成情况、财务管理核算体制、内部控制工作概况、最近一年内部监督（包括内部控制评价）发现问题的整改情况等。

（2）确定检查评价范围和重点。评价工作组根据掌握的情况进一步确定评价范围、检查重点和抽样数量，并结合评价人员的专业背景进行合理分工。检查重点和分工情况可以根据需要进行适时调整。

（3）开展现场检查测试。评价工作组根据评价人员分工，综合运用各种评价方法对内部控制设计与运行的有效性进行现场检查测试，按要求填写工作底稿、记录相关测试结果，并对发现的内部控制缺陷进行初步认定。评价人员应遵循客观、公正、公平原则，如实反映检查测试中发现的问题，并及时与被评价单位进行沟通。由于内部控制是纵向检查测试流程，因此工作中成员应注意互相沟通、协调，以获取更有价值的信息。

3. 汇总评价结果、编制评价报告阶段

评价工作组汇总评价人员的工作底稿，初步认定内部控制缺陷，形成现场评价报告。评价工作底稿应进行交叉复核签字，并由评价工作组负责人审核后签字确认。评价工作组将评价结果及现场评价报告向被评价单位进行通报，由被评价单位相关责任人签字确认后，提交企业内部控制评价机构。

内部控制评价机构汇总各评价工作组的评价结果，对评价工作组现场初步认定的内部控制缺陷进行全面复核、分类汇总，对缺陷的成因、表现形式及风险程度进行定量或定性的综合分析，按照对控制目标的影响程度判定缺陷等级。

内部控制评价机构以汇总的评价结果和认定的内部控制缺陷为基础，综合内部控制工作整体情况，客观、公正、完整地编制内部控制评价报告，并报送企业经理层、董事会和监事会，由董事会最终审定后对外披露。

4. 报告反馈和跟踪阶段

对于认定的内部控制缺陷，内部控制评价机构应当结合董事会和审计委员会要求，提出整改建议，要求责任单位及时整改，并跟踪其整改落实情况。已经造成损失或负面影响的，企业应当追究相关人员的责任。

内部控制评价的频率

企业每年应对内部控制进行评价并予以披露。但是内部控制自我评价的方式、范围、程序和频率，由企业根据经营业务调整、经营环境变化、业务发展状况、实际风险水平等自行确定。国家有关法律法规另有规定的，从其规定。另外，如果内部监督程序无效，或所提供信息不足以说明内部控制有效，应提高评价的频率。

内部控制评价的方法

《企业内部控制评价指引》第十五条规定，内部控制评价工作组应当对被评价单位进行现场测试，综合运用个别访谈、调查问卷、穿行测试、抽样、实地查验、比较分析和专题讨论等方法，充分收集被评价单位内部控制设计和运行是否有效的证据，按照评价的具体内容，如实填写评价工作底稿，研究分析内部控制缺陷。

1. 个别访谈法

个别访谈法主要用于了解企业内部控制的现状，在企业层面评价及业务层面评价的了解阶段经常使用。访谈前应根据内部控制评价需求形成访谈提纲，访谈时要撰写访谈纪要，记录访谈内容。对于同一问题应注意不同人员的解释是否相同。分别访谈人力资源部和关键岗位员工，充分了解和掌握员工的实际状态和实际工作结果。

2. 调查问卷法

调查问卷法主要用于企业层面评价。调查问卷应尽量扩大对象范围，包括企业各个层级的员工，应注意事先保密，题目尽量简单易答（如答案只需为“是”“否”“有”“没有”等）。如：你是否认同本企业文化；你在本企业工作是否有幸福感，是否受到相同对待，是否有发展机会；你在工作中是否存在压力，能够完成企业下达的考核指标吗；等等。

3. 穿行测试法

穿行测试法是指在内部控制流程中任意选取一笔交易作为样本，追踪该交易从最初起源直到最终在财务报表或其他经营管理报告中反映出来的过程，即该流程从起点到终点的全过程（例如，在保险公司的内部控制评价中，选取一笔保险新单，追踪其从投保申请到财务入账的全过程），以此了解控制措施设计的有效性，并识别出关键控制。穿行测试示例如下。

穿行测试步骤和具体内容如表 5-8 所示。

表 5-8　穿行测试步骤和具体内容

步骤	具体内容
1. 访谈并阅读管理文档	与相关人员进行访谈，阅读流程文件，包括：各部门的管理制度文件、细则等。评估管理文件，确定其是否足以形成对业务流程的管控，并确认流程和控制是如何设计以实现业务目标和控制目标的，是否能够规避或降低流程中存在的风险
2. 执行穿行测试	选取流程或子流程包含的所有重要交易类别，进行穿行测试来确认对流程、风险和控制的理解
3. 评价内部控制	根据穿行测试结果，对控制设计的有效性进行评价，确认是否存在控制设计缺陷
4. 记录内部控制设计缺陷	将发现的内部控制设计缺陷记入控制缺陷汇总表，分析差异产生的原因，提出改进建议，并就控制缺陷与管理层进行沟通与确认

〈 案例 〉

穿行测试示例

穿行测试需要关注的问题：

（1）风险与控制矩阵文档中的控制在实际中没有执行；

（2）实际执行的控制没有在风险与控制矩阵文档中进行描述，制度不完善或缺乏必要的标准；

（3）风险与控制矩阵文档中的控制没有被有效地执行（如有关人员不了解如何实施控制，造成控制成为形式主义）；

（4）风险与控制矩阵中控制的执行缺乏必要的实施证据；

（5）现有的控制设计全部无效或部分失效。

评价小组在穿行测试过程中，针对特定类别的控制应执行针对性的评价程序，现举例如下。

1.人工复核控制

针对人工复核控制，评价小组在穿行测试的过程中应当关注以下方面：（1）询问复核人员实施复核的性质；（2）检查获取的文件是否有复核痕迹，且由该复核人员复核；（3）询问复核人员，如果在文件里发现错误或其他差异应怎样处理。如有必要，评价小组还需要检查识别出问题的文件，以确认复核人员已经采取了相应的处理措施。

需要注意的是，评价小组不能仅以复核人员的签字为证据，而不执行以上流程，因为有时候签字本身并不能表明控制得到恰当的执行。

2.账实核对控制

针对账实核对控制，评价小组在穿行测试过程中需执行以下程序。

（1）选择一个或多个调节项，判断相关信息是否准确、恰当地包含在该调节项中。通常来说，评价小组不需要重新执行调节项的整个编制过程。例如，评价小组可以检查调节表的期初数和期末数与原始文件是否一致，并选择一些调节项作为样本，确认它们的调节是否有依据。

（2）如果调节项中存在异常，需要关注异常项是如何被考虑的。

（3）询问当调节项出现确实的或潜在的错误时所采取的行动。

（4）询问错误是如何发生的。

（5）如果可行，尽量获取对调节过程中发现的错误进行纠正的证据。

穿行测试执行完成后，评价小组应相应记录穿行测试的结果，主要包括：控制是否设计有效；控制执行是否与控制设计一致；穿行测试所发现的控制设计及其他问题。

4. 抽样法

抽样法为随机抽样和其他抽样。随机抽样是指按随机原则从样本库中抽取一定数量的样本；其他抽样是指人工任意选取或按某一特定标准从样本库中抽取一定数量的样本。使用抽样法时一要注意样本库要包含符合测试要求的所有样本，测试人员应首先对样本库的完整性进行确认。二要确定选取的样本应充分和适当，充分是指测试的证据的数量应当能合理保证相关控制的有效；适当是指获取的证据应当与相关控制的设计与运行有关，并能可靠地反映控制的实际运行状况。

5. 实地查验法

实地查验法主要针对业务层面评价，它通过使用统一的测试工作表，以与实际的业务、财务单证进行核对的方法进行控制测试。如实地盘点某种存货。

6. 比较分析法

比较分析法是指通过数据分析，识别评价关注点的方法。数据分析可以是与历史数据、行业（公司）标准数据或行业最优数据等进行比较。例如，在保险公司内部控制评价中，通过分析月度退保数据的波动情况，识别退保异常的区间，进而对此区间的退保业务资料进行检查。

7. 专题讨论法

专题讨论法主要是集合有关专业人员就内部控制执行情况或控制问题进行分析，专题讨论法既可以是控制评价的手段，也可以是形成缺陷整改方案的途径。如对同时涉及财务、业务、信息技术方面的控制缺陷，就需要由内部控制管理部门组织召开专题讨论会议，综合各部门的意见，确定整改方案。

此外，还可以使用观察、重新执行等方法，也可以利用信息系统开发检查方法，或利用实际工作和检查测试经验。对于企业通过系统采用自动控制、预防控制的，应在方法上注意与人工控制、发现性控制的区别。

企业内部控制缺陷的认定和整改

内部控制评价科学开展后，企业需要进一步利用评价结果识别和整改企业的内部控制缺陷，以更好地发挥内部控制评价的作用。为此，一方面各企业需要建立系统的内部控制评价体系，督促内部控制评价人员严格按照内部控制程序和标准进行评价，以发现企业存在的内部控制缺陷。另一方面，一旦发现企业内部控制的设计或运行存在问题，还应根据问题的风险和威胁程度以及企业的实际运行情况制订解决方案，完善企业的内部控制制度。在采取改进措施一段时间后，要及时将企业采取改进措施后的内部控制水平与以前的内部控制水平进行比较，分析改进措施是否有用，然后再决定如何采取下一步行动。

内部控制缺陷的分类

内部控制缺陷是描述内部控制有效性的一个负向的维度。企业开展内部控制评价，主要工作内容之一就是要找出内部控制缺陷并有针对性地进行整改。

1. 按照内部控制缺陷成因或来源分类

内部控制缺陷包括设计缺陷和运行缺陷。设计缺陷是指企业缺少为实现控制目标所必需的控制，或现存控制设计不适当，即使正常运行也难以实现控制目标。运行缺陷是指设计有效（合理且适当）的内部控制由于运行不当（包括由不恰当的人执行、未按设计的方式运行、运行的时间或频率不当、没有得到一贯有效运行等）而形成的内部控制缺陷。

2. 按照影响企业内部控制目标实现的严重程度分类

内部控制缺陷分为重大缺陷、重要缺陷和一般缺陷。重大缺陷，是指一个或多个控制缺陷的组合，可能导致企业严重偏离控制目标。当存在任何一个或多个内部控制重大缺陷时，应当在内部控制评价报告中做出内部控制无效的结论。重要缺陷，是指一个或多个控制缺陷的组合，其严重程度低于重大缺陷，但仍有可能导致企业偏离控制目标。重要缺陷的严重程度低于重大缺陷，不会严重危及内部控制的整体有效性，但也应当引起董事会、经理层的充分关注。一般缺陷，是指除重大缺陷、重要缺陷以外的其他控制缺陷。

3. 按照影响内部控制目标的具体表现形式分类

内部控制缺陷分为财务报告缺陷和非财务报告缺陷。财务报告内部控制的缺陷，是指不能及时防止或发现并纠正财务报告错报的内部控制缺陷。

内部控制缺陷的认定标准

1. 内部控制缺陷的重要性和影响程度

企业应当结合自身情况和关注的重点，自行确定内部控制重大缺陷、重要缺陷和一般缺陷的具体认定标准。根据具体认定标准认定企业存在的内部控制缺陷，由董事会最终审定。企业在确定内部控制缺陷的认定标准时，应当充分考虑内部控制缺陷的重要性及其影响程度。内部控制缺陷的重要性和影响程度是相对于内部控制目标而言的。按照对财务报告目标和其他内部控制目标实现的影响的具体表现形式。

2. 财务报告内部控制缺陷的认定标准

将财务报告内部控制缺陷划分为重大缺陷、重要缺陷和一般缺陷，所采用的认定标准直接取决于该内部控制缺陷的存在可能导致的财务报告错报的重要程度。这种重要程度主要取决于两个方面的因素：该缺陷是否具备合理可能性导致企业的内部控制不能及时防止或发现并纠正财务报告错报。该缺陷单独或连同其他缺陷可能导致的潜在错报金额的大小。

（1）重大缺陷。如果一项内部控制缺陷单独或连同其他缺陷具备合理可能性导致不能及时防止或发现并纠正财务报告中的重大错报，就应将该缺陷认定为重大缺陷。重大错报中的“重大”，涉及企业管理层确定的财务报告的重要性水平。一般企业可以采用绝对金额法（例如，规定金额超过 10 000 元的错报应当认定为重大错报）或相对比例法（例如，规定超过资产总额 1% 的错报应当认定为重大错报）来确定重要性水平。如果企业的财务报告内部控制存在一项或多项重大缺陷，就不能得出该企业的财务报告内部控制有效的结论。

（2）重要缺陷。如果一项内部控制缺陷单独或连同其他缺陷具备合理可能性导致不能及时防止或发现并纠正财务报告中虽然未达到和超过重要性水平，但仍应引起董事会和管理层重视的错报，就应将该缺陷认定为重要缺陷。

（3）一般缺陷。不构成重大缺陷和重要缺陷的内部控制缺陷，应认定为一般缺陷。

〈 案例 〉

× 公司财务报告内部控制缺陷认定说明

× 公司财务报告内部控制重大缺陷定量标准和定性考虑如表 5-9 所示。

表 5-9　重大缺陷定量标准和定性考虑

类别	内容
重大缺陷定量标准	重大缺陷是可能导致公司严重偏离内部控制目标的缺陷。就财务报告而言，严重偏离目标是指该缺陷可能或已经导致公司的财务报告出现重大错报，而重大错报的标准一般是和财务报告审计的重要性水平保持一致的 财务报告重要性水平是公司财务报告审计工作通用的一个标杆。对于正常获利的公司来说，通常都以合并报表层面作为基础，采用合并后报表中公司税前利润的 5%作为一个衡量标准
重大缺陷定性考虑	在评价财务报告内部控制缺陷的过程中，除了定量的考虑，还需要关注财务报告潜在的非量化的因素，一般包括但不限于：账户、列报和相关认定的性质、相关资产或负债对损失或舞弊的敏感程度、确定涉及金额所需判断的程度及其主观性和复杂性等 通常重大缺陷的迹象包括但不限于： ·董事、监事和高级管理人员舞弊（无论舞弊是否重大）； ·公司更正已经公布的财务报告； ·在审计过程中，审计师发现当期财务报告存在重大错报，而公司的内部控制在运行过程中未能发现该错报。 公司的审计委员会和内部审计机构对内部控制的监督无效

3. 非财务报告内部控制缺陷的认定标准

企业可以根据风险评估的各项工作、自身的实际情况、管理现状和发展要求，合理确定非财务报告内部控制缺陷定性和定量的认定标准，根据其对内部控制目标实现的影响程度认定为一般缺陷、重要缺陷和重大缺陷。其中：定量标准，即涉及金额大小，既可以根据造成直接财产损失绝对金额制订，也可以根据其直接损失占本企业资产、销售收入及利润等的比率确定；定性标准，即涉及业务性质的严重程度，可根据其直接或潜在负面影响的性质、影响的范围等因素确定。非财务报告内部控制缺陷认定标准一经确定，必须在不同评价期间保持一致，不得随意变更。

< 案例 >

X 公司非财务报告内部控制缺陷说明

X公司非财务报告内部控制重大缺陷定量标准和定性考虑如表5-10所示。

表 5-10 重大缺陷定量标准和定性考虑

类别	内容
重大缺陷定量标准	从原则上讲，同样采用财务报告重要性水平为参考标准
重大缺陷定性考虑	非财务报告内部控制缺陷定性分析需要大量分析和判断，对于其潜在影响大多很难量化。通常重大缺陷的迹象包括但不限于： ·严重偏离计划和预算 ·被监管机构处罚 ·是否与公司的“三重一大”（重大问题决策、重要干部任免、重大项目投资决策、大额资金使用）相关 ·公司的重大损失

4. 常见的内部控制重大缺陷情形

财务报告内部控制可能存在重大缺陷：（1）董事、监事和高级管理人员舞弊；（2）企业更正已公布的财务报告；（3）注册会计师发现当期财务报告存在重大错报，而内部控制在运行过程中未能发现该错报；（4）企业审计委员会和内部审计机构对内部控制的监督无效。

非财务报告内部控制可能存在重大缺陷：（1）国有企业缺乏民主决策程序，如缺乏“三重一大”决策程序；（2）企业决策程序不科学，如决策失误，导致并购不成功；（3）违反国家法律、法规，如环境污染；（4）管理人员或技术人员流失；（5）媒体负面新闻频现；（6）重要业务缺乏制度控制或制度系统性失效；（7）内部控制评价的结果特别是重大缺陷或重要缺陷未得到整改。

5. 内部控制缺陷的报告与整改

（1）内部控制缺陷报告的格式和途径。

内部控制缺陷报告应当采取书面形式。内部控制的一般缺陷、重要缺陷应定期（至少每年）报告，重大缺陷应立即报告。对于一般缺陷，可以与企业经理层报告，并视情况考虑是否需要向董事会（审计委员会）、监事会报告。对于重大缺陷和重要缺陷及整改方案，应向董事会（审计委员会）、监事会或经理层报告并审定。如果出现不适合向经理层报告的情形，例如存在与经理层舞弊相关的内部控制缺陷，或存在经理层凌驾于内部控制之上的情形，应当直接向董事会（审计委员会）、监事会报告。

（2）内部控制缺陷整改方案及期限。

企业对认定的内部控制缺陷，应当及时采取整改措施，切实将风险控制在可承受度之内，并追究有关机构或相关人员的责任。

企业内部控制评价机构应当就发现的内部控制缺陷提出整改建议，并报经经理层、董事会（审计委员会）、监事会批准。获批后，应制订切实可行的整改方案，包括整改目标、内容、步骤、措施、方法和期限。整改期限超过一年的，整改目标应明确近期和远期目标以及相应的整改工作内容。

〈 案例 〉

各单位评价小组应参照以下内部控制缺陷认定程序对内部控制缺陷进行认定。

图 5-3 从工作流的角度，以线性渐进的方式对认定程序进行了介绍。在实际操作中，对缺陷的认定是一个反复的过程，评价小组常常需要在程序图相关步骤上不断根据新取得的信息重新审视并考虑以前的步骤和分析判断是否充分适当。

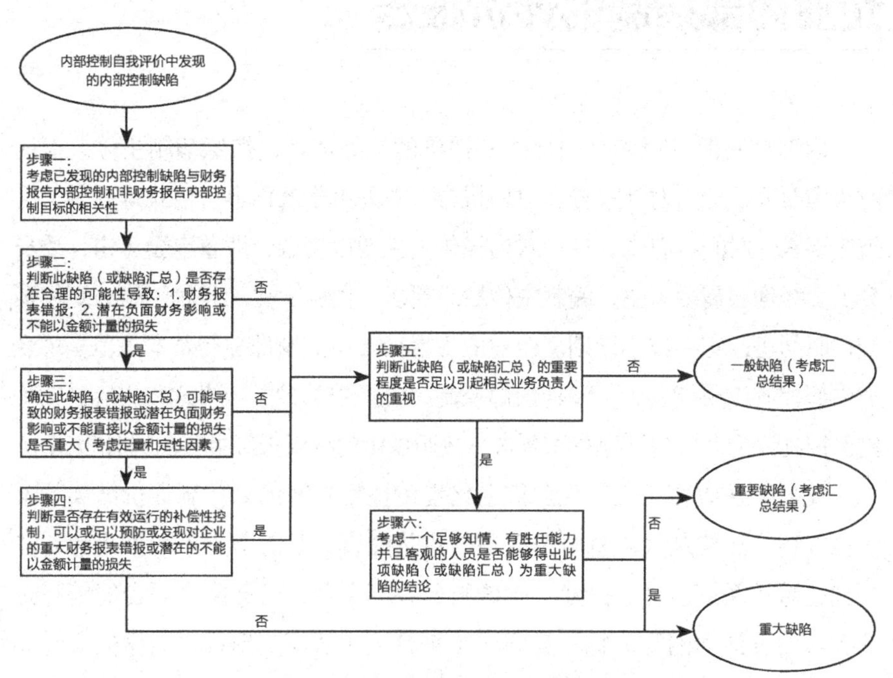

图 5-3 内部控制缺陷认定程序

企业内部控制的评价报告

内部控制评价报告是内部控制评价的最终体现，按照编制主体、报送对象和时间，分为对外报告和对内报告。对外报告的内容、格式等强调符合披露要求，时间具有强制性；对内报告则主要以符合企业董事会（审计委员会）、经理层需要为主，编制主体层级更多、内容上更加详尽、格式更加多样，时间可以定期或不定期。企业应当根据《企业内部控制基本规范》《企业内部控制应用指引》，设计内部控制评价报告的种类、格式和内容，明确内部控制评价报告编制程序和要求，按照规定的权限报经批准后对外报出。

此外，在数智时代，企业信息化程度也影响着内部控制评价结果的准确性。各企业要加大自身财务管理信息化建设，及时引进市场推出的功能更加完善的系统软件，搭建完善的财务共享平台。财务共享平台能够将企业各项业务活动的管理统一在同一个平台上，从而实现各种数据的实时共享，为内部控制评价人员分析内部控制运行情况和效率提供了有利的数据支持。同样，基于信息化的现代内部控制评价对企业的业务风险点进行考察，分析业务过程控制的关键点，用评价结果反过来为企业优化财务信息化管理提供参考。

内部控制评价报告的内容和格式

内部控制评价对外报告内容包括如下八个必要元素。（1）董事会声明。声明董事会及全体董事对报告内容的真实性、准确性、完整性承担个别及连带责任，保证报告内容不存在任何虚假记载、误导性陈述或重大遗漏。（2）内部控制评价工作的总体情况。明确企业内部控制评价工作的组织、领导体制、进度安排，是否聘请会计师事务所对内部控制有效性进行独立审计。（3）内部控制评价的依据。说明企业开展内部控制评价工作所依据的法律法规和规章制度，一般包括《企业内部控制基本规范》，《企业内部控制应用指引》，《企业内部控制评价指引》，企业制订的内部控制及相关制度、评价办法等。（4）内部控制评价的范围。描述内部控制评价所涵盖的被评价单位，以及纳入评价范围的业务事项，及重点关注的高风险领域。内部控制评价的范围如有所遗漏的，应说明原因及其对内部控制评价报告真实性、完整性产生的重大影响等。（5）内部控制评价的程序和方法。描述内部控制评价工作遵循的基本流程，以及评价过程中采用的主要方法。（6）内部控制缺陷及其认定。描述适用本企业的内部控制缺陷具体认定标准，并声明与以前年度保持一致或做出的调整及相应原因；根据内部控制缺陷认定标准，确定评价期末存在的重大缺陷、重要缺陷和一般缺陷。（7）内部控制缺陷的整改情况。对于评价期间发现期末已完成整改的重大缺陷，说明企业有足够的测试样本显示，该重大缺陷相关的内部控制设计有效。针对评价期末存在的内部控制缺陷，说明企业拟采取的整改措施及预期效果。（8）内部控制有效性的结论。对不存在重大缺陷的情形，出具评价期末内部控制有效结论；对存在重大缺陷的情形，不得做出内部控制有效的结论，并需描述该重大缺陷的性质及其对实现相关控制目标的影响程度，可能给企业未来生产经营带来的相关风险。自内部控制评价报告基准日至内部控制评价报告发出日之间发生重大缺陷的，企业须责成内部控制评价机构予以核实，并根据核查结果对评价结论进行相应调整，说明董事会拟采取的措施。

企业内部控制的评价报告的格式见下述案例。

< 案例 >

×× 股份有限公司 20×× 年度内部控制评价报告

××股份有限公司全体股东：

根据《企业内部控制基本规范》等法律法规的要求，我们对本公司（以下简称“公司”）内部控制的有效性进行了自我评价。

一、董事会声明

公司董事会及全体董事保证本报告内容不存在任何虚假记载、误导性陈述或重大遗漏，并对报告内容的真实性、准确性和完整性承担个别及连带责任。

建立健全并有效实施内部控制是公司董事会的责任；监事会对董事会建立与实施内部控制进行监督；经理层负责组织领导公司内部控制的日常运行。

公司内部控制的目标是：（一般包括合理保证经营合法合规、资产安全、财务报告及相关信息真实完整，提高经营效率和提升经营效果，促进实现发展战略）。由于内部控制存在固有局限性，故仅能对达到上述目标提供合理保证。

二、内部控制评价工作的总体情况

公司董事会授权内部审计机构（或其他专门机构）负责内部控制评价的具体组织实施工作，对纳入评价范围的高风险领域和单位进行评价（描述评价工作的组织领导体制，一般包括评价工作组织结构图、主要负责人及汇报途径等）。

公司（是/否）聘请了中介机构（中介机构名称）实施内部控制评价，并编制内部控制评价报告；公司（是/否）聘请会计师事务所（会计师事务所名称）对公司内部控制有效性进行独立审计。

三、内部控制评价的依据

本评价报告旨在根据中华人民共和国财政部等五部委联合发布的《企业内部控制基本规范》（以下简称“基本规范”）及《企业内部控制评价指引》（以下简称“评价指引”）的要求，结合公司内部控制制度和评价办法，在内部控制日常监督和专项监督的基础上，对公司截至20××年12月31日内部控制的设计与运行的有效性进行评价。

四、内部控制评价的范围

内部控制评价的范围涵盖了公司及其所属单位的各种业务和事项，重点关注下列高风险领域。

（列示公司根据风险评估结果确定的十大主要风险）

纳入评价范围的单位如下。

（描述公司及其所属单位的明确范围）

纳入评价范围的业务和事项如下（根据实际情况补充调整）。

（一）组织架构

（二）发展战略

（三）人力资源

（四）社会责任

（五）企业文化

（六）资金活动

（七）采购业务

（八）资产管理

（九）销售业务

（十）研究与开发

（十一）程序项目

（十二）工程项目

（十三）担保业务

（十四）业务外包

（十五）财务报告

（十六）全面预算

（十七）合同管理

（十八）内部信息

（十九）信息系统

上述业务和事项的内部控制涵盖了公司经营管理的主要方面，不存在重大遗漏。

（如存在重大遗漏）公司本年度未能对以下构成内部控制重要方面的单位或业务（事项）进行内部控制评价。

［逐条说明未纳入评价范围的重要单位或业务（事项），包括单位、业务（事项）描述、未纳入的原因、对内部控制评价报告真实性、完整性产生的重大影响等］

五、内部控制评价的程序和方法

内部控制评价工作严格遵循基本规范、评价指引及公司内部控制评价办法规定的程序执行（描述公司开展内部控制检查评价工作的基本流程）。

评价过程中，我们采用了（个别访谈、调查问卷、穿行测试、实地查验、抽样和比较分析）等适当方法，广泛收集了公司内部控制设计和运行是否有效的证据，如实填写了评价工作底稿，分析、识别内部控制缺陷（说明评价方法的适当性及证据的充分性）。

六、内部控制缺陷及其认定

公司董事会根据基本规范、评价指引对重大缺陷、重要缺陷和一般缺陷的认定要求，结合公司规模、行业特征、风险水平等因素，研究确定了适用本公司的内部控制缺陷具体认定标准，并与以前年度保持了一致（描述公司内部控制缺陷的定性及定量标准），或做出了调整（描述具体调整标准及原因）。

根据上述认定标准，结合日常监督和专项监督情况，我们发现报告期内存在（数量）个缺陷，其中重大缺陷（数量）个，重要缺陷（数量）个。重大缺陷分别为：（对重大缺陷进行描述，并说明其对实现相关控制目标的影响程度）。

七、内部控制缺陷的整改情况

针对报告期内发现的内部控制缺陷（含上一期间未完成整改的内部控制缺陷），公司采取了相应的整改措施（描述整改措施的具体内容和实际效果）。对于整改完成的重大缺陷，公司有足够的测试样本显示，与重大缺陷（描述该重大缺陷）相关的内部控制设计且运行有效（运行有效的结论需提供90天内有效运行的证据）。

经过整改，公司在报告期末仍存在（数量）个缺陷，其中重大缺陷（数量）个，重要缺陷（数量）个。重大缺陷分别为：（对重大缺陷进行描述）。

针对报告期末未完成整改的重大缺陷，公司拟进一步采取相应措施加以整改（描述整改措施的具体内容及预期达到的效果）。

八、内部控制有效性的结论

公司已经根据基本规范、评价指引及其他相关法律法规的要求，对公司截至20×× 年12月31日的内部控制设计与运行的有效性进行了自我评价。

（存在重大缺陷的情形）报告期内，公司在内部控制设计与运行方面存在尚未完成整改的重大缺陷（描述该缺陷的性质及其对实现相关控制目标的影响程度）。由于存在上述缺陷，可能会给公司未来生产经营带来相关风险（描述该风险）。

（不存在重大缺陷的情形）报告期内，公司对纳入评价范围的业务与事项均已建立了内部控制，并得以有效执行，达到了公司内部控制的目标，不存在重大缺陷。

自内部控制评价报告基准日至内部控制评价报告发出日之间（是/否）发生对评价结论产生实质性影响的内部控制的重大变化。（如存在，描述该事项对评价结论的影响及董事会拟采取的应对措施）。

我们注意到，内部控制应当与公司经营规模、业务范围、竞争状况和风险水平等相适应，并随着情况的变化及时加以调整。（简要描述下一年度内部控制工作计划）未来期间，公司将完善内部控制制度，规范内部控制制度执行，强化内部控制监督检查，促进公司健康、可持续发展。

董事长：（签名）

×× 股份有限公司

20×× 年 ×× 月 ×× 日

内部控制评价报告的编制和报送

企业应当根据年度内部控制评价结果，结合内部控制评价工作底稿和内部控制缺陷汇总表等资料，按照规定的程序和要求，及时编制内部控制评价报告。

1. 评价报告的编制

（1）内部控制评价报告的编制时间。

企业应当根据内部控制评价结果和整改情况，编制内部控制评价报告。内部控制评价报告分为定期内部控制评价报告和非定期内部控制评价报告。

企业应该定期进行内部控制评价并发布内部控制评价报告。企业至少应该每年进行一次内部控制评价并由董事会对外发布内部控制评价报告。年度内部控制评价报告应当以12月31日作为基准日。

非定期内部控制评价报告可以是因特殊事项或原因而对外发布的内部控制评价报告。例如，企业因目标变化或提升而发布的内部控制评价报告，或者针对内部控制缺陷整改而发布的内部控制评价报告，或者对某一对社会影响较大的事项所做的内部控制方面的承诺和说明。非定期内部控制评价报告也可以是企业针对发现的重大缺陷专项内部控制评价等向董事会（审计委员会）或经理层报送的内部报告（即内部控制缺陷报告）。

（2）内部控制评价报告的编制主体。

内部控制评价报告的编制主体包括单个企业和企业集团的母公司。单个企业内部控制评价报告指某一企业以自身经营业务和管理活动为辐射范围编制的内部控制评价报告，属于对内报告；企业集团母公司内部控制评价报告是企业集团的母公司在汇总、复核、评价、分析后，以母公司及其下属单位（或控股子公司）的经营业务和管理活动为辐射范围编制的内部控制评价报告，是对企业集团内部控制设计有效性和运行有效性的总体评价，可以是对内或对外报告。

（3）内部控制评价报告的编制程序。

首先，内部控制评价机构对工作底稿进行复核，根据认定并按照规定的权限和程序审批确定的内部控制缺陷，判断内部控制的有效性。其次，内部控制评价机构搜集整理编制内部控制评价报告所需的相关资料。再次，内部控制评价机构根据有关资料撰写内部控制评价报告。最后，内部控制评价报告上报经理层审核、董事会审批后确定，下属单位内部控制评价报告还需上报母公司。

2. 评价报告的报送

企业内部控制评价报告报经董事会或类似权力机构批准后对外披露或按规定报送有关监管部门。例如国有控股企业应按要求报送国有资产监督管理部门和财政部门，金融企业应按规定报送中国人民银行、银保监会证券会管理部门。

内部控制评价报告的披露和使用

1. 评价报告的披露

企业的价值创造能力不仅取决于现有的经营基础和目前的盈利水平，还主要取决于企业的决策科学性和管控能力。公众企业必须向社会披露内部控制评价报告，满足投资者及利益相关者了解企业治理水平、管理规范化和抵御各类风险的能力的需要，更好地服务于他们做出投资决策和相关决策。

2. 评价报告的使用

企业内部控制评价对外报告的使用者包括政府有关监管部门、投资者以及其他利益相关者、中介机构和研究机构等。对内报告的使用者主要是企业董事会（审计委员会）、各层级管理者以及有关监管部门。

内部控制评价是企业董事会对本企业内部控制有效性的自我评价，具有一定的主观性，在此基础上形成的内部控制评价报告也因此只能作为有关方面了解企业内部控制设计与运行情况的途径之一，而非全部。在使用内部控制评价报告时，还应注意与内部控制注册会计师审计报告、内部控制监管信息、财务报告信息等相关信息结合使用，以起到全面分析、综合判断、相互验证的效果。

企业应建立内部控制评价工作档案管理制度。内部控制评价的有关文件资料、工作底稿和证明材料等应当妥善保管，年度报告应永久保存。

〈 案例 〉

××股份公司为在境内上市的国有特大型企业，涉及全国各地含境外的近百家分（子）公司。××股份公司构建了《内部控制手册》，实施集团－子公司两级内部控制制度体系。按照内部控制目标，全面梳理规范内部环境、风险评估、控制活动、信息与沟通、内部监督，实施内部控制。内部控制的主要表现形式为业务流程及相关的内部管理制度，涉及采购、销售、投资、信息系统等近 20 类、60 个子流程，1200 多个控制点，分为财务报告相关控制点和非财务报告相关控制点。其中，财务报告相关控制点依据财务报告计划矩阵设计，影响会计报表的存在与真实性（发生）、完整性、权利与义务、估价与分摊、表达和披露、准确性；非财务报告相关控制点是为规范管理、提高管理水平，依据内部管理要求设计的。

××股份公司每年制订内部控制评价方案，经内部控制领导小组（总经理兼任组长）审批后，组成多个评价工作小组实施评价。随着实施内部控制的深入，逐步从综合评价向重点、专项评价转变。评价工作小组组长由总部职能部门部长以上的领导担任，副组长由总部处级人员担任，精选总部职能部门和各企业的业务骨干参加。检查前，内部控制办公室（内部控制专职机构）组织对评价人员集中培训，然后实施现场测试。现场测试按照了解被评价单位基本情况、确定检查重点、确定小组分工、实施抽样测试并填写工作底稿、初步认定内部控制缺陷、交叉复核、汇总分数、与被评价单位签字确认、撰写报告并讲评的流程进行。

评价采用量化评分和内部控制缺陷认定相结合的方式。综合得分满分100分，其中，内部环境评价10分，企业自查评价20分，业务流程评价70分（其中每个业务流程总分100分，每个控制点按照风险程度设定分值，汇总时将所有业务流程分数加总并按70分折算）。内部控制缺陷认定包括财务报告内部控制缺陷和非财务报告内部控制缺陷。其中，财务报告内部控制缺陷又分为影响会计报表缺陷、会计基础缺陷和财务报告相关的信息系统控制缺陷。内部控制缺陷认定后，对内部控制检查评价的综合得分进行调整，每出现一个一般缺陷，扣减总得分的1%；每出现一个重要缺陷，扣减总得分的50%；如果出现重大缺陷，综合检查得分为零。

一、财务报告内部控制缺陷认定

1. 影响会计报表缺陷评价

（1）按照业务发生频率高低及相关会计科目的重要性确定抽取样本数量。如样本量不足以证明控制有效性，检查人员可以重复测试和增加样本量。

业务发生频率与样本抽取数量对照关系如表5-11所示。

表 5-11 业务发生频率与样本抽取数量对照关系

序号	业务发生频率	至少抽样数量
1	每年一次	1 笔
2	每年一次以上至每季度一次	2 笔
3	每季度一次以上至每月一次	2 笔
4	每月一次以上至每周一次	5 笔
5	每周一次以上至每天一次	15 笔
6	每天多次	25 笔

（2）计算记录错报样本情况。

将错报样本序号、错报样本数量和错报样本的有关情况等在《财务报告相关控制点抽样记录表》的相应栏目中填列和说明。

（3）计算潜在错报金额。

根据控制点错报样本数量和抽取样本总量，在《潜在错报率对照表》中查找对应的潜在错报率；根据潜在错报率和相应会计科目同向累计发生额，计算控制点潜在错报金额。公式如下。

潜在错报金额 = 相应会计科目同向累计发生额 × 潜在错报率

将潜在错报率、潜在错报金额在《财务报告相关控制点抽样记录表》相应栏目中填列。

业务流程财务报告相关控制点潜在错报金额合计在《内部控制缺陷认定汇总表》相应栏目中填列。

（4）计算错报指标。

根据被检查单位适用业务流程潜在错报金额合计，分别按照被评价分（子）公司和股份公司两种口径计算错报指标。

错报指标 1= 潜在错报金额合计 ÷ 被评价分（子）公司当期主营业务收入与期末资产总额孰高

错报指标 2= 潜在错报金额合计 ÷ 股份公司当期主营业务收入

（5）影响会计报表缺陷认定等级。

一般缺陷：错报指标 1>1 ‰，且错报指标 2<1 ‰。

重要缺陷：1 ‰ ≤错报指标 2<5 ‰。

重大缺陷：错报指标 2 ≥ 5‰。

影响会计报表缺陷认定结果在《内部控制缺陷认定汇总表》的相应栏目中填列。

×× 股份公司在 ×××× 年度对分公司的内部控制检查发现财务报告内部控制缺陷如下。

××-1 分公司固定资产实物管理部门在审批修理费用时，将整套设备作为修理材料入账。

分析 1：××-1 分公司内部控制程序运行失效，未恰当划分资本性支出与收益性支出。按照业务发生频率抽取样本量、查看《潜在错报率对照表》及计算影响会计科目同向累计发生金额，发现影响会计报表“管理费用——修理费——一般材料”科目潜在错报金额 2550 万元。按照潜在错报金额分别与被评价分（子）公司期末资产总额或主营业务收入孰高及股份公司当期主营业务收入相比计算，错报指标分别为：错报指标 1=1.4‰，错报指标 2=0.06‰，认定为 ××-1 分公司影响会计报表缺陷为一般缺陷，但不构成 ×× 股份公司内部控制缺陷。

××-2 分公司的全资子公司 B，没有相关制度规定合同由法律部门参与审批或审核，也没有相关付款权限审批制度。B 公司有关负责人在未经法律部门审核的情况下，先后与银行签订贷款合同（合同条款规定银行可以无条件冻结企业有效资产），获得银行贷款 12 400 万元，并将其中 8 000 万元委托上海 C 投资管理公司进行投资理财，一段时间后顺利收回，获取了一些利益。其后，B 公司又于 ×××× 年 ×× 月至 ×××× 年 ×× 月，分三次将 1.3 亿元委托深圳 D 公司进行投资理财，在付款过程中，B 公司财务部门仅凭有关负责人指令安排资金支付，未对付款严格审核，申请用款的用途名为支付货款，实为对外投资，挂在“应收账款”或“其他应收款”等往来科目核算。

至案发才知道 1.3 亿元委托理财的资金只有区区 500 万元曾经真正投资在证券市场，其余资金均被 D 公司转走。至今 1.3 亿元资金分文未追回，造成重大经济损失。

银行对 B 公司追偿债务 12 400 万元，B 公司已经资不抵债，面临倒闭，数千名员工面临失业。

分析 2：××-2 分公司内部控制设计和程序运行失效，分别存在以下问题。

①筹资环节。

设计缺陷。没有关于对重大合同由法律事务人员审核的制度规定，导致该大额贷款无法律事务人员参与谈判、合同审核，并出具书面法律意见，签署了银行可以无条件冻结企业有效资产、企业的生存权完全被银行所控制的不利条款合同。

②付款环节。

设计和执行缺陷。制度设计不严密，没有关于权限的制度设计，且用款审批手续执行不严。财务部门未严格审核支付申请、款项的用途、金额、预算、支付方式、有效经济合同、履约报告书或相关证明，仅凭有关负责人指令安排资金支付。

③对账环节。

执行缺陷。没有按会计基础工作要求及时对账，也未发现“应收账款”或“其他应收款”科目中金额实为投资款。

由于存在以上设计和执行缺陷，认定为 ××-2 分公司财务报告控制设计缺陷和影响会计报表“长期贷款”“应收账款”“其他应收款”三个项目潜在错报金额 15.78 亿元，按照潜在错报金额分别与被评价分（子）公司资产总额或主营业务收入孰高及股份公司当期主营业务收入相比计算，错报指标分别为：错报指标 1=4.8‰，错报指标 2=3.2‰，按照缺陷认定标准，构成该分公司影响会计报表重要缺陷，但不构成 ×× 股份公司内部控制缺陷。

2. 会计基础工作缺陷

会计基础工作缺陷是指由于会计基础工作薄弱，造成凭证、账簿、现金等实物丢失或保管不善等。

接上文，×× 股份公司在 ×××× 年度对分公司的内部控制检查发现会计基础缺陷如下。

××-3 分公司会计凭证按照“谁做账、谁保管”的原则装订、保管，多张记账凭证没有附件，甚至有的记账凭证找不到。

分析 3：未按会计基础工作规范要求统一装订、保管记账凭证，使得凭证不连号，而且存在原始凭证被替换、丢失的风险，认定为会计基础工作缺陷。

3. 财务报告相关的信息系统控制缺陷

财务报告相关的信息系统控制缺陷是指影响与财务报告相关性的重大信息缺陷，构成违反信息系统一般控制或应用控制相关规定的、对财务报告影响较大的缺陷。

×× 股份公司在 ×××× 年度对分公司的内部控制检查发现财务报告相关的信息系统控制缺陷如下。

××-4 分公司应用管理员（BASIS 管理员和权限管理员）、系统管理员（操作系统管理员、数据库管理员）、安全管理员未进行分离，且有的管理员在生产系统中同时拥有业务操作权限及开发权限，出现恶意篡改数据的事件。

分析 4：内部控制程序运行失效，未严格执行应用管理员、系统管理员、安全管理员等角色设置的不相容岗位（职务）分离原则，认定为财务报告相关的信息系统控制缺陷。

二、非财务报告内部控制缺陷的认定

非财务报告内部控制缺陷的认定流程：先抽取样本数量，然后根据内部管理实质性测试要求认定缺陷。评价工作小组对评价工作底稿情况进行汇总，对符合非财务报告内部控制的事故事件填写在《内部控制缺陷认定汇总表》中。

非财务报告内部控制缺陷认定等级对照如表 5-12 所示。

表 5-12 非财务报告内部控制缺陷认定等级对照

缺陷认定等级	直接财产损失金额	重大负面影响
一般缺陷	10 万元（含 10 万元）~ 500 万元	受到省级（含省级）以下政府部门处罚但未对本公司定期报告披露造成负面影响
重要缺陷	500 万元（含 500 万元）~ 1 000 万元	受到国家政府部门处罚但未对本公司定期报告披露造成负面影响
重大缺陷	1 000 万元及以上	已经对外正式披露并对本公司定期报告披露造成负面影响

上述标准按照每起事故事件进行认定。如果出现多起事故事件，按照各自造成的直接财产损失及其影响程度分别认定缺陷等级。直接财产损失金额以外部审计、总部部门、被检查单位等已经认定的金额为准，如尚无处理结论，则由检查小组现场认定。

接上文，×× 股份公司在 ×××× 年度对分公司的内部控制检查发现内部控制缺陷如下。

××–5 分公司在检查期间发生以下事项，×××× 年 ×× 月 ×× 日，××–5 分公司某商品中心 C 门市部记账员 AA 反映，C 门市部出现发出多批次商品未收回货款的情况。接到反映后，该分公司立即组织专人对情况进行核查。经核实，截至 AA 反映日，该商品中心经理 BB 从上年 9 月底开始，未经分公司同意、未签合同私自向 LL 公司发出商品 9 批次共计 108 吨，其中 62 吨、金额 69 万元的货款未收回。BB 通过在 ERP 系统中伪造虚假入库等方式，擅自向 LL 公司采购并私下委托该公司代为销售某商品 11 批次共计 205 吨，其中 102 吨、金额 125 万元的货款也未收回，两项合计未收回金额 194 万元。

分析 5：内部控制程序运行失效，体现在如下几个方面。

（1）验收入库及付款。

违反 ERP 系统内虚拟工厂（虚拟库位）不得用于该商品销售业务的规定，该商品中心在没有实际收到 LL 公司商品的情况下，多次利用 ERP 系统中的虚拟工厂做虚拟库存，并打印入库单，财务部门依据框架协议、LL 公司开具的发票及虚假入库单付款。

（2）销售管理。

违反了信用销售必须签订购销合同的规定。经理 BB 在没有签订销售合同，没有对客户进行信用等级评价的情况下，私自销售商品。

（3）发货环节。

仓库在向客户发货时，违反了依据该商品经营管理部门开具并盖有印章的提货通知单发货的规定。该商品中心仓库相关人员在发货时，未认真履行出库手续，听从经理 BB 安排，以白条代替提货通知单发货，也未及时在 ERP 系统中录入数据。其间，在没有收到货款的情况下，采用该种发货方式向LL公司发出价值69万元的商品。

（4）库存盘点环节。

违反了定期盘点的相关规定。该商品中心对月末的库存商品盘点工作不认真，财务部门参与盘点的人员不负责任，没有按制度要求对所有库存商品进行全面盘点，没有逐项核实账实情况，没有落实虚拟库存的存放地点。

（5）ERP系统应用控制失效。

××-5分公司ERP虽然上线，但该商品业务的信用、价格、退货订单、冻结订单产品分配等均在线下运行，未能实现实时线上控制，未能实现系统监控的作用。同时，有关人员利用ERP系统虚拟入库和出库的薄弱环节，随意出入库。

（6）经了解，××-5分公司该商品的销售、采购与物流管理全部在该商品中心，导致权力过分集中，未执行应有的内部牵制。

根据财务报告和非财务报告内部控制缺陷认定标准，认定××-5分公司该商品中心影响会计报表"存货""主营业务收入"两个项目全部潜在错报1247万元，按照潜在错报金额分别与被评价分（子）公司资产总额或主营业务收入孰高及股份公司当期主营业务收入相比计算，错报指标分别为：错报指标1=1.4‰，错报指标2=0.09‰，按照缺陷认定标准，构成该分公司影响会计报表一般缺陷，但不构成股份公司内部控制缺陷。

ERP系统应用控制未能启用应有控制功能，导致重大损失，认定为××-5公司财务报告相关的信息系统控制一般缺陷，由于影响会计报表缺陷已经计算，此处不再重复计算影响潜在错报金额；未执行部门牵制，造成上百万元损失，认定为××-5分公司非财务报告内部控制一般缺陷。

所有评价资料提交内部控制评价机构后，进行汇总，认定上述内部控制缺陷无误，要求有关分公司年底前整改完毕，并于第二年年初组织复核整改情况，综合评价结果考核，对有关责任人追究责任，年报披露前，根据评价、整改、考核情况编制内部控制自我评价报告，报送股份公司经理层、董事会和监事会，由董事会最终审定后对外披露。

内部控制缺陷认定汇总表如表5-13所示。

表 5-13 内部控制缺陷认定汇总表

内部控制缺陷认定汇总表

被评价单位： 评价期间：自 年 月 日至 年 月 日

被评价单位内部控制领导小组组长（副组长）： 评价小组组长（副组长）：

<table>
<tr><td colspan="6">一、财务报告内部控制缺陷</td></tr>
<tr><td colspan="6">1. 影响会计报表缺陷评价</td></tr>
<tr><td>影响的会计科目</td><td colspan="2">流程—控制点</td><td colspan="3">影响会计报表潜在错报金额（万元）</td></tr>
<tr><td></td><td colspan="2"></td><td colspan="3"></td></tr>
<tr><td></td><td colspan="2"></td><td colspan="3"></td></tr>
<tr><td></td><td colspan="2"></td><td colspan="3"></td></tr>
<tr><td></td><td colspan="2"></td><td colspan="3"></td></tr>
<tr><td colspan="3">影响会计报表潜在错报金额合计（万元）：</td><td colspan="3"></td></tr>
<tr><td colspan="3">被检查分（子）公司期末资产总额（万元）：</td><td colspan="3">被检查分（子）公司当期主营业务收入（万元）：</td></tr>
<tr><td colspan="6">股份公司的当期主营业务收入（万元）：</td></tr>
<tr><td>错报指标 1（‰）：错报指标 1= 潜在错报金额合计 ÷ 被检查分（子）公司当期主营业务收入与期末资产总额孰高</td><td></td><td>错报指标 2（‰）：错报指标 2= 潜在错报金额合计 ÷ 股份公司当期主营业务收入</td><td></td><td>影响会计报表缺陷等级：</td><td></td></tr>
<tr><td colspan="6">2. 会计基础工作缺陷（一般缺陷）</td></tr>
<tr><td colspan="3">缺陷事项</td><td colspan="3">判断依据（×× 流程 ×× 控制点 / 判定相关资料及原因）</td></tr>
<tr><td colspan="3">（1）会计人员缺乏必要的任职资格和胜任能力</td><td colspan="3"></td></tr>
<tr><td colspan="3">（2）会计凭证未按规定装订、保管和归档，或会计凭证丢失</td><td colspan="3"></td></tr>
</table>

续表

一、财务报告内部控制缺陷	
（3）会计工作交接不完整，使会计凭证、会计账簿、会计报表和其他会计资料丢失，或现金、有价证券、票据、印章和其他实物丢失	
（4）未建立或未执行内部会计管理制度，如内部会计管理体系、岗位的职责和标准等	
……	
会计基础工作缺陷合计（个数）：	
3. 财务报告相关的信息系统控制缺陷（一般缺陷）	
缺陷事项	判断依据（×× 流程 ×× 控制点 / 判定相关资料及原因）
（1）信息化管理机构不健全，职责不到位	
（2）ERP 系统关键业务权限过大或未能实现不相容岗位分离	
（3）安全管理员、系统管理员、应用管理员等角色设置未进行不相容岗位（职务）分离	
（4）重要系统未按期进行数据备份或数据备份不能恢复	
……	
财务报告相关的信息系统控制缺陷合计（个数）：	
缺陷等级及数量（个）：	
二、非财务报告内部控制缺陷	
缺陷事项	判断依据（×× 流程 ×× 控制点 / 判定相关资料及原因）
1. 通过投资收益分析，表明投资失败，发展战略与企业内外部环境实际不符	
2. 内部职能机构职责界定不清，交叉现象较多，个别职责缺位，或内部制衡不足	
3. 对子公司的重大投融资、重大担保、大额资金使用等重要事项失控	
4. 企业员工结构、薪酬不合理，关键岗位不足，员工明显缺乏责任感	
5. 物资采购质次价高，严重影响生产经营	
6. 存在舞弊事件	
7. 违章行为导致安全环保事故（事件）发生	

续表

二、非财务报告内部控制缺陷	
8. 调查基层员工发现，与其直接利益相关的文件未能有效传达并受到影响	
……	
缺陷等级	判断依据（×× 流程 ×× 控制点 / 判定相关资料及原因）
一般缺陷：直接财产损失 10 万元（含 10 万元）~ 500 万元或受到省级（含省级）以下政府部门处罚但未对股份公司定期报告披露造成负面影响	
重要缺陷：直接财产损失 500 万元（含 500 万元）~ 1000 万元或受到国家政府部门处罚但未对股份公司定期报告披露造成负面影响	
重大缺陷：直接财产损失 1000 万元及 1000 万元以上或已经对外正式披露并对股份公司定期报告披露造成负面影响	
非财务报告内部控制缺陷合计（个数）：	
经检查小组判定，缺陷合计：一般缺陷　个；重要缺陷　个；重大缺陷　个。	
综合扣分比例（%）	

三、ERP 系统缺陷整改方案

2016—2018 年，外部审计师审计时多次发现 ×× 股份公司多家分公司存在 ERP 系统权限管理方面的缺陷，如许多用户权限过大、不相容用户或角色未充分分离、系统角色矩阵未定期审阅和维护等。

按 ×× 股份公司内部控制领导小组要求，应对 ERP 系统权限进一步整改和梳理，并以此项工作为契机，全面规范 ERP 系统权限风险管理，责令内部控制办公室和信息系统管理部组织制订整改方法并落实整改。有关部门在充分组织分公司讨论的基础上，提出权限整改方案和方法，先在不同类型的分公司试点，并总结试点最佳实践，初步形成权限风险防范管理办法。同时，试点企业总结认为，此项工作涉及各个部门，最终目标是实现系统中不相容岗位有效分离的长效管理机制，因此，必须由内部控制办公室组织和协调。

随后，内部控制办公室和信息系统管理部下发正式文件，说明权限整改背景和存在问题，提出权限整改目标，明确权限整改主要内容、方法和步骤，明确开发系统权限检查工具，落实权限整改责任，明确内部控制部门、信息部门、业务部门在权限整改工作中的分工和责任，要求各分（子）公司成立项目组，由主管内部控制的负责人牵头负责。

在各分（子）公司整改过程中，总部亦成立项目组，每周跟踪整改进度和存在问题，对存在问题召集有关专家认定后，及时反馈，保证整改进度和质量，初步建立了ERP系统权限长效管理、监督和风险防范机制。

四、内部控制评价结果及整改方案

20××年度，某股份公司内部审计部门组织实施了内部控制评价工作，在缺陷汇总、问题梳理和评价结果上报、提出整改措施并组织进行整改的基础上，编制了该年度的股份公司内部控制评价报告。

1. 对评价方法和评价手段进行优化和改进

（1）筛选重点评价点、规范评价要素和评价底稿、统一抽样数量和测试标准。

（2）开发上线内部控制支撑系统，将内部控制执行和评价的责任明确到人，形成“一人一表”，提高评价工作的效率，使评价工作规范化、标准化。

（3）推进自评与日常管理工作有效结合，充分利用以往内部控制建设、评价工作和专业管理工作的结果，简化企业层面控制评价、IT一般控制和流程层面控制设计有效性评价，要求将补充评价与专业的日常监督检查、内部审计等工作结合开展。

2. 评价结果

各单位上报缺陷的数量和独立评价发现的问题有一定程度的下降，本次评价发现的内部控制问题，尚不对股份公司构成显著缺陷和实质性漏洞，截至20××年7月15日的内部控制总体是有效的。但是，通过评价也发现在业务流程设计和执行中，IT一般控制设计和执行中的缺陷，不少问题在以往的内部控制评价和各项检查中多次暴露。

3. 整改工作的要求

（1）要求各单位对内部控制执行问题按照评价报告所确定的整改措施全面改进，对股份公司重点提及的问题，结合本单位实际情况，重点整治。

（2）对于反映出的设计缺陷，各省级公司内部控制评价工作团队要积极配合内部控制建设团队进行逐项分析。确属设计缺陷需要更新原有控制政策的要及时提出修改建议，按程序修改、审定；属于执行人理解不到位的，将执行上的问题理解为设计缺陷，或由于发生组织、职能调整，推出新业务等变化，而手册描述未能及时更新导致执行人理解为设计缺陷的，要根据具体情况给予明确的解释。

（3）落实整改责任人、明确整改措施和进度安排。要求各业务部门针对本专业存在的问题深入分析缺陷原因、抓住重点、解决问题。同时更要研究建立内部控制长效机制，防范同类问题的反复发生。

（4）整改工作与各部门的日常管理工作紧密融合，杜绝内部控制工作与日常管理工作出现“两张皮”现象，防止整改工作流于形式，停留在补充书面记录和出具报告上。内部控制工作与日常工作结合，包含两方面的内容：一方面是专业部门从专业链条上确定一些影响比较严重的问题，以内部控制整改为契机，深入开展一些专项整治工作，规范企业运营，减小风险，并形成良好的工作机制；另一方面是在安排日常工作时，考虑改进不符合内部控制规定的习惯和行为，自觉地改进管理经营方面的弊病，争取从源头上加以遏制，或建立一定的机制制度，避免屡改屡犯。

4. 专业整改举例

为解决工程建设及工程财务基础管理工作存在的问题，股份公司网络发展部、财务部等专业部门相继下发了《提高工程管理水平确保内部控制制度执行有效的实施办法》《工程建设项目财务管理办法》《关于做好近期工程财务相关管理工作的通知》等文件和办法，重点考核并优化转固率指标，提出专业上的改进要求，并加强在建工程内部控制巡检。

第6章

数智时代的企业内部控制审计

扫码即可观看
本章微视频课程

▶ 从一个案例讲起

金融交易员的违规操作造成雇主巨大损失的案例并不鲜见，但 Jerome Kerviel（杰洛米－科维尔）的故事至今让业内人士为法国兴业银行唏嘘不已，他给兴业银行带来了史上最大的违规交易亏损——49 亿欧元。从 2007 年初至 2008 年 1 月 19 日被发现，Jerome Kerviel 通过虚构交易指令、入侵公司网络获取权限、伪造通信记录突破监管等手段掩盖真实交易数据，最终审查发现，违规交易头寸高达 700 亿欧元。事实上，法国兴业银行在这期间构建并维护了复杂的内部控制系统。尽管 Jerome Kerviel 被认为熟悉内部控制体系，并被法国中央银行行长努瓦耶称为“计算机天才”，他的一系列违规交易还是触发了兴业银行内部控制的 75 次警报。遗憾的是，这些警报都没有引发对 Jerome Kerviel 的审查，最终还是法国期货交易所数次向兴业银行通报交易账户的异常之后，才引爆该事件。最终，兴业银行被法国银行业委员会以内部控制严重缺陷为由处以巨额罚款，兴业银行痛定思痛，开始聘任独立的第三方机构检视并审计内部控制。

这数 10 亿欧元的教训不可谓不深刻，它再次提醒我们一个基本原则：完整的内部控制体系不仅包括制度的建立和执行，还包括对内部控制的定期审计。

认识企业内部控制审计

什么是内部控制审计

内部控制审计是通过对被审计单位的内部控制制度的审查、分析测试、评价，确定其可信程度，从而对内部控制是否有效做出鉴定的一种现代审计方法。要理解内部控制审计，首先要对以下几组关系有清楚的认识。

1. 企业对内部控制的责任和注册会计师对内部控制审计的责任

按审计执行主体不同，内部控制审计可分为外部注册会计师审计和内部的内审部门审计。前者呼应《企业内部控制基本规范》的规定，后者是中国内部审计协会《第 2201 号内部审计具体准则——内部控制审计》的要求，内部控制的内部审计指对内部控制设计和运行的有效性进行审查和评价，出具客观、公正的审计报告，促进组织改善内部控制及风险管理。

如同会计责任和审计责任的分离，企业对内部控制的责任和注册会计师对内部控制审计的责任也有明确的区别，即：建立健全和有效实施内部控制是企业董事会（或类似决策机构，下同）的责任；在实施审计工作的基础上对企业内部控制的有效性发表审计意见，是注册会计师的责任。换言之，内部控制本身有效与否是企业的内部控制责任，是否遵循《企业内部控制审计指引》开展内部控制审计并发表恰当的审计意见是注册会计师的审计责任。因此，注册会计师在实施内部控制审计之前，应当在业务约定书中明确双方的责任；在发表内部控制审计意见之前，应当取得经企业签署的内部控制书面声明。

2. 企业的内部控制自我评价与注册会计师内部控制审计

首先，企业内部控制自我评价与注册会计师内部控制审计是相互独立、并行不悖的。企业内部控制责任与注册会计师内部控制审计责任的划分，决定了企业实施内部控制自我评价和注册会计师实施内部控制审计必须按照不同的规则独立完成，两者之间不能相互替代和免除。

其次，注册会计师在实施内部控制审计中可以适当利用企业内部控制自我评价工作。一般而言，企业内部控制自我评价工作应先于注册会计师内部控制审计进行，因此，注册会计师适当利用企业内部控制自我评价工作及其成果，可以相应减少工作量，提高内部控制审计效率。但是，注册会计师的内部控制审计责任，不能因为利用了企业内部控制自我评价工作而减轻，这就要求注册会计师在利用企业内部控制自我评价工作时，必须毫不放松风险意识，特别要在评估企业内部控制自我评价人员客观性和胜任能力等方面保持应有的职业谨慎态度。表 6-1 揭示了注册会计师利用企业内部控制自我评价工作应当把握的尺度。

表 6-1 注册会计师利用企业内部控制自我评价工作应当把握的尺度

对企业自我评价人员胜任能力的评估	对企业自我评价人员客观性的评估		
	高	中	低
高	最大限度利用	中等程度利用	不利用
中	中等程度利用	较小程度利用	不利用
低	不利用	不利用	不利用

最后，在各负其责的基础上加强双方的沟通协调，是做好企业内部控制自我评价和注册会计师内部控制审计不容忽视的重要方法。

就注册会计师及其所在的会计师事务所而言，要做到：注重树立整体研判观念，善于在宏观层面把握大局、把握实质；着重关注合规目标、报告目标和资产安全目标，适当兼顾效率效果目标和战略目标；配备经验丰富、结构合理的内部控制审计项目负责人和经理人员；注意项目具体执行人员与调查访谈对象身份、权责的大体协调；加强内部控制审计业务培训和经验交流；重视以前年度审计情况总结分析；建立与同行的经验共享、技术合作机制；加强信息技术等非财会、审计人才的引进和培养。

对企业管理层而言，也要特别关注：自觉强化可持续发展理念和借力会诊意识，主动配合支持注册会计师的审计工作；建立并理顺与注册会计师的沟通协调机制，在审前、审中和审后保持坦诚、深入的沟通；针对注册会计师的疑虑，提出有说服力的证据；在第一时间整改注册会计师识别的控制缺陷，为获得更为正面的审计意见赢得主动。

3. 财务报告内部控制和非财务报告内部控制

财务报告内部控制与非财务报告内部控制是一个相对概念。一般而言，与财务报告真实性、可靠性、完整性直接相关的控制称为财务报告内部控制，比如，根据企业会计准则的要求对经济交易或事项进行会计确认、计量、记录和报告的相关控制属于财务报告内部控制，除此之外的控制可以归类为非财务报告内部控制。

注册会计师应当对财务报告内部控制的有效性发表审计意见，并对内部控制审计过程中注意到的非财务报告内部控制的重大缺陷，在内部控制审计报告中增加“非财务报告内部控制重大缺陷描述段”予以描述。必须强调，这一规定是实事求是的，既充分考虑了注册会计师的专业特长和职业风险，将注册会计师的审计重心定位在财务报告内部控制领域，同时又大胆破除了单纯财务报告内部控制观念的束缚，促使注册会计师的内部控制审计范围与企业管理层的内部控制自我评价范围总体上趋于一致，增强了内部控制审计报告与自我评价报告的协调。

4. 内部控制审计和财务报表审计

《企业内部控制审计指引》规定，注册会计师可以将内部控制审计与财务报表审计整合进行（即整合审计），也可以单独进行内部控制审计。尽管法规为如何进行内部控制审计和财务报表审计提供了选择，但从企业更经济地委托审计分析，我们倡导内部控制审计和财务报表审计整合进行。

事实上，审计准则所要求的风险导向审计与内部控制规范体系所要求的风险评估，在理念和方法上是趋于一致的，因此整合审计具有较好基础。整合审计的目的就是在内部控制审计中获取充分、适当的证据，在注册会计师在财务报表审计中对内部控制风险的评估结果给予支持；同时，在财务报表审计中获取充分、适当的证据，支持注册会计师在内部控制审计中对内部控制的有效性发表意见。整合审计的互动关系见图 6-1。

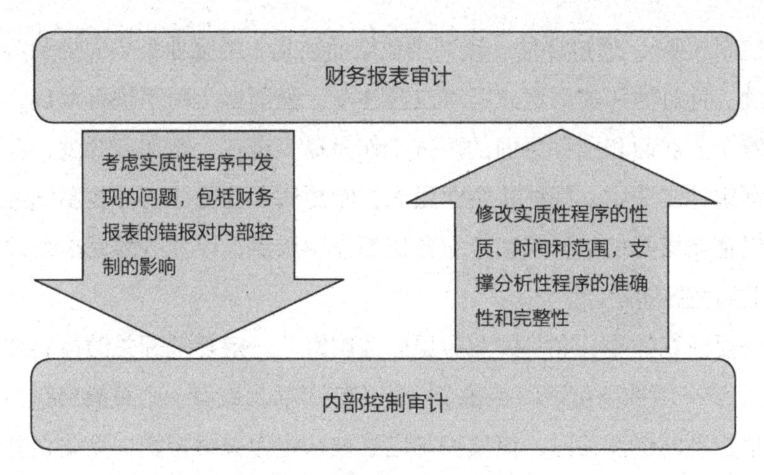

图 6-1　整合审计的互动关系

从美国会计师事务所对内部控制审计与财务报表审计进行整合审计（《萨班斯－奥克斯利法案》404 条款的要求）的通常做法看，内部控制审计团队一般先于财务报表审计团队 1 ～ 2 个月的时间进入被审企业，在对财务报告内部控制有效性做出总体评估的基础上，对实施财务报表审计的性质、时间和范围做出适当调整和完善。之后，通过对财务报表的实质性分析复核，再来验证财务报告内部控制的有效性。由此可见，所谓整合审计，实际上是整合协调审计时间、整合协调审计方法、整合协调审计意见，这是值得我国会计师事务所研究借鉴的。

5. 企业层面的控制测试与业务层面的控制测试

无论是企业的内部控制自我评价，还是注册会计师内部控制审计，都需要对企业层面控制和业务层面控制进行测试。一般认为，与内部控制诸要素中的基本制度安排直接相关，对企业整体内部控制目标的实现具有重大影响的控制属于企业层面控制；与控制活动（控制政策和程序）在具体业务和事项中的运用直接相关，对企业某一或某些方面的内部控制目标具有重要影响的控制属于业务层面控制。由此可以推论，企业层面控制决定业务层面控制，业务层面控制反作用于企业层面控制。

因此， 在实施企业层面控制测试和业务层面控制测试中，应当坚持自上而下、上下结合的测试方法。所谓自上而下，是指测试控制应当从企业层面控制入手，通过评估、预判企业层面控制，增强业务层面控制测试的科学性、针对性和实效性。同时应当注意，强调自上而下进行测试，并不意味着企业层面和业务层面的测试工作是孤立进行、截然分开的，在注册会计师审计实践中，往往将企业层面控制测试和业务层面控制测试结合进行，以企业层面控制弱点锁定业务层面控制重点，以业务层面控制效果反证企业层面控制设计。

需要注意的是，在测试业务层面控制时，一定要把握关键控制和一般控制。当一项控制可以涵盖多个可能出错事项，或者一个可能出错事项只有某项控制能够涵盖时，该项控制应当被认定为关键控制，除此之外，则被认定为一般控制。

经验数据表明，在所有业务层面控制中，关键控制一般占20%左右。表6-2为关键控制事项的确认方法。

表6-2　关键控制事项的确认

可能出错的事项	控制					
	1	2	3	4	5	……
1	×			×		
2	×		×	×	×	
3	×		×			
4		×				
5	×					
……						

控制1可以涵盖可能出错的事项1、2、3和5，即一项控制可以涵盖多个可能出错的事项，因此控制1可被认定为关键控制；而对于可能出错的事项4，只有控制2能够涵盖，即一个可能出错的事项只有一项控制能够涵盖，因此控制2可被认定为关键控制。由此分析得出，控制3、4和5应为一般控制。

6. 重大缺陷披露与其他缺陷沟通

内部控制缺陷按其影响程度分为重大缺陷（实质性漏洞）、重要缺陷和一般缺陷。重大缺陷既可能源于设计缺陷和运行缺陷，又可能源于错弊事项性质和金额的严重程度。

当注册会计师发现企业董事、监事和高级管理人员舞弊，或者注册会计师发现当期财务报表存在重大错报，而企业内部控制在运行过程中未能发现该错报，或者企业更正已经公布的财务报表，或者企业审计委员会和内部审计机构对内部控制的监督无效，应当认定企业财务报告内部控制存在重大缺陷，对企业财务报告内部控制有效性发表否定意见，并通过内部控制审计报告予以披露。

对于其他控制缺陷，包括重要缺陷和一般缺陷，应当区别情况与企业沟通。

一般地，对于重要缺陷，应当以书面形式与企业董事会和经理层沟通；对于一般缺陷，应当以书面形式与企业有关职能部门沟通。

从美国上市公司近年来披露的财务报告内部控制缺陷尤其是重大缺陷来看，在信息技术、收入确认、付款或有关费用的控制方面存在的薄弱环节较为显著，见表 6-3。这也提示我国注册会计师在实施企业内部控制审计时，应当着力把握易于出现错弊的关键领域和重要环节，切实揭示出企业财务报告内部控制重大缺陷。

表 6-3　美国上市公司内部控制的缺陷问题

项目	一般缺陷	重要缺陷	重大缺陷
企业层面控制	3%	4%	9%
信息技术控制	30%	22%	21%
收入确认控制	13%	10%	6%
固定资产控制	10%	7%	9%
财务报告控制	9%	16%	12%
采购付款控制	9%	13%	12%
工作和福利控制	8%	6%	15%
其他	18%	22%	16%
合计	100%	100%	100%

内部控制审计的主要方法

无论是企业的内部审计人员，还是外部独立的注册会计师，对内部控制审计采用的方法都是一样的。

（1）询问法。审计人员为了解被审计单位企业层面及各项业务操作是否符合控制要求，通过现场访谈、询问，特别是在数字化、网络化的环境下，可以通过在线视频、音频等方式的交谈来了解被审计对象的信息。通过智能自然语言处理（NLP）应用，实现将音频访谈、询问自动转化为文档，由被访谈和询问对象签字确认，使访谈、询问更加便捷，也利于证据的归档，并使其具有更强的法律效力。应依据不同问题的性质、目的或对象，采用不同的访谈和询问形式。

例如，访谈企业信息系统安全管理人员和技术开发人员，了解组织为保证重要操作和应用系统数据、系统管理数据、鉴别信息和用户数据在传输、处理和存储过程中的完整性所采取的技术措施，在一定程度上，就可以评价系统数据的完整性。

（2）观察法。审计人员亲临被审计单位的工作现场，实地观察有关人员的实际工作情况，以确定既定控制措施是否得到严格执行。如审计人员亲自到现场观察材料验收和入库情况，就知道材料是否严格验收并及时入库，库存材料是否有序摆放，是否安全存放。在数智时代，审计人员可以利用相关数据采集工具和相应的智能算法，将现场监控设备获取的一定视频数据，转化为结构化数据，对需要审计的内容进行数据分析、审计，快速发现主要问题。

（3）抽样测试法。抽样测试法也称关键控制点测试，是指抽取一定有代表性的样本进行调查和测试，根据样本检查的结果来推断总体执行有效性。抽样测试法一般用于发现业务层面的重点问题。信息技术的快速发展，为审计人员分析、判断业务数据，进而发现问题线索提供了极大的支持，但在目前，内部组织的信息系统还没有全面集成，相当多的数据和信息还分散在各个系统，甚至还有很多线下运行的数据，特别是需要外部单位提供的资料和原始单据，有的没有电子化，是非结构化的数据。因此单靠内部组织本身的信息系统还不可能对所有与审计相关的数据和信息进行全面的分析，也不可能单纯依据本身系统数据，判断出所有的问题线索，有限的审计资源也不能支持对所有发现的大小问题线索都去和线下资料进行核实或者函证。因此，仍需我们在信息化环境下使用科学的抽样方法，在信息技术日趋提升的情况下，我们可以真正实现随机抽样和科学的判断抽样，在设计抽样模型时充分考虑风险，减少人为因素的干扰，同时，在信息技术环境下，计算机可以选择更多的样本，去判断分析，找出问题线索。

审计人员应抽取一定数量的账表、凭证等书面证据和电子证据，检查被审计单位是否认真执行相关控制制度，以判断内部控制是否得到有效贯彻执行。如检查货款的支付是否有相关责任人和经办人的批准和签字，来判断实际工作中是否执行了批准控制程序。

（4）穿行测试法。穿行测试法是指审计人员追踪交易在财务报告信息系统中处理过程的方法。穿行测试法的具体应用是在正常运行条件下，对于单一内部控制流程，穿越全流程和所有关键环节，将样本证据和运行结果与设计要求对比，以发现内部控制流程是否有设计缺陷和执行缺陷，同时发现某一完整业务的管理情况。一般情况下要选择已经完成某一业务全周期的事项进行穿行测试。

（5）重复执行法。重复执行法指审计人员就某项内部控制制度来按照被审计单位的业务程序全部或部分重做一次，以验证既定的控制措施是否被贯彻执行。

（6）平行模拟法。平行模拟法指针对某一信息系统，审计人员用一个独立的程序去模拟该程序的部分功能，对输入数据同时进行并行处理，将结果和该应用程序处理的结果进行比较以验证其功能正确性的方法。具体应用是先将测试数据输入信息系统和测试程序，经程序处理后输出结果，然后将输出结果与测试程序的结果相比较，从而确定系统的控制及应用程序在逻辑上是否正确。

（7）风险模型验证法。风险模型验证法的具体应用是将财务报告的主要事项按照时间区间、业务场景、风险指标、基准点等设置动态的风险规则，并进行权重量化，评估企业财务的主要风险点和影响程度，进而进行内部控制的实质性测试。

企业内部控制的外部审计

内部控制的外部审计概述

1. 外部审计的责任

注册会计师执行内部控制审计工作，应当获取充分、适当的证据，为发表内部控制审计意见提供合理保证。注册会计师应当对财务报告内部控制的有效性发表审计意见，并对内部控制审计过程中注意到的非财务报告内部控制的重大缺陷，在内部控制审计报告中增加“非财务报告内部控制重大缺陷描述段”予以披露。

2. 外部审计的特征

注册会计师的审计侧重于对内部控制报告的鉴定。其目标是保证企业内部控制的有效性，在如何保证企业内部控制符合规范，如何证明企业出具的内部控制报告的真实性上，内部控制是外部审计的核心，外部审计就是对企业出具的内部控制报告以及内部控制的有效性进行鉴定。通过对内部控制有效性的鉴定，从而保证企业出具的财务报告的可靠性。

外部审计用于对特定基准日的内部控制进行审计。财务报告的可靠性并不能过分依赖内部控制的外部审计来完成。若外部审计对整个年度的内部控制做出评价，则不符合成本和效益原则。企业内部控制制度具有一定的持续性，并不是经常变化的，因此可以利用会计期末的内部控制审计结果大致推断整个会计年度的内部控制情况。

3. 外部审计的组织方式

注册会计师可以单独进行内部控制审计，也可以将内部控制审计与财务报表审计整合进行（以下简称“整合审计”）。

在整合审计中，注册会计师应当对内部控制设计与运行的有效性进行测试，以同时实现下列目标：①获取充分、适当的证据，支持其在内部控制审计中对内部控制有效性发表的意见；②获取充分、适当的证据，支持其在财务报表审计中对控制风险的评估结果。

4. 外部审计的主要内容

注册会计师测试内部控制的执行可以从两个层面着手，第一个层面是企业层面控制，第二个层面是业务层面控制。

注册会计师测试企业层面控制，应当把握重要性原则，至少应当关注以下五个方面。①与内部环境相关的控制。虽然企业内部控制在中国实施了已经将近十年， 但是控制环境不佳、控制基础薄弱、控制意识缺失，导致控制失效和突破控制的情况依旧有所发生，如中国证监会 2020 年公布的 20 起整件稽查典型案例中，多数和内部控制环境相关，因此要高度重视与内部环境有关的控制。②针对董事会、经理层凌驾于控制之上的风险而设计的控制。③企业的风险评估过程。④对内部信息传递和财务报告流程的控制。⑤对控制有效性的内部监督和自我评价。

注册会计师测试业务层面控制，应当把握重要性原则，结合企业实际、企业内部控制各项应用指引的要求和企业层面控制的测试情况，重点对企业生产经营活动的重要业务与事项的控制进行测试。

5. 控制缺陷的认定

内部控制缺陷按其成因分为设计缺陷和运行缺陷，按其影响程度分为重大缺陷、重要缺陷和一般缺陷。重大缺陷是指一个或多个控制缺陷的组合，可能导致企业严重偏离控制目标。重要缺陷是指一个或多个控制缺陷的组合，其严重程度和经济后果轻于重大缺陷，但仍有可能导致企业偏离控制目标。一般缺陷是指除重大缺陷、重要缺陷之外的其他缺陷。

注册会计师应当评价其识别的各项内部控制缺陷的严重程度，以确定这些缺陷单独或组合起来，是否构成重大缺陷。在确定一项内部控制缺陷或多项内部控制缺陷的组合是否构成重大缺陷时，注册会计师应当评价补偿性控制（替代性控制）的影响。企业执行的补偿性控制应当具有同样的效果。表明内部控制可能存在重大缺陷的迹象，主要包括：①注册会计师发现董事、监事和高级管理人员舞弊；②企业更正已经公布的财务报表；③注册会计师发现当期财务报表存在重大错报，而内部控制在运行过程中未能发现该错报；④企业审计委员会和内部审计机构对内部控制的监督无效。

外部审计的审计计划

审计计划和审前准备是保障审计质量和效率的前提，高质量的审计计划阶段，包括了解审计事项、收集相关资料、做好充分的审前调查，在审前调查结论的基础上，确认审计重点，合理分配审计资源，做到审计方案有的放矢。编制审计项目计划表（见表 6-4），可以提高审计效率和提升审计效果。

表 6-4 审计项目计划表

预算						实际				
合伙人	经理	项目经理	项目成员	合计	审核开始日：	合伙人	经理	项目经理	项目成员	合计
					预计完成日：					
					实际完成日：					
					了解情况、签约、制订计划					
					实施审计程序：					
					1. 取得客户提供的内部控制制度及其认定书					
					2. 审阅内部控制制度设计是否合理、完整					
					3. 检查内部控制制度是否有效执行					
					4. 审阅审计工作底稿，检查有无管理建议					
					撰写内部控制审核报告书					
					审查签发					
					整理装订工作底稿					

1. 组织相应项目组并进行合理分工

注册会计师应当恰当地计划内部控制审计工作，配备具有专业胜任能力的项目组，并对助理人员进行适当的督导。

2. 内部控制审计的影响因素

在计划审计工作时，注册会计师应当评价下列事项对内部控制、财务报表以及审计工作的影响：（1）与企业相关的风险；（2）相关法律法规和行业概况；（3）企业组织结构、经营特点和资本结构等相关重要事项；（4）企业内部控制最近发生变化的程度；（5）与企业沟通过的内部控制缺陷；（6）重要性、风险等与确定内部控制重大缺陷相关的因素；（7）对内部控制有效性的初步判断；（8）可获取的、与内部控制有效性相关的证据的类型和范围。

3. 风险评估贯穿审计过程

一方面，与被审计企业相关的风险越大，内部控制存在缺陷的可能性越大，另一方面，通过评估企业的风险高低和影响程度，可以有效确定审计重点。注册会计师应当以风险评估为基础，选择拟测试的控制，确定测试所需收集的证据。

风险评估常用技术和方法如下。（1）分级技术法。将审计对象的技术复杂性、现有控制程序的水平、可能造成的财务损失等各种因素的风险值累计为总风险值，根据分值大小进行排列，分为高、中、低级风险。（2）经验判断法。内部审计人员根据专业经验、业务知识、管理层的指导、业务目标、环境因素等进行判断，以决定风险大小。

4. 利用内部控制评价信息

注册会计师应当对企业内部控制自我评价工作进行评估，判断是否利用企业内部审计人员、内部控制评价人员和其他相关人员的工作以及可利用的程度，相应减少可能本应由注册会计师执行的工作。注册会计师利用企业内部审计人员、内部控制评价人员和其他相关人员的工作，应当对其专业胜任能力和客观性进行充分评价。与某项控制相关的风险越大，可利用程度就越低，注册会计师应当更多地对该项控制进行测试。

注册会计师应当对发表的审计意见独立承担责任，其责任不因为利用企业内部审计人员、内部控制评价人员和其他相关人员的工作而减少。

实施审计工作

1. 基本原则和思路

首先，注册会计师测试业务层面控制，应当把握重要性原则，结合企业实际、企业内部控制各项应用指引的要求和企业层面控制的测试情况，重点对企业生产经营活动中的重要业务与事项的控制进行测试。

其次，把握信息时代特征。在数字化、网络化、智能化的时代，注册会计师应当关注信息系统、数据质量、管控模型对内部控制及风险评估的影响。

再次，把握舞弊风险的防范。注册会计师在测试企业层面控制和业务层面控制时，应当评价内部控制是否足以应对舞弊风险。

最后，关注设计与运行的有效性。注册会计师应当测试内部控制设计与运行的有效性。

2. 企业层面应测试的内容

注册会计师测试企业层面控制，至少应当关注：（1）与内部环境相关的控制；（2）针对董事会、经理层凌驾于控制之上的风险而设计的控制；（3）企业的风险评估过程；（4）对内部信息传递和财务报告流程的控制；（5）对控制有效性的内部监督和自我评价。

〈 案例 〉

控制环境审计——董事会、高层管理当局凌驾于控制之上的风险

YT会计师事务所在对B股份有限公司（以下简称“B公司”）内部控制环境审计时，通过询问、访谈、填制调查表，利用天眼查、中国裁判文书网等查询分析等方法，发现B公司于2020年4月9日收到中国证券监督管理委员会下发的处罚字〔2020〕10号《行政处罚事先告知书》，2016年至2018年，B公司通过全资子公司B公司（常州）有限公司与自然人张和

春控制的多家公司虚构贸易业务方式，虚增收入、成本及利润。经审计核实，上述虚构贸易业务，系该公司高级管理人员控制了公司的大额采购和大额销售业务，并与张和春串通舞弊。

审计结论：2016 年至 2018 年公司存在管理层凌驾于内部控制之上的与财务报告相关的重大缺陷。同时，2019 年度 B 公司已任命了新的管理层，董事会及监事会均已改选，公司 2019 年度已经对上述内部控制重大缺陷进行了整改，防止管理层同时操控产、供、销业务进行舞弊。因此出具了带有保留意见的内部控制审计报告。

针对这种问题，对被审计公司的公司治理调查至关重要，这包括董事会及高层管理当局对内部控制所持的基本态度和立场（见表 6-5），以及公司组织结构和权力、职责的划分（见表 6-6）。

表 6-5　董事会及高层管理当局对内部控制的基本态度和立场调查表

项目	是	否	评述	索引号	年度		
（1）董事会是否独立，能否有效地对经营和管理实施控制，通过哪些措施实施控制							
（2）监事会是否独立，能否有效地对经营和管理实施监督，通过哪些措施实施监督							
（3）重大投资、收购合并、财产抵押、购置重要资产和重要合同、协议是否经董事会批准							
（4）内部审计部门是否对董事会负责，该部门对公司的财务报告活动的审核、监督是否有效							
（5）管理当局在多大的程度上，多大的范围内，要求财务部门及其他部门提供可靠的信息并据以进行商业决策							
（6）管理当局在多大的程度上参与计划和预算的编制过程，并给予指导及对所编制的计划或者预算进行审核							
（7）管理当局对内部控制的重视程度，外部、内部审计人员所提出的建议能否被及时采纳							
（8）在业务经营及融资方面出现失控情况时，管理当局能否迅速做出反应，反应能否达到应有效果							

续表

项目	是	否	评述	索引号	年度
（9）公司为了达到预测要求，在以往经营结果的基础上为达到某一盈利水平，是否受到外部或内部的压力，管理层由此表现出的诚信如何					
（10）公司的会计政策是否稳健					

表 6-6 公司组织结构和权力、职责划分调查表

项目	是	否	评述	索引号	年度
（1）分部、子公司和公司本部管理当局的责任及其在决策中所起的作用					
（2）上述部门所拥有的权力及所承担的责任是否有明确的规定；组织内各级人员是否均已正确理解权、责划分情况					
（3）生产、经营和管理部门是否健全，是否有与部门划分不相适应的业务责任分担情况					
（4） 各级、各部门的权、责划分是否恰当，是否有与部门划分不相适应的业务责任分担情况					
（5）客户的内审部门是否承担监督、检查政策、遵循规程、执行决策的责任					
（6）是否有证据表明财务主管等重要财务管理人员的工作负担过重					
（7）管理当局各成员的行动是否协调一致，员工士气是否高昂，员工流动是否频繁					
（8）交易发起、交易记录、资产保管等各项职能和责任，互相分离的程度如何					
（9）如果某一领域存在不相容职能集中于同一个人或同一部门的情况，管理当局是否知晓这一情况					

< 案例 >

超越权限的审批失去控制

DX 会计师事务所，在对 2019 年度 QL 公司内部控制审计时发现，贵公司董事长李亚和副董事长李建新对子公司的经营业务超越公司董事会授权，参与子公司经营，合同签订、存货收发、款项收回的职责分工和制衡机制失效，致使公司产生重大损失。虽然上述事项主要发生在 2018 年度，但其产生的影响重大、广泛、持久，董事长李亚、副董事长李建新仍处于失联状态，致使 2019 年度黄金珠宝业务经营停滞，大量员工离职，财务数据不完整，以前年度形成的大额债权未收回。

案例分析：该公司法人治理结构的制衡机制不健全，董事长、副董事长未经董事会授权，擅自决策和参与经营，造成 2018 年度内部控制失效，2019 年度内部控制继续失效，因此认定为重大缺陷。

3. 企业业务层面控制的审计内容

（1）主要审计内容。

业务层面控制的审计主要包括：对资金活动、采购业务、资产管理、销售业务、研究与开发、工程项目、担保业务、业务外包、财务报告、全面预算、合同管理、信息系统等控制活动的审计。按照重要性原则，在内部控制审计过程中要结合企业的实际，抓住重点业务控制活动进行审计。

（2）审计的判断标准。

判断标准主要考虑两个方面。一是设计有效性。如果某项控制由拥有必要授权和专业胜任能力的人员按照规定的程序与要求执行，能够实现控制目标，表明该项控制的设计是有效的。二是运行有效性。如果某项控制正在按照设计运行，执行人员拥有必要授权和专业胜任能力，能够实现控制目标，表明该项控制的运行是有效的。

（3）审计的程序。

注册会计师应当根据与内部控制相关的风险，确定拟实施审计程序的性质、时间安排和范围，获取充分、适当的证据。与内部控制相关的风险越大，注册会计师需要获取的证据应越多。注册会计师在确定测试的时间安排时，应当在下列因素之间做出平衡，以获取充分、适当的证据：①尽量在接近企业内部控制自我评价基准日实施测试；②实施的测试需要涵盖足够长的期间；③在连续审计中，注册会计师在确定测试的性质、时间安排和范围时，应当考虑以前年度执行内部控制审计时了解的情况。

（4）审计的主要方法和案例。

〈 案例 〉

资金活动控制失效——资金拆借引来巨大资金风险

TZ会计师事务所，对C股份有限公司（以下简称“C公司”）2018年12月31日的财务报告内部控制审计时发现：C公司的实际控制人及其关联方通过C公司所属子公司C公司小额贷款有限公司（以下简称“C小贷公司”），直接或通过借款客户以资金转贷方式拆借C公司的资金。2018年度，累计发生借款187 000 000.00元，归还5 200 000.00元；根据借款合同约定的利率，计提利息14 444 527.78元，收回利息12 383 600.00元。截至2018年12月31日，借款本金余额为181 800 000.00元，应收利息余额为2 060 927.78元。2019年1月，累计发生借款40 000 000.00元；根据借款合同约定的利率，计提利息3 885 189.88元。前述借款及利息，已于2019年3月21日前全部收回。

案例分析：上述行为违反了中国证券监督管理委员会、国务院国有资产监督管理委员会《关于规范上市公司与关联方资金往来及上市公司对外担保若干问题的通知》（证监发〔2017〕16号）[①]，有关上市公司不得将资金直接或间接地提供给控股股东及其他关联方使用的规定，亦违反了《新疆维吾尔自治区小额贷款公司管理暂行办法》（新政办发〔2017〕160号）有关小额贷款公司不得向本公司股东、董事和高级管理人员及其关联方提

① 该文件最后被《上市公司监管指引第8号——上市公司资金往来、对外担保的监管要求》（证监发〔2022〕26号）取代。

供贷款的规定。C 公司的财务报告内部控制存在如下重大缺陷。

①未能依据上述文件的有关规定，制订有效防止实际控制人及其关联方有偿或无偿使用贷款资金的内部控制制度。

②未能有效执行 C 公司的《关联交易管理办法》有关关联交易的审批手续和信息及时披露的规定。

③ C 小贷公司的部分岗位人员配备不足，风险管理部门未按内部控制制度规定设置贷款风险控制员，未对贷款项目的初审意见和结论形成项目评价书；贷款审批委员会成员只有两人，不符合贷款审批制度中有关原则上有六位审批人参与即可召集开会的规定；未能按照合同管理制度的规定设置财务总监岗位；在贷前调查时仅对签约的贷款客户进行了形式调查，在贷后管理过程中，未能按照《贷款管理制度》相关规定对贷款客户的借款资金实际用途进行必要的关注并调查；在资金借出时，利用贷款业务的审批流程代替合同签订的审批流程和付款的审批流程。C 公司未能对投资设立的 C 小贷公司进行内部审计，未及时发现和纠正 C 小贷公司存在的问题，与公司投资管理相关的内部控制存在缺陷。

审计的启示：有关数据统计，近年来，上市公司资金管理出现的缺陷一直居于榜首，违规使用资金、挪用资金、大股东占用资金案例频发，因此，在业务层面控制的测试，要重点关注资金管理活动。

针对这种情况，通用的方法是严格执行货币资金内部控制审核工作底稿（见表 6-7）的各项要求。如母公司对子公司资金实施统一管理而建有资金平台或资金池，需要用信息化手段和数据模型进行分析测试。

表 6-7　货币资金内部控制审核的工作底稿

<table>
<tr><th colspan="3">内部控制——货币资金审核工作底稿　　索引：</th></tr>
<tr><td colspan="3">被审核单位名称：________　　审核基准日：________</td></tr>
<tr><td colspan="3">编制：_______　日期：_______　复核：_______　日期：_______</td></tr>
<tr><td>审 核 程 序</td><td>执行人</td><td>索引</td></tr>
<tr><td>一、了解被审核单位货币资金的内部控制情况</td><td></td><td></td></tr>
</table>

续表

内部控制——货币资金审核工作底稿　索引：		
1. 了解已建立的内部控制制度		
2. 了解人员配备及职责		
3. 了解不相容职务分工与授权情况		
二、了解业务情况		
1. 了解银行开户情况		
2. 了解货币资金收付总量		
3. 了解电算化系统情况		
三、一般程序		
1. 检查基准日现金、银行存款、其他货币资金合计数与总账余额是否一致		
2. 了解本单位的现金支付范围与限额		
3. 对货币收付岗位进行岗位调查		
4. 检查银行账户开立核准是否按照内部控制制度规定经授权人批准，有无书面批准文件		
5. 检查各银行账户余额与日记账余额是否一致，如不一致，是否编制银行存款余额调节表		
6. 检查银行存款余额调节表中未达账是否已注明款项内容，是否存在长期、大额未记入银行存款日记账的款项		
7. 实施函证测试，检查回函确认金额与对账单是否存在重大差异		
8. 实施抽样测试，检查内部控制制度规定的控制要求是否得到遵循		
9. 实施截止测试，分析判断截止是否正确		
10. 检查印章使用		
（1）印章保管是否由两人及以上的人员分别保管		
（2）检查印章登记簿，分析印章使用是否得到控制		
11. 检查支票、商业票据登记簿，分析票据购买、领用、背书、作废等是否按规定实施控制		
四、特殊程序		
1. 如存在大量、大额现金收付情况		

续表

内部控制——货币资金审核工作底稿 索引：		
（1）检查是否将收取的现金按规定解交银行		
（2）检查需要支付的现金是否从银行领取		
（3）检查是否存在坐支情况		
（4）检查现金收取是否完整、顺序记录		
2. 如存在使用非会计专用电子系统核算情况		
（1）检查是否能查阅到按会计法规规定编制的收付记录		
（2）检查是否按会计法规规定编制收付记账凭证		
（3）是否设置被授权人使用的密码，密码是否定期更换		
3. 如使用网上支付系统进行支付的，是否按照内部控制制度的规定，实施授权批准后予以支付		
4. 内部控制制度规定实施强制休假的，对有关人员是否按规定实施强制休假		
五、预算管理		
1. 是否实施月度或季度现金（含银行存款）预算控制		
2. 是否实施年度预算实施情况分析		
3. 上一年度预算与实际情况是否存在重大差异		
4. 对预算内未列入的支出，其支付时是由管理层还是治理层实施控制		
5. 年度内是否发生追加或调整预算，追加或调整预算的核准程序是否与原预算实施相同的程序		
六、追加程序	执行人	索引
依据被审核单位的具体情况由项目负责人实施的其他程序		
（如母公司对子公司资金实施统一管理而建有资金平台或资金池，需要用数智化方法进行测试）		

〈 案例 〉

采购活动控制失效

DH 会计师事务所，在对大连电瓷 2018 年度内部控制审计时发现以下事项。2018 年 5 月，大连电瓷在未审核建湖县菲迪贸易有限公司（以下简称“菲迪贸易”）供应商资质的情况下，经大连电瓷董事长的批准，与菲迪贸易签订原材料购销合同，合同总价人民币 5 750.00 万元。大连电瓷于合同签订后，即向菲迪贸易支付人民币 2 300.00 万元预付款（占合同总价的 40%）。截至本报告出具日，菲迪贸易仍未按合同要求向大连电瓷提供货物，亦未退回上述预付款项。

案例分析：大连电瓷于本次付款之前未曾与菲迪贸易存在业务合作关系，因此菲迪贸易属于新增供应商，但大连电瓷未对菲迪贸易的履约能力、资信情况等进行调查，未按照公司内部控制相关规定执行新增供应商评审程序；大连电瓷与菲迪贸易签订购销合同，未经过生产、采购等部门的审核，未按照公司内部控制相关规定执行合同审批程序；大连电瓷与菲迪贸易首次合作，即支付了 40% 的合同预付款，与以往采购付款模式显著不同，且该笔款项支付前未按照公司内部控制相关规定经采购部门、财务部门审核。

上述情况违反了大连电瓷《合同管理办法》《物资采购管理制度》《供方管理标准》的相关规定，导致大连电瓷采购相关内部控制失效，并且可能给大连电瓷造成金额较大的坏账损失，因此我们认为该事项属于财务报告内部控制重大缺陷。

针对案例中的情况，应该首先采用询问和调查问卷法调查采购活动的控制制度，编制采购活动内部控制审计的工作底稿（见表 6-8），然后利用信息系统审计的方法确定操作风险。

对信息系统的审计主要确定两个方面的风险。

一是供应商资质审查风险。供应商资质审查风险指对供应商资质审查不严、资信评价不完善，供应商不具备相应资质、信誉低、履约能力弱、资源渠道不清，导致采购物资质次价高、交付不及时，影响企业运营。供应商资质审查过程中不仅要审核企业内部信息系统的供应商数据，也要借助外部的信息系统，如全国工商注册系统等，对供应商资质进行审查。

二是业务流程系统操作权限设置风险。业务流程系统操作权限设置风险指对业务流程中不相容岗位的系统操作权限设置不合理，导致系统中的关键业务控制失效，造成舞弊或非法业务处理，使企业利益受损。此时应检查系统操作权限设置是否基于不相容原则；是否做到负责维护供应商主数据、物料主数据、采购信息记录的人员不同时负责采购岗位业务的处理。

通过信息系统信息，再结合被审计企业的实际，开展相应的业务测试和审计。

表 6-8　采购活动内部控制审计的工作底稿

内部控制——货币资金审核工作底稿　索引：		
被审核单位名称：________　审核基准日：________		
编制：_______　日期：_______　复核：_______　日期：_______		
审 核 程 序	执行人	索引
一、了解被审核单位采购与付款的内部控制情况		
1. 了解已建立的内部控制制度		
2. 了解人员配备及职责		
3. 了解不相容职务分工与授权情况		
二、了解业务情况		
1. 了解采购与付款收付总量		
2. 了解采购业务中的主要供应商，列示供应金额占总采购金额 70% 的主要供应商名单及采购金额		
3. 了解采购的主要品种，分析采购业务中是否存在贵重、危险品业务		
4. 了解供应商的区域分布（如国内、国外等）		
三、一般程序		
1. 采购预算制度与控制情况		
（1）了解年度与季度预算的编制及核准情况		
（2）检查年度与季度实际采购情况，分析与预算是否存在重大差异		
（3）了解与检查原未列入采购预算的采购情况是否经原编制与核准程序进行重新批准		
（4）有无原未列入预算而实际采购的情况		
2. 供应商评价制度		
（1）了解是否建立供应商评估制度		

续表

内部控制——货币资金审核工作底稿　索引：		
（2）检查评估制度的实施情况		
（3）对非主要原料等小额零星物品的采购是否规定供应商的选择标准与范围		
3. 采购程序		
（1）了解是否建立了采购价格委员会与价格评价制度		
（2）检查主要原料的采购价格评价情况		
（3）对采购、核准岗位实施岗位调查		
（4）了解与检查采购合同的核准程序，检查重大合同条款的谈判过程是否具有书面记录		
（5）了解与检查采购预付款支付前的核准程序		
（6）检查预付款的追踪情况，检查是否存在大额、长期未收货的情况		
4. 付款程序		
（1）检查采购合同中是否明确付款的时间、金额，财务人员是否参与合同付款条件的商定		
（2）付款是否编制付款通知书，通知书中是否列齐了财务人员付款时需要核对的要素		
（3）检查采购折扣与付款折扣的处理方式是否符合规定		
（4）检查实际付款时所采购的货物是否经验收		
（5）了解是否建立采购货物退还的控制程序，检查实际发生退货时的控制过程与制度是否相符		
（6）了解是否建立与供应商定期核对未付款项的制度，检查与供应商核对制度的执行情况		
四、特别程序		
1. 了解是否建立采购人员定期轮换制度		
2. 检查采购人员的定期轮换制度		
3. 检查采购印章使用情况		
（1）印章保管、使用前是否建立核准制度		
（2）检查印章登记簿，分析印章使用是否得到控制		
4. 检查采购合同是否完整保存		

续表

内部控制——货币资金审核工作底稿　索引：		
五、追加程序		
需要利用信息化开展的特殊程序		

4. 与审计管理层的沟通

（1）需要获取的书面声明。

注册会计师完成审计工作后，应当取得经企业签署的书面声明。书面声明应当包括下列内容：①企业董事会认可其对建立健全和有效实施内部控制负责；②企业已对内部控制的有效性做出自我评价，并说明评价时采用的标准以及得出的结论；③企业没有利用注册会计师执行的审计程序及其结果作为自我评价的基础；④企业已向注册会计师披露识别出的所有内部控制缺陷，并单独披露其中的重大缺陷和重要缺陷；⑤企业对注册会计师在以前年度审计中识别的重大缺陷和重要缺陷，是否已经采取措施予以解决；⑥企业在内部控制自我评价基准日后，内部控制是否发生重大变化，或者存在对内部控制具有重要影响的其他因素。

企业如果拒绝提供或以其他不当理由回避书面声明，注册会计师应当将其视为审计范围受到限制，解除业务约定或出具无法表示意见的内部控制审计报告。

（2）控制缺陷的沟通。

注册会计师应当与企业沟通审计过程中识别的所有控制缺陷。对于其中的重大缺陷和重要缺陷，应当以书面形式与董事会和经理层沟通。注册会计师认为审计委员会和内部审计机构对内部控制的监督无效的，应当就此以书面形式直接与董事会和经理层沟通。

书面沟通应当在注册会计师出具内部控制审计报告之前进行。

5. 出具审计报告

（1）审计报告包括的要素。

标准内部控制审计报告应当包括下列要素：①标题；②收件人；③引言段；④企业对内部控制的责任段；⑤注册会计师的责任段；⑥内部控制固有局限性的说明段；⑦财务报告内部控制审计意见段；⑧非财务报告内

部控制重大缺陷描述段；⑨注册会计师的签名和盖章；⑩会计师事务所的名称、地址及盖章；⑪报告日期。

（2）无保留意见内部控制报告出具要求。

企业按照《企业内部控制基本规范》《企业内部控制应用指引》《企业内部控制评价指引》，以及企业自身内部控制制度的要求，在所有重大方面保持了有效的内部控制。注册会计师已经按照《企业内部控制审计指引》的要求计划和实施审计工作，在审计过程中未受到限制。

（3）带有强制事项段的无保留意见内部控制报告出具要求。

注册会计师认为财务报告内部控制虽不存在重大缺陷，但仍有一项或者多项重大事项需要提请内部控制审计报告使用者注意的，应当在内部控制审计报告中增加强调事项段予以说明。注册会计师应当在强调事项段中指明，该段内容仅用于提醒内部控制审计报告使用者关注，并不影响对财务报告内部控制发表的审计意见。

（4）否定意见内部控制报告出具要求。

注册会计师认为财务报告内部控制存在一项或多项重大缺陷的，除非审计范围受到限制，否则应当对财务报告内部控制发表否定意见。

注册会计师出具否定意见的内部控制审计报告，还应当包括下列内容：①重大缺陷的定义；②重大缺陷的性质及其对财务报告内部控制的影响程度。

（5）无法表示意见内部控制报告出具要求。

注册会计师审计范围受到限制的，应当解除业务约定或出具无法表示意见的内部控制审计报告，并就审计范围受到限制的情况，以书面形式与董事会进行沟通。注册会计师在出具无法表示意见的内部控制审计报告时，应当在内部控制审计报告中指明审计范围受到限制，无法对内部控制的有效性发表意见。

（6）缺陷在报告中的表述要求。

首先，财务报告重大缺陷表述要求。注册会计师在已执行的有限程序中发现财务报告内部控制存在重大缺陷的，应当在内部控制审计报告中对重大缺陷做出详细说明。

其次，非财务报告缺陷的表述要求。注册会计师对在审计过程中注意到的非财务报告内部控制缺陷，应当区别具体情况予以处理：①注册会计师认为非财务报告内部控制缺陷为一般缺陷的，应当与企业进行沟通，提醒企业加以改进，但无须在内部控制审计报告中说明；②注册会计师认为非财务报告内部控制缺陷为重要缺陷的，应当以书面形式与企业董事会和经理层沟通，提醒企业加以改进，但无须在内部控制审计报告中说明；③注册会计师认为非财务报告内部控制缺陷为重大缺陷的，应当以书面形式与企业董事会和经理层沟通，提醒企业加以改进；同时应当在内部控制审计报告中增加非财务报告内部控制重大缺陷描述段，对重大缺陷的性质及其对实现相关控制目标的影响程度进行披露，提示内部控制审计报告使用者注意相关风险。

（7）内部控制自我评价基准日期后事项的表述要求。

内部控制自我评价基准日期后事项指在企业内部控制自我评价基准日并不存在，但在该基准日之后至审计报告日之前内部控制可能发生变化，或出现其他可能对内部控制产生重要影响的因素。注册会计师应当询问是否存在这类变化或影响因素，并获取企业关于这些情况的书面声明。注册会计师知悉对企业内部控制自我评价基准日内部控制有效性有重大负面影响的期后事项的，应当对财务报告内部控制发表否定意见。注册会计师不能确定期后事项对内部控制有效性的影响程度的，应当出具无法表示意见的内部控制审计报告。

6. 内部控制审计报告的参考格式

（1）标准内部控制审计报告。

内部控制审计报告

×× 股份有限公司全体股东：

按照《企业内部控制审计指引》及中国注册会计师执业准则的相关要求，我们审计了 ×× 股份有限公司（以下简称“×× 公司”）×××× 年 ×× 月 ×× 日的财务报告内部控制的有效性。

一、企业对内部控制的责任

按照《企业内部控制基本规范》《企业内部控制应用指引》《企业内部控制评价指引》的规定，建立健全和有效实施内部控制，并评价其有效性是企业董事会的责任。

二、注册会计师的责任

我们的责任是在实施审计工作的基础上，对财务报告内部控制的有效性发表审计意见，并对注意到的非财务报告内部控制的重大缺陷进行披露。

三、内部控制的固有局限性

内部控制具有固有局限性，存在不能防止和发现错报的可能性。此外，情况的变化可能导致内部控制变得不恰当，或对控制政策和程序遵循的程度减轻，根据内部控制审计结果推测未来内部控制的有效性具有一定风险。

四、财务报告内部控制审计意见

我们认为，××公司按照《企业内部控制基本规范》和相关规定在所有重大方面保持了有效的财务报告内部控制。

五、非财务报告内部控制的重大缺陷

在内部控制审计过程中，我们注意到××公司的非财务报告内部控制存在重大缺陷（描述该缺陷的性质及其对实现相关控制目标的影响程度）。由于存在上述重大缺陷，我们提醒本报告使用者注意相关风险。需要指出的是，我们并不对××公司的非财务报告内部控制发表意见或提供保证。本段内容不影响对财务报告内部控制有效性发表的审计意见。

××会计师事务所　中国注册会计师：×××（签名并盖章）
（盖章）　中国注册会计师：×××（签名并盖章）
中国××市　××××年××月××日

（2）带强调事项段的无保留意见内部控制审计报告。

内部控制审计报告

A股份公司全体股东：

按照《企业内部控制审计指引》及中国注册会计师执业准则的相关要求，我们审计了A股份公司（以下简称“A公司”）××××年××月××日的财务报告内部控制的有效性。

（“一、企业对内部控制的责任”至“五、非财务报告内部控制的重大缺陷”参见标准内部控制审计报告相关段落表述。）

六、强调事项

我们提醒内部控制审计报告使用者关注，A 公司大化肥项目于 2014 年 5 月投料试生产，2015 年 12 月底达到预计可使用状态并预转固定资产。截至 2018 年财务报告日，尚未办妥工程竣工财务决算。未及时办妥工程竣工财务决算，说明公司工程结算及财务决算执行不到位，资产管理内部控制存在重要缺陷，影响资产负债表固定资产、应付账款以及利润表准确性，但对 2018 年度财务报告无重大影响。本段内容不影响已对财务报告内部控制发表的审计意见。

×× 会计师事务所　　中国注册会计师：×××（签名并盖章）
（盖章）　　中国注册会计师：×××（签名并盖章）
中国 ×× 市　　×××× 年 ×× 月 ×× 日

（3）保留意见内部控制审计报告。

内部控制审计报告

B 股份有限公司全体股东：

我们审核了 B 股份有限公司（以下简称“B 公司”）2019 年 12 月 31 日 财务报告内部控制的有效性。

一、管理层对内部控制的责任

按照《企业内部控制基本规范》及相关规定，设计、实施和维护有效的内部控制，并评估其有效性是 B 公司管理层的责任。

二、注册会计师的责任

我们的责任是在实施鉴证工作的基础上对财务报告内部控制的有效性发表鉴证意见。

三、工作概述

在鉴证过程中，我们实施了包括了解、测试和评价财务报告内部控制设计的合理性和运行的有效性，以及我们认为必要的其他程序。我们相信，我们的鉴证工作为发表意见提供了合理的基础。

四、内部控制的固有局限性

内部控制具有固有局限性，存在不能防止和发现错报的可能性。此外，情况的变化可能导致内部控制变得不恰当，或对控制政策和程序遵循的程度减轻，根据内部控制鉴证结果推测未来内部控制的有效性具有一定风险。

五、导致保留意见的事项

B公司于2020年4月9日收到中国证券监督管理委员会下发的处罚字〔2020〕10号《行政处罚事先告知书》，2016年至2018年，B公司通过全资子公司B公司（常州）有限公司与自然人张和春控制的多家公司虚构贸易业务方式，虚增收入、成本及利润。上述虚构贸易业务，系公司高级管理人员控制了公司的大额采购和大额销售业务与张和春串通舞弊，2016年至2018年公司存在管理层凌驾于内部控制之上的与财务报告相关的重大缺陷。同时，我们注意到：2019年度B公司已任命了新的管理层，董事会及监事会均已改选，公司2019年度已经对上述内部控制重大缺陷进行了整改，防止管理层同时操控产、供、销业务进行舞弊。

六、鉴证结论

我们认为，除了“五、导致保留意见的事项”段所述事项可能产生的影响外，B公司按照《企业内部控制基本规范》及相关规定于2019年12月31日在所有重大方面保持了有效的财务报告内部控制。

七、对报告使用者和使用目的的限定

本报告仅供B公司2019年度年报披露之目的使用，未经我所书面同意，不得用作任何其他目的。

××会计师事务所　中国注册会计师：×××（签名并盖章）

（盖章）　中国注册会计师：×××（签名并盖章）

中国××市　××××年××月××日

（4）否定意见内部控制审计报告。

内部控制审计报告

C股份有限公司全体股东：

按照《企业内部控制审计指引》及中国注册会计师执业准则的相关要求，我们审计了C股份有限公司（以下简称“C公司”）2018年12月31

日的财务报告内部控制的有效性。

一、企业对内部控制的责任

按照《企业内部控制基本规范》《企业内部控制应用指引》《企业内部控制评价指引》的规定，建立健全和有效实施内部控制，并评价其有效性是 C 公司董事会的责任。

二、注册会计师的责任

我们的责任是在实施审计工作的基础上，对财务报告内部控制的有效性发表审计意见，并对注意到的非财务报告内部控制的重大缺陷进行披露。

三、内部控制的固有局限性

内部控制具有固有局限性，存在不能防止和发现错报的可能性。此外，情况的变化可能导致内部控制变得不恰当，或对控制政策和程序遵循的程度减轻，根据内部控制审计结果推测未来内部控制的有效性具有一定风险。

四、导致否定意见的事项

重大缺陷是内部控制中存在的、可能导致不能及时防止或发现并纠正财务报表出现重大错报的一项控制缺陷或多项控制缺陷的组合。

C 公司的实际控制人及其关联方通过 C 公司所属子公司 C 公司小额贷款有限公司（以下简称“C 小贷公司”），直接或通过借款客户以资金转贷方式拆借 C 公司的资金。2018 年度，累计发生借款 187 000 000.00 元，归还 5 200 000.00 元；根据借款合同约定的利率，计提利息 14 444 527.78 元，收回利息 12 383 600.00 元。截至 2018 年 12 月 31 日，借款本金余额为 181 800 000.00 元，应收利息余额为 2 060 927.78 元。

2019 年 1 月，累计发生借款 40 000 000.00 元；根据借款合同约定的利率，计提利息 3 885 189.88 元。前述借款及利息，已于 2019 年 3 月 21 日前全部收回。

上述行为违反了中国证券监督管理委员会、国务院国有资产监督管理委员会《关于规范上市公司与关联方资金往来及上市公司对外担保若干问题的通知》（证监会公告〔2017〕16 号）有关上市公司不得将资金直接或间接地提供给控股股东及其他关联方使用的规定，亦违反了《新疆维吾尔自治区小额贷款公司管理暂行办法》（新政办发〔2017〕160 号）有关小额贷款公司不得向本公司股东、董事和高级管理人员及其关联方提供贷款的规定。

C公司的财务报告内部控制存在如下重大缺陷。

（1）未能依据上述文件的有关规定，制订有效防止实际控制人及其关联方有偿或无偿使用贷款资金的内部控制制度。

（2）未能有效执行C公司的《关联交易管理办法》有关关联交易的审批手续和信息及时披露的规定。

（3）C小贷公司的部分岗位人员配备不足，风险管理部门未按内部控制制度规定设置贷款风险控制，未对贷款项目的初审意见和结论形成项目评价书；贷款审批委员会成员只有两人，不符合贷款审批制度中有关原则上有六位审批人参与即可召集开会的规定；未能按照合同管理制度的规定设置财务总监岗位。在贷前调查时仅对签约的贷款客户进行了形式调查，在贷后管理过程中，未能按照《贷后管理制度》相关规定对贷款客户的借款资金实际用途进行必要的关注并调查；在资金借出时，利用贷款业务的审批流程代替合同签订的审批流程和付款的审批流程。C公司未能对投资设立的C小贷公司进行内部审计，未及时发现和纠正C小贷公司存在的问题，与公司投资管理相关的内部控制存在缺陷。

有效的内部控制能够为财务报告及相关信息的真实完整提供合理保证，而上述重大缺陷使C公司内部控制失去这一功能。

C公司管理层已识别出上述重大缺陷，并将其包含在企业内部控制评价报告中。上述缺陷在所有重大方面得到公允反映。在C公司2018年财务报表审计中，我们已经考虑了上述重大缺陷对审计程序的性质、时间安排和范围的影响。本报告并未对我们在2019年4月18日对C公司2018年财务报表出具的审计报告产生影响。

五、财务报告内部控制审计意见

我们认为，由于存在上述重大缺陷及其对实现控制目标的影响，C公司于2018年12月31日未能按照《企业内部控制基本规范》和相关规定在所有重大方面保持有效的财务报告。

六、强调事项

我们提醒内部控制审计报告使用者关注，根据中国证券监督管理委员会发布的《上市公司实施企业内部控制规范体系监管问题解答》（2011 年第 1 期）的相关豁免规定。C 公司豁免对 2018 年度被并购企业新疆好家乡超市有限公司（以下简称“新疆好家乡”）财务报告内部控制有效性进行评价，我们亦未将新疆好家乡纳入财务报告内部控制的范围，本段内容不影响已对财务报告内部控制发表的审计意见。

×× 会计师事务所　中国注册会计师：×××（签名并盖章）
（盖章）　中国注册会计师：×××（签名并盖章）
中国 ×× 市　×××× 年 ×× 月 ×× 日

（5）无法表示意见内部控制审计报告。

内部控制审计报告

D 股份有限公司全体股东：

我们接受委托，对 D 股份有限公司（以下简称“D 公司”）×××× 年 ×× 月 ×× 日的财务报告内部控制进行审计。

一、企业对内部控制的责任

二、注册会计师的责任

三、内部控制的固有局限性

四、导致无法表示意见的事项

D 股份有限公司（以下简称“D 公司”）办公场所被查封，账号被冻结，法定代表人被要求协助调查，D 公司的开户许可证、组织机构代码证、公章、银行账户 U 盾、税控盘、部分计算机、文件等资料被扣押。

截至本报告日，由于上述子公司的办公场所尚未解封，D 公司法定代表人仍处于协助调查状态，事务所无法完整获取上述子公司 2018 年度业务活动的相关文件。

五、财务报告内部控制审计意见

由于审计范围受到上述限制，我们未能实施必要的审计程序以获取发表意见所需的充分、适当证据，因此，我们无法对 ×× 公司财务报告内部控制的有效性发表意见。

六、识别的财务报告内部控制重大缺陷（如在审计范围受到限制前，执行有限程序未能识别出重大缺陷，则应删除本段）

重大缺陷，是指一个或多个控制缺陷的组合，可能导致企业严重偏离控制目标。

尽管我们无法对××公司财务报告内部控制的有效性发表意见，但在我们实施的有限程序的过程中，发现了以下重大缺陷。

（指出注册会计师已识别出的重大缺陷，并说明重大缺陷的性质及其对财务报告内部控制的影响程度）

有效的内部控制能够为财务报告及相关信息的真实完整提供合理保证，而上述重大缺陷使××公司内部控制失去这一功能。

七、非财务报告内部控制的重大缺陷

（参见标准内部控制审计报告相关段落表述）

××会计师事务所　中国注册会计师：×××（签名并盖章）

（盖章）　　　中国注册会计师：×××（签名并盖章）

中国××市　　　　　　××××年××月××日

企业内部控制的内部审计

内部控制的内部审计概述

1. 内部控制的内部审计责任

内部审计的责任是对内部控制设计和运行的有效性进行审查和评价，出具客观、公正的审计报告，促进组织改善内部控制及风险管理。

2. 内部控制的内部审计特征

首先，内部审计保持相对于管理层的独立性对确保内部审计的客观性、权威性和可信度至关重要。

其次，内部审计更加便于了解和评估企业层面和业务层面的风险。内部控制审计应当以风险评估为基础，根据风险发生的可能性和对组织单个或者整体控制目标造成的影响程度，确定审计的范围和重点。内部控制审计应当在对内部控制全面评价的基础上，关注重要业务单位、重大业务事项和高风险领域的内部控制。

内部审计人员应当关注串通舞弊、滥用职权、环境变化和成本效益等内部控制的局限性。

最后，内部控制的内部审计范围相对外部审计更广泛。内部审计不仅要关注与财务报告有关的内部控制审计，还要关注生产、安全环保等非财务报告内部控制的审计。

3. 内部控制的内部审计组织方式

内部控制审计按其范围划分，分为全面内部控制审计和专项内部控制审计。前者是针对组织所有业务活动的内部控制，包括对内部环境、风险评估、控制活动、信息与沟通、内部监督五个要素所进行的全面审计。后者是针对组织内部控制的某个要素、某项业务活动或者业务活动某些环节的内部控制所进行的审计。

4. 内部控制审计的主要内容

内部控制审计的内容可以分为两个层面。第一个层面是企业层面的内部控制审计。可以遵循《企业内部控制基本规范》及配套指引的相关规定，根据组织的实际情况和需要，通过审查内部环境、风险评估、控制活动、信息与沟通、内部监督等要素，对企业层面内部控制的设计与运行情况进行审查和评价。主要包括以下内容。

①内部环境要素审计。关注组织架构、发展战略、人力资源、组织文化、社会责任等，结合企业的内部控制，对内部环境进行审查和评价。

②风险评估要素审计。以《企业内部控制基本规范》有关风险评估的要求，以及各项应用指引中所列主要风险为依据，结合本企业的内部控制，对企业风险评估的方法、风险识别与风险分析的结果、风险应对的策略等进行审查和评价。

③控制活动要素审计。以《企业内部控制基本规范》和各项应用指引中关于控制活动的规定为依据，结合本企业的内部控制，对相关控制活动的设计和运行情况进行审查和评价。

④信息与沟通要素审计。以《企业内部控制基本规范》和各项应用指引中有关内部信息传递、财务报告、信息系统等规定为依据，结合本企业的内部控制，对信息收集处理和传递的及时性、反舞弊机制的健全性、财务报告的真实性、信息系统的安全性，以及利用信息系统实施内部控制的有效性进行审查和评价。

⑤内部监督要素审计。以《企业内部控制基本规范》有关内部监督的要求，以及各项应用指引中有关日常管控的规定为依据，结合本企业的内部控制，对内部监督机制的有效性进行审查和评价，重点关注监事会、审计委员会、内部审计机构等是否在内部控制设计和运行中有效发挥监督作用。

第二个层面是企业业务层面的内部控制审计。内部审计人员根据管理需求和业务活动的特点，可以针对采购业务、资产管理、销售业务、研究与开发、工程项目、担保业务、业务外包、财务报告、全面预算、合同管理、信息系统等，对业务层面内部控制的设计和运行情况进行审查和评价。

内部审计的审计计划

1. 审前调查

审计组长组织制订审计实施方案前应认真做好审前准备工作。需要开展审前调查的，应当开展审前调查，在数字化、网络化情况下，尽可能组织采取远程调查的方式。审前调查的主要内容如下。

（1）了解被审计企业企业层面的控制情况，包括主要经营管理者的风险偏好、内部环境、风险管理组织体系、信息与沟通以及内部监督架构等。

（2）了解被审计企业内部控制制度建设情况，包括内部控制实施细则和内部管理制度的制订、修订，以及是否建立了内部控制管理信息系统，并在线上维护相关制度情况。

（3）了解被审计企业业务流程适用情况和审计区间内主要业务的发生情况以及业务流程控制点的执行情况等。

（4）了解被审计企业信息系统建设及维护情况。数字化、网络化时代，信息系统的建设和运维情况尤为重要，需要深入了解。主要包括如下内容。①系统分布，包括系统数量、规模和分布，绘制信息系统分布图。②信息系统主要类型。③各信息系统的基本情况和系统之间的关联关系。④信息系统应用覆盖面及应用程度。⑤信息系统应用管理制度，使用率，应用中存在的主要问题、困难和矛盾。

（5）了解被审计企业近年来内审外查发现的问题和问题形成的原因以及整改情况，分析掌握内部控制方面存在的问题及薄弱环节。

2. 初步进行风险评估

在收集整理和综合分析上述情况资料的基础上，应对企业企业层面控制的各项内容、内部控制制度的健全性、重要业务流程执行的有效性以及信息系统的安全性做出初步判断和评价，并结合企业风险清单，初步识别和评估被审计企业内部控制方面所面临的主要风险和风险的主要方面。

3. 编制审计实施方案

企业应依据审前准备或调查得出的初步判断和评价结论，规范编制操作性强的审计实施方案。审计实施方案应明确下列六个方面的内容。

（1）审计评价目的。企业的审计评价目的是促进企业规范经营管理行为、防范经营管理风险、实现控制目标。

（2）审计评价依据。依据国家《企业内部控制基本规范》及其配套指引，企业下发的《企业内控手册》《内控审计评价业务规范指引》《企业内控实施细则》等进行审计评价。

（3）审计评价对象及范围。被审计企业企业层面控制、主要业务流程、资产或收入所占比重较大的单位，特别是内部控制问题多、风险大的单位，业务领域和控制环节是审计评价的对象及范围。

（4）审计评价内容及重点。根据审前调查掌握的线索和风险评估初步结果，具体明确审计检查的重点内容和方向，同样包括企业层面和业务层面控制。在企业层面，将被审计企业在内部环境、风险评估、控制活动、信息与沟通以及内部监督等方面存在控制基础薄弱、不落实管控措施以及发生较多或重大案件问题的领域列为审计重点。在业务层面，将被审计企业主要业务流程和高风险的业务以及管控问题较多的业务列为审计重点，加强监督检查。

对于信息系统建设和应用控制点的审计，应将用户权限是否与其工作职责相符，不相容岗位是否有效分离，配置及业务操作类控制方面，系统配置是否符合控制要求，系统功能是否得到有效执行，业务操作是否准确、及时、合规等列为审计重点。

（5）审计分工及时间安排。审计组长应根据审计组人员情况，合理进行审计分工，并对总体审计评价工作的时间做出统筹安排。

（6）审计方法（参照前文）。

〈 案例 〉

××× 公司内部控制审计评价实施方案

根据信息年审计工作计划，审计部派出审计组一行×人，自 20××年

5月19日至6月25日对 ××× 公司（以下简称“×××”）内部控制执行情况进行审计评价。

一、审计评价依据及目的

依据国家五部委发布的《企业内部控制评价指引》及其配套指引、公司总部下发的《企业内部控制手册》和《内部控制审计评价业务规范指引》相关要求，结合企业内部控制实施细则，检查 ××× 的内部环境等企业层面控制和重要业务流程控制的设计及执行情况，评价 ××× 内部控制的健全性和有效性，进一步完善内部控制及配套管理制度，增强制度执行力，规范经营管理行为，防范重要风险，提高经营效率和提升经营效果，推动 ××× 内部控制及风险管控水平提高。

二、审计评价范围

（1）审计评价区间。时间范围确定为 20×× 年 1 月 1 日至 20×× 年 12 月 31 日。重大问题追溯到以前年度或延伸至审计日。

（2）审计评价流程范围。根据评价方案的要求，共性必查流程为资本支出管理、货币资金管理、一般物资采购供应、期间费用管理、固定资产修理管理、工程项目管理、工程招标管理、健康、安全和环境（HSE）管理业务流程 8 个流程；特色必查流程为存货管理、一般产品销售 2 个流程。结合 ××× 的实际情况，在初步进行风险评估的基础上，根据重要性原则，自选业务流程为应收款项管理流程。本次检查评价包含企业层面及业务层面 12 个业务流程的执行情况。

三、审计评价的主要内容

本次内部控制审计评价坚持以风险为导向，以查找内部控制缺陷为重点，对 ××× 的企业层面及重点业务流程内部控制设计和执行的有效性进行检查评价。

（一）设计及执行有效性审计评价标准

（1）评价设计有效性。评价内部控制的设计有效性，以风险为导向，以集团公司下发的内部控制手册为标准，从内部控制五大控制目标出发，总体上判断内部控制设计是否有效：所设计的内部控制是否能够防止或发现并纠正财务报告的重大错报；是否能够合理保证遵循适用的法律法规；

是否能够合理保证资产的安全、完整，防止资产流失；是否能够合理保证战略目标、经营目标的合理性和目标的实现。评价设计有效性还应检查内部控制设计的合理性、适当性，并关注所检查流程的设计是否能够实现流程总体控制目标。

另外，对于设计无效的控制点，不再对其执行有效性进行检查评价，但需查找设计无效的原因和造成的实际影响。

（2）评价执行有效性。在评价内部控制设计有效性的基础上，对内部控制实际执行情况进行检查和评价，主要验证控制措施是否得到了有效执行，是否实现了控制目标。包括：相关控制是否得到持续一致的运行；各控制环节是否由适当的人员执行，执行人员是否具有相应的权限和能力，不相容岗位是否分离；是否在适当的时间被执行；执行方式是否恰当；执行结果是否进行了适当的记录；执行时发现的差异是否及时得到了跟进。审计评价过程中应重点关注关键控制点、控制失效且风险较大的控制点。

（二）企业层面控制审计评价主要内容

企业层面控制审计评价主要是按照企业层面审计评价底稿的控制要求，结合 ××× 主要负责人的风险偏好，从内部环境、风险评估、信息与沟通、内部监督四个方面进行审计评价。

（1）内部环境。重点关注 ××× 管理层分工是否明确合理，是否建立自上而下的权责分配体系，部门和岗位权责分配是否合理，部门或岗位设立是否遵循不相容分离的原则；是否建立科学的人力资源管理制度和运行机制；企业文化建设能否提升核心竞争力和保障内部控制有效执行；安全生产体系、机制是否健全有效，社会责任是否有效履行，发生事故是否追究责任并制订整改措施；是否建立健全反舞弊机制，对发生的经济案件是否及时、严格进行处理并制订防范措施；是否按照总部批复要求设置内部审计机构，并有效发挥职能作用。

（2）风险评估。重点关注 ××× 是否建立持续有效的内部和外部风险信息搜集、识别机制；风险识别是否全面、持续并建立常态化机制；是否按照风险评估的程序、方法评估风险等级并制订适当的应对策略；控制措施是否落实责任部门和责任人，并有效实施。

(3) 信息与沟通。重点关注 ××× 是否实现信息归口管理；是否建立高效的信息收集、筛选、整理、分析、传递机制，各项信息在企业内部、外部传递是否及时、合规并做到信息公开透明；是否建立与经营管理相适应、应用控制与业务事项紧密结合的信息系统，信息技术风险识别、评估、防范是否及时有效。

(4) 内部监督。重点关注 ××× 日常监督职责分工是否明确合理，能否覆盖并监控企业日常业务活动；日常监督是否到位，监督结论和证据是否适当、充分，整改是否及时有效，考核是否严格；内部控制缺陷认定是否真实、充分和客观，重大缺陷、重要缺陷是否落实并追究相关部门和人员的责任。

(三) 业务层面控制审计评价主要内容

××× 适用 47 个业务流程，根据评价方案的要求及 ××× 的业务特色，本次内部控制审计评价对资本支出管理等共 11 个流程进行检查评价。

1. 共性化必查业务流程审计评价主要内容

(1) 资本支出管理业务流程。重点关注 ××× 投资项目可研控制、计划编制及报批控制、核算控制、付款控制、后评价控制等关键环节。其中：投资项目可研控制环节关注项目建议书、可研报告编制及审批是否规范，投资决策程序是否合规，是否存在投资风险及违规建设等问题；计划编制及报批控制环节关注是否超计划或无计划，有无虚列投资成本用于计划外项目的问题；核算控制环节关注是否合规，有无多计或少计投资成本、资本性支出与费用性支出相互混淆等问题；付款控制环节关注是否按照合同及工程进度付款，资金支付手续是否齐全、规范；后评价控制环节关注投资项目质量和效益，投资回报是否达到预期目标。

(2) 货币资金管理业务流程。重点关注 ××× 账户及印鉴管理控制、银行存款控制、资金收付控制等关键环节。其中：账户及印鉴管理控制环节关注银行账户开立、撤销、变更是否经严格审批，财务专用章是否由专人保管；银行存款控制环节关注是否定期对账，未达账项是否说明原因并及时清理；资金收付控制环节关注资金收入是否及时足额入账，有无私设小金库的问题，大额资金运作是否规范，有无使用表外资金委托理财、挪用或出借资金以及资金存入个人账户的问题，资金管理不相容岗位是否有效分离，资金集中系统用户与系统安全管理是否合规。

（3）一般物资采购供应业务流程。重点关注 ××× 计划控制、价格控制、采购策略控制、过程控制、支付控制等关键环节。其中：计划控制环节关注是否根据生产经营需要和库存情况合理制订采购计划，库存定额和数量是否合理，编制物资需求计划时是否存在指定供应商的情况；价格控制环节关注是否存在应招标未招标的问题，招投标程序是否规范，自采物资是否存在质次价高的问题；采购策略控制环节关注是否存在在物资供应网络外采购物资的情况，有无私自采购应由集团化采购物资的问题；过程控制环节关注是否建立了不合格物资管理等相关制度，有无因过度采购或质量不合格造成物资积压、资金占用或损失浪费的问题，物资入库手续是否合规，检验手续是否齐全；支付控制环节重点关注付款金额是否与合同、入库单、发票金额一致。

（4）期间费用管理业务流程。重点关注 ××× 费用管理制度控制、核算与账务处理控制等关键环节。其中：费用管理制度控制环节关注企业是否建立费用管理制度，有无明确各项费用的审批权限；核算与账务处理控制环节关注是否正确核算资产折旧、财务费用、职工薪酬等费用，是否按照权责发生制原则合理确认当期费用，进一步关注中央八项规定和公司实施细则涉及相关费用的使用、核算情况，是否存在虚列会议费等套取资金留作他用的问题，有无业务招待费等费用相互挤占的问题，有无在差旅费中违规列支各项补贴补助的问题，有无以办公用品等名义采购大额消费品等问题。

（5）固定资产修理管理业务流程。重点关注 ××× 检维修计划控制、修理项目实施控制、工程量审批确认控制、修理支出确认及核算控制等关键环节。其中：检维修计划控制环节关注企业是否建立资产运行情况管理档案并据此编制修理计划，设备管理部门是否严格审核上报的修理计划，是否存在修理费超预算的问题；修理项目实施控制环节关注管理是否规范，有无应招标未招标、施工单位不具备相应资质等问题；工程量审批确认控制环节关注相关部门是否对工程量进行审批和复核，修理项目剩余物资是否及时办理退库手续，有无形成账外物资，废旧物资是否实行统一归口管理，处置收入是否全部纳入账内核算；修理支出确认及核算控制环节关注有无修理费和资本性支出相互挤占的现象，修理费是否根据实施进度及时、准确入账，有无虚列修理费、提前或延迟确认修理费造成会计信息失真的问题。

（6）工程项目管理业务流程。重点关注 ××× 项目管理体制和建设模式控制、设计控制、开工准备控制、竣工验收与财务决算控制等关键环节。其中：项目管理体制和建设模式控制环节关注建设单位是否具备相应的资质、能力；设计控制环节关注企业是否依据批准的可行性研究报告自行或委托有资质的中介机构进行工程设计，设计及变更是否按规定权限审批；开工准备控制环节关注项目开工前是否取得建设用地、土地规划许可，环境保护、安全设立等方面的评价，开工报告是否按规定报批；竣工验收与财务决算控制环节关注是否按核定的工作量或工程进度确认项目成本，是否组织落实消防、环境保护、安全设施等专业验收工作，工程项目达到预定可使用状态是否及时转资，查明未及时转资的金额及原因，达到竣工验收条件后是否及时办理竣工决算。

（7）工程招标管理业务流程。重点关注 ××× 招标申请控制，投标资格审查控制，投标保证金控制，开标、评标和定标控制等关键环节。其中：招标申请控制环节关注企业是否存在工程项目应招标未招标、先施工后招标或肢解建设项目逃避招标的问题，招标计划、方案、形式和招标文件是否恰当；投标资格审查控制环节关注招标机构是否对投标人资格和资质进行严格审查，是否存在投标人不在资源市场内或缺乏适当的资质与资格的问题；投标保证金控制环节关注是否存在系统外单位未缴纳投标保证金的问题；开标、评标和定标控制环节关注评标程序是否合规，开标、评标是否公开、透明，中标人、中标价与评标报告是否一致，中标后是否在规定期限内及时签订合同，是否存在违规签订与原中标结果相背离的合同或补充协议的问题。

（8）HSE 管理业务流程。重点关注 XXX 安保基金管理控制、设备设施管理控制、隐患治理控制、环保监测控制、事故管理控制、应急预案控制、职业健康控制、作业安全管理控制等关键环节。其中：安保基金管理控制环节关注企业是否做到安保基金计提准确、上缴及时、使用合规；设备设施管理控制环节关注是否建立生产设备设施的安全管理制度，生产、安全、环保设施的配备、维护保养是否到位；隐患治理控制环节关注事故隐患发现和整改是否及时、有效；环保监测控制环节关注是否按规定进行环境监测工作，污水排放等是否达标；事故管理控制环节关注发生安全环保事故是否按照规定及时处理和上报；应急预案控制环节关注是否制订和完善本企业的应急预案，并经审批后上报备案，是否至少每半年组织开展综合应急预案演练活动；职业健康控制环节关注是否按规定进行职业健康体检；作业安全管理控制环节关注生产现场安全管理是否合规、有效，相关方管理是否严格到位。

2.所处业务板块补充关注流程

（1）存货管理业务流程。重点关注 ××× 存货验收与入库控制、存货领用与出库控制、存货盘点控制、存货处置控制等关键环节。其中：存货验收与入库控制环节关注存货出入库是否严格履行手续，进货损耗和仓储盈亏是否合理，是否查明原因并落实责任；存货领用与出库控制环节关注是否存在人为调节存货发出成本或者以领代耗等造成会计信息失真的问题，查明账外物资的数量和金额；存货盘点控制环节关注是否定期组织盘点，盘点差异是否按规定及时处理，实物库存与 ERP 系统数据是否一致；存货处置控制环节关注积压的存货处置是否合规，是否追究相关责任，有无低价处置物资或处置收入不入账的问题。

（2）一般产品销售业务流程。重点关注 ××× 客户主数据维护和信用审核控制、销售价格控制、合同签订控制、开票和收款控制、发货控制等关键环节。其中：客户主数据维护和信用审核控制环节关注企业是否制订客户信用政策，是否每年对客户资信变动情况进行核实；销售价格控制环节关注产品定价方式是否正确，价格是否合理，有无向改制企业、关联单位让利的问题；合同签订控制环节关注赊销业务是否编制赊销方案并经适当审核，有无超信用额度赊销的问题，相应责任人是否根据赊销合同签订货款回笼责任书；开票和收款控制环节关注有无虚增虚减收入、提前或推迟确认收入的问题，是否存在已提未售或已售未提的现象；发货控制环节关注销售退回是否分析原因，退回物品是否由相关部门清点入库并及时进行账务处理。

（3）应收款项管理业务流程。重点关注 ××× 是否动态审核系统外客户信用等级，是否评估应收款项的可回收性风险；是否根据客户信用额度以及相关规定开展赊销业务，是否签署《货款回笼责任书》；财务部门是否定期组织对账，并取得对方书面确认；是否人为调整应收款项期末余额，账龄分析是否准确，坏账准备计提是否正确，坏账核销是否规范，已核销坏账是否纳入账销案存管理；应收款项清欠是否有效落实责任，考核与奖惩是否严格。

对以上业务流程的审计检查，凡发现存在控制不到位的问题，均应对可能存在的实质性问题进行深入检查，确保审计程序深度到位。

（四）内部控制缺陷认定

审计组应按照财务报告内部控制缺陷和非财务报告内部控制缺陷标准，全面、准确、严格认定内部控制缺陷（具体参见内部控制缺陷认定标准）。对审计发现的设计及执行不到位问题，应对照缺陷标准逐一进行判断，达到缺陷标准的，必须认定为缺陷；达不到缺陷标准的，可作为设计及执行不到位的一般问题提出。同时，要用联系的眼光看问题，要把业务流程执行中的问题与企业层面控制紧密联系起来分析认定，审计组还应从内部控制目标出发，研究并提出完善缺陷标准的建议。

四、审计评价程序和方法

（一）审计评价程序

充分了解被审计企业基本情况、内部控制实施情况等，结合以往年度审计发现的问题，初步进行风险评估，做好审前调查；细化编制有针对性的审计评价实施方案，明确审计重点和分工；按照实施方案和内部控制审计评价底稿的要求，抽取相关样本进行检查评价；认定内部控制缺陷；在线据实填写内部控制审计评价底稿，经复核后征求被审计企业意见；出具现场审计评价报告并进行讲评。

（二）审计评价方法

审计人员应坚持“风险导向和抓重点”的原则，根据×××业务特点和内部控制实际情况，主要采用符合性测试和实质性检查相结合、穿行测试，辅助采用抽样、实地查验等方法开展审计评价。审计评价方法如下。

（1）比较分析法。有效利用内部控制综合检查模块的比对功能，将企业内部控制实施细则与企业内部控制手册、板块内部控制手册进行对比分析，重点进行风险比对、业务矩阵设计比对等，借以发现内部控制设计方面的问题线索。

（2）问卷调查法。利用统一设计的调查问卷，了解被审计企业不同层级的员工对企业内部控制情况的看法和意见，并将统计分析结果作为评价企业内部控制的依据之一。

（3）穿行测试法。对于需要进行穿行测试的业务流程，抽取一定笔数业务进行穿行测试。其中：对重要或风险较大的业务，要增加穿行测试业务笔数，并适当延伸至其他相关业务流程，尤其是存在不正常现象的业务，尽量对计划、合同、采购、储存、销售、资金等各个环节进行穿行测试。

（4）抽样法。运用ERP系统审计抽样模型，随机抽样与判断抽样相结合，对于采购、销售、资本支出管理等业务流程，超过重要性标准的样本要全部检查，低于重要性标准的样本随机抽样；对于检查发现问题的业务（或控制点），审计人员应主要运用判断抽样的方法适当增加样本量，将问题查深、查透，落实、追究责任，主观故意的问题要从严处理。同时兼顾全面性与重要性，在保证样本整体代表性的前提下，重点关注主要供应商、重要业务的发生单位、年初年末、金额较大、某些特定或非正常的事项。

五、审计组成员、分工及职责（略）

六、审计实施及时间安排（略）

特别提示：审计人员要做好审计事项记录，确保重要查证事项留有痕迹，便于复盘审核。按照信息集成系统的有关要求，做好信息的收集、整理、审核及录入工作。完善有关控制矩阵中控制点的填写，完成审计评价底稿签字盖章、内部控制审计缺陷认定。

七、审计组所需资料

（1）XXX 内部控制手册实施细则、配套规章制度及企业制订的其他制度。

（2）XXX 内部控制检查自查报告和穿行测试底稿。

（3）内部控制执行和自查整改情况汇报材料。

（4）业务流程责任分工表（责任部门 / 责任人 / 联系人）。

（5）有关内部控制贯彻执行的会议纪要 / 文件。

（6）XXX 组织架构图。

（7）检查期间的会计报表、经济活动分析文件。

（8）检查期间内审外查查出的问题及整改资料。

（9）检查期间合同台账、工程项目台账等资料。

（10）检查期间投资计划、费用计划等资料。

（11）XXX20XX 年度企业年度工作报告。

（12）其他与内部控制检查评价有关的资料。

实施审计工作

1. 内部控制设计的有效性审计

< 案例 >

内部控制设计有效性审计

核查内部控制设计有效性的一个重要方法是风险对比。在数智条件下，企业应当建立风险全生命周期管理，实现数字化、智能化的风险评估，如图 6-2 所示。利用抓取的信息系统相关内容，一方面将内部控制手册与被审计企业实施细则的风险清单进行自动比对；另一方面进行业务控制程序的业务矩阵自动比对（见图 6-3），评估设计有效性。

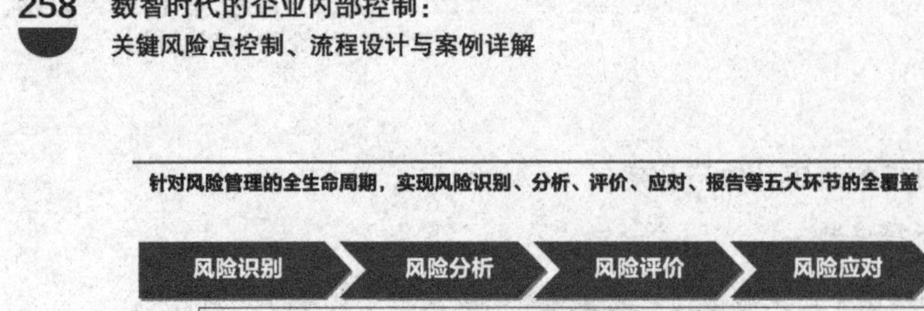

图 6-2　数智条件下企业风险的全生命周期管理

业务矩阵比对设计有效性

被检查单位：WH公司　　检查区间：自 2016 年 01 月 01 日 至 2017 年 03 月 31 日

上市情况：上市　　检查组组长（副组长）：

序号	项目	控制点总数	未检查控制点数	实际检查控制点数	有效		无效		设计及执行有效率
					设计有效执行有效	设计有效未发生业务	设计无效	设计有效未执行	
/	业务层面	298	0	298	260	31	0	7	97.65%
1	1.3 对外投资管理	10	0	10	3	7	0	0	100%
2	1.7 货币资金管理	42	0	42	35	7	0	0	100%
3	1.9 应收款项管理	18	0	18	18	0	0	0	100%
4	2.3 一般物资采购供应业务	55	0	55	49	4	0	2	96.36%
5	2.15 期间费用管理	12	0	12	11	1	0	0	100%
6	3.1.2 一般物资存货管理	59	0	59	52	5	0	2	96.61%
7	3.4 固定资产修理管理	24	0	24	23	0	0	1	95.83%
8	6.4 工程招标管理	18	0	18	16	1	0	1	94.44%
9	9.1 财务报告业务	31	0	31	29	2	0	0	100%
10	11.1 合同管理	29	0	29	24	4	0	1	96.55%
	合计	376	0	376	335	33	0	8	97.34%

图 6-3　业务矩阵比对

2. 业务活动控制的执行有效性审计

< 案例 >

资金管理活动审计

一、舞弊事实

SX 公司是 ERP 和财务共享上线单位，2019 年 3—12 月，资金管理岗员工张某，利用职务上的便利，采取虚构、截留资金计划的方式，以发工资、支付劳务费、客户退款等名义，将款项转入自己或其朋友账户 45 笔，涉嫌贪污近万元、挪用公款 170 多万元。

二、舞弊作案过程

张某利用线上虚报、重复上报计划，线下虚列费用计划等方法，获得线上开展交易的资金计划，转移资金后，为了平账，采用私自记账或提供虚假单据由共享中心记账的方式，调整银行存款账面余额，来不及调整的，直接更改网上银行电子对账单加盖公司公章后上报共享中心对账，来掩盖转出资金的事实。其舞弊方法如图 6-4 所示。

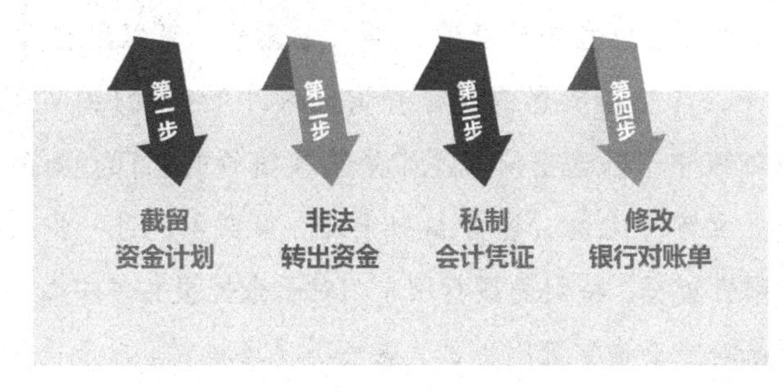

图 6-4 资金管理岗张某的舞弊手法

实施 ERP 和财务共享以后，该公司对资金计划、预算的提报和审核存在漏洞，张某伪造单据，共享中心的共享中心识别工具（OCR）也未完整分析出虚假事项，同时，张某伪造更改银行电子对账单上报共享中心，也未被及时发现，其主要手法如下。①采取在费用报销信息系统（ERS）线上重复申请计划、线下多报计划的方式取得资金计划，将不需支付的资金从财务公司支出户转至非银企直联基本户。②ERS资金支付与资金集中管理系统（TMS）集成：资金计划确认、作废（向TMS发出资金计划作废请求），作废成功后，申请单回到“待上报资金计划”状态。③TMS对同一个支付申请单再提报计划没有校验，同一支付申请单可重复申请计划。④对于虚构的费用计划，该公司审批把关不严。

三、数智化审计步骤和方法

利用信息化查询和数字分析，审计此项资金管理内部控制失效的步骤如下。

（1）采集ERS资金计划导出、作废记录。采集ERS待上报资金计划、资金计划作废清单，分析查找相同支付申请单号重复提报记录。

（2）检查银行对账情况。分析银行存款余额调节表，是否存在未达账项。

（3）对于私自填制凭证或以提报虚假依据至共享中心制证的方式调整银行存款账面数的问题。第一步，采集企业银行账户及资金流转数据，筛选出非银企直联账户且已开通网上银行支付功能的银行账户号码。第二步，从ERP系统导出上述银行账户收支业务明细，把所有凭证编号转换成TXT格式文件后，用影像查询功能，导入凭证号，可以发现无“FQ号”的凭证。第三步，导出所有影像凭证查询记录，用Excel的VLOOKUP函数匹配到银行明细账中，筛选出所有不带申请单编号的凭证，如筛选出的凭证的用户名不是共享中心的，即为私制凭证。第四步，进一步核实异常，详细检查凭证附件依据，特别是银行回单。对于未提报共享中心的私制凭证，无法使用影像功能查询凭证附件的，需线下现场核实。对于提供虚假单据，通过共享中心编制的人为调整凭证，可以远程查看附件。

四、案例的启示

对在数字化、网络化下健全资金管理内部控制和风险管理的启示如下。

（1）建设资金全流程自动管理和监控的风险预警模型。从资金风险管控项目中选取若干指标，设计资金风险检查规则，检查阈值可配置，定义风险评级分级标准，设计风险事项报告规则及输出方式。

（2）实时监控指标执行情况，将高风险事项实时推送业务人员跟踪处理。企业每月反馈监控结果，闭环管理整改事项。

内部控制缺陷认定及汇总分析

内部审计人员应当编制内部控制缺陷认定汇总表，首先利用内部控制信息系统，对财务报告和非财务报告内部控制缺陷生成定性、定量的结构化表格。然后将内部控制缺陷等级和内部控制要素分别汇总，如表 6-9 和表 6-10 所示。

对内部控制缺陷及其成因、表现形式和影响程度进行综合分析和全面复核，提出认定意见，并以适当的形式向组织适当管理层报告。重大缺陷应当及时向组织董事会或者最高管理层报告。

表 6-9 内部控制缺陷汇总——按缺陷等级分类

缺陷等级	设计缺陷				运行缺陷				小计（个）
	财务报告		非财务报告		财务报告		非财务报告		
	定性	定量	定性	定量	定性	定量	定性	定量	
一般缺陷	0	0	0	0	1	1	4	2	8
重要缺陷	0	0	0	0	0	0	3	0	3
重大缺陷	0	0	0	0	0	0	0	0	0
合计（个）	0	0	0	0	1	1	7	2	11

表 6-10 内部控制缺陷汇总——按内部控制要素分类

内部控制要素	缺陷分类									小计（个）
	设计缺陷					运行缺陷				
	一般缺陷		重要缺陷		重大缺陷	财务报告	非财务报告		重大缺陷	
	定性	定量	定性	定量	定性	定性	定性	定量	定性	
内部环境	0	0	0	0	0	0	2	0	0	2
风险评估	0	0	0	0	0	0	0	0	0	0
信息与沟通	0	0	0	0	0	1	0	0	0	1
内部监督	0	0	0	0	0	0	0	0	0	0
控制活动	0	0	0	0	0	4	1	0	0	5
合计（个）	0	0	0	0	0	5	3	0	0	8

内部控制的内部审计报告

1. 基本要求

（1）报告内容。内部控制审计报告的内容，应当包括审计目标、依据、范围、程序与方法、内部控制缺陷认定及整改情况，以及内部控制设计和运行有效性的审计结论、意见、建议等相关内容。

（2）报告程序。内部审计机构应当向组织适当管理层报告内部控制审计结果。一般情况下，全面内部控制审计报告应当报送组织董事会或者最高管理层。包含重大缺陷认定的专项内部控制审计报告在报送组织适当管理层的同时，也应当报送董事会或者最高管理层。

（3）对外披露。经董事会或者最高管理层批准，内部控制审计报告可以作为《企业内部控制评价指引》中要求的内部控制评价报告对外披露。

2. 内部控制的内部审计报告示例

＜ 案例 ＞

×× 公司 201× 年度内部控制审计报告

依据《企业内部控制基本规范》及其配套指引、×× 公司下发的《企业内部控制手册》和《内部控制审计评价业务规范指引》相关要求，A 审计组于 201X 年 ×× 月 ×× 日至 ×× 月 ×× 日，对 ×× 公司 20×× 年 ×× 月 XX 日至 20XX 年 XX 月 XX 日的内部控制有效性进行了审计评价。审计组采用了访谈、现场查看、抽样、数据模型分析等方法，对其企业层面及业务层面的 XX 个流程进行了审计评价，重大问题追溯到以前年度或延伸至检查日。审计评价结果如下。

一、内部控制审计评价总体情况

根据审计组是否发现重大缺陷得出 XX 公司内部控制“总体有效”或“无效”的审计评价结论。未发现重大缺陷的，审计评价结论一般为“总体有效”；发现重大缺陷的，审计评价结论一般为“无效”。另外，审计组还应根据内部控制审计结果计算企业层面与业务层面控制的总体有效执行率。

分别从企业层面控制及业务层面控制两个方面描述控制点有效执行率等基本情况。

分别对内部环境、风险评估、控制活动、信息与沟通、内部监督五要素，根据已检查的控制点实际执行情况有针对性、重点突出、切合实际地进行简要描述。

二、内部控制审计评价发现的问题

（一）内部控制审计发现的缺陷

根据企业内部控制缺陷认定标准，我们在本次现场检查中发现XX公司存在 ×× 个内部控制缺陷，其中财务报告内部控制缺陷 ×× 个，非财务报告内部控制缺陷 ×× 个。按照缺陷等级划分，重大缺陷 ×× 个，重要缺陷 ×× 个，一般缺陷 ×× 个。

1. 财务报告内部控制缺陷

（1）重大缺陷 ×× 个。

缺陷 1：具体描述缺陷的内容，包括控制点相关要求（控制点要求必须与问题性质相关联），所抽取的样本量和样本差错率，缺陷发生的单位、时间、地点、金额、责任部门及责任人、所依据的缺陷认定具体标准等。

缺陷 2：同上。

（2）重要缺陷 ×× 个。参照重大缺陷描述要求。

（3）一般缺陷 ×× 个。参照重大缺陷描述要求。

2. 非财务报告内部控制缺陷

描述格式和要求与财务报告内部控制缺陷相同。

（二）不构成内部控制缺陷的其他问题

对于内部控制设计及执行方面存在的不构成缺陷的其他问题，依次按照企业层面和业务层面所检查流程分别进行描述。

1. 企业层面控制

描述控制点相关要求，发生问题的单位（部门）、时间、数量、金额等内容。

2. 业务层面控制

描述相关流程的应执行控制点数、未执行控制点数及控制点有效执行率，全样本数据分析或所抽取的样本量和样本差错率，问题发生的单位（部门）、时间、地点、数量、金额等内容。

三、审计评价意见和建议

主要针对被审计企业内部控制设计和运行方面存在的缺陷及其他问题，从整改问题、堵塞漏洞、完善内部控制及配套制度、防范经营管理风险等方面，提出有针对性、系统全面的审计评价意见和建议，同类问题的整改建议需在同一段中进行合并阐述。对于检查发现的重大缺陷、重要缺陷以及造成重要影响或较大损失的一般缺陷要提出具体的处理建议。

第7章 》

数智时代企业内部控制的发展趋势

扫码即可观看
本章微视频课程

数智时代影响企业内部控制的信息技术发展趋势

企业信息技术的发展趋势

当我们进入物联网、社交网络、云计算、人工智能等信息技术组成的数智时代，企业信息化也将进入一个全新的阶段。在这个阶段，企业信息技术的发展将呈现出如下五大特征。

1.ERP 呈现以人为节点的网络化、社交化

传统管理软件以业务为中心，侧重于对“财和物”的资源管理，即基于“流程 + 信息记录”，涉及的数据具有结构化、可预测等特征。不过，这些结构化的数据仅能满足公司管理层决策需求的 20%。更多的非结构化数据占了 80%，这部分信息则镶嵌在每个员工的日常工作中。如果忽视或对庞大的非结构化数据无从下手，实际上是在经营决策过程中遗漏了重要信息，忽视了人的重要主观能动性。

随着知识型经济浪潮的兴起，愈来愈多的公司开始向“以人为本”转变。人的知识技能，创新求变、沟通交流等活动，是知识型企业最宝贵的资源。以人为本的信息化建设，注重提高员工效率和团队效率，是网络社交媒体时代企业转型升级的迫切需求。社交媒体时代的企业信息化强调以员工之间的关系为主线，充分发挥人的主观能动性，重视其在业务操作和价值实现过程中的关键作用，关注企业不同部门和不同组织的协同需求，提升信息分享的速度，提升企业的综合生产力。企业社交网络作为企业的封闭社交平台，其信息流通实现了从“一点到多点”传播方式的转变，打

破了传统的传播瓶颈。这种信息传播模式，可以为企业提供信息交互的竞争优势，使需要协作的员工更方便、更有效地进行交流和分享，降低沟通成本，提高工作效率，凝聚专业知识工作者和远程工作者。

2. 强大的供应链协同能力

瞬息万变的市场使企业间的竞争已演变成供应链的竞争，而供应链竞争取胜的关键是“协同”。在激烈的市场竞争中，准确把握客户需求、迅速推出新的产品、实现柔性快速交货，已成为企业赖以生存的基础。

集成了电子商务、社交网络的供应链系统，将为企业打造更加强大的协同能力。供应链协同能力让企业能更方便地与客户、制造商、供应商、运输商及其他相关方进行无边界的沟通和协作。在这种新趋势下，企业能更好地利用社交网络和客户进行沟通，收集客户意见和售后服务，并通过电子商务和电子支付的整合及其信息的分解与共享、利用社交网络和供应链相关方的互动沟通，达到对整个供应链上的信息流、物流、资金流、业务流和价值流的有效规划和控制，从而将供应链各环节集成一个完整的网状结构。新的供应链协调趋势，依赖信息技术，主要包括自动识别技术、电子数据交换（EDI）、可扩展标记语言（XML）技术、地理信息系统（GIS）与全球定位系统（GPS）技术、电子订货系统、电子支付等，还有一些正在迅猛发展的协调运作技术，包括虚拟电子链（VEC）、区块链技术、多智能体技术，以及社交网络技术。

3. 功能集成化和智能化

RFID、GPS、电子支付、社交网络等技术的广泛应用，使信息采集更为方便，这些技术将这些信息有效地整合在企业 ERP 系统中，使集成化更高。

在物流环节通过 RFID、GPS 等技术的运用，自动化地采集信息，使物料在各个环节更容易跟踪，实现对供应链整个环节物流的即时、动态监控。避免过去人工扫描信息的种种弊端。

各种电子支付技术的迅速发展和 ERP 系统的融合，也使得企业可以更好地监控其资金流。企业 ERP 系统集成电子支付方案，在提高企业财务信息及时性、准确性的同时，也降低了企业的财务费用。

在集成化程度提高的同时，通过商务智能（BI）软件进一步辅助商业决策，提高其智能化程度。BI 包括绩效管理、计划、报告、查询、分析、在线处理、运营系统集成、预测等。其价值链可以划分为：原始数据—数据集成—情报—透视—决策，其目的是管理数据、理解数据，并基于数据决策。加特（Gather）发布的报告显示，BI 市场正在以每年 9% 的速度增长，2022 年已增长至 1600 亿美元。加特认为，BI 市场已经进入爆发期，其四大供应商——SAP、Oracle、IBM 和微软将继续统治市场，合计占据 60% 的市场份额。大数据成为 BI 发展的首要趋势。越来越多的企业利用自身庞大的数据来获益，这要求 BI 厂商提供真正能够处理大数据的解决方案，而内存分析技术、列式存储数据库技术等提升 BI 处理数据性能的技术成为应对大数据的关键。

4. 信息移动化，管理触手可及

截至 2021 年 6 月，我国网民规模为 10.11 亿，互联网普及率达 71.6%，超过全球平均水平（65.6%）6 个百分点。10 亿用户接入互联网，形成了全球最为庞大、生机勃勃的数字社会。社交网络应用和服务潜移默化构建起数字社会的新形态。8.88 亿人看短视频、6.38 亿人看直播，短视频、直播正在成为全民新的娱乐方式；8.12 亿人网购、4.69 亿人点外卖，全民的购物方式、餐饮方式正在悄然变化；3.25 亿人使用在线教育、2.39 亿人使用在线医疗，在线公共服务进一步便利民众。同时，我国网络支付用户规模达 8.72 亿，网络购物用户规模达 8.12 亿。

在企业信息化领域，借助于信息化模块，实现通过手机等智能终端对诸多业务的移动管理，正成为一个显著的趋势，云计算和移动信息化的结合，使管理者突破地理办公场所和网络条件的限制，让管理触手可及。目前，企业移动信息化在流程审批、报表查询、销售支持、库存阅览等信息查询领域应用最多；在线会议正蓬勃发展。未来，BI 等决策模块的移动商务将越来越多。

5. 信息的定制化

对于许多中小企业而言，并非需要使用全套的 ERP 等流程复杂的管理软件，只需要解决一些分散的棘手问题来提高运营效率。因此，提供碎片化但有易于扩展的信息化产品，使广大中小企业能根据自身需要，进行弹性配置，即插即用，满足其个性化需求，是当前中小企业信息化发展的重要趋势。云计算为企业按需使用的信息化服务提供了良好的技术基础，并进一步促进此类需求的发酵。云计算融合了协同工作、社交网络、搜索引擎等网络技术和虚拟化技术，依托强大的高性能技术基础结构，能够同时满足大量个人和商业需求。“云”中的资源可以无限扩展，随时获得，按需使用并付费。

此外，云会议在企业信息化中的位置尤其重要。对企业而言，信息是血液，沟通是管道。怎样在第一时间把有价值的信息在内部进行快速传递，则成了企业高管们的必修课。电话的诞生有效地解决了信息的传递方式，而电话会议的出现解决了信息的快速传播。电话会议的出现极大地提高了企业的工作效率，改善了企业的管理方式，提升了企业的竞争力。如今，电话会议系统成了企业、机构和组织管理中不可或缺的重要组成部分。电话会议把分散在不同地域、处在各个决策层面的人们汇集在一个虚拟空间中，缩短距离，加快信息与知识的交流传播，促进团队合作，提高决策速度，提高工作效率，并大幅度压缩费用。

信息技术的发展对内部控制的影响

1. 数智技术提升内部控制效能

美国国际数据集团（IDG）发布的数字业务研究报告中指出，91% 的企业计划应用新技术来优化内部流程。数字化转型下的业务流程，由事务驱动转变为数据驱动，通过打通各个部门之间的系统连接，实现全业务流程的数字化。人工智能、大数据、云计算等技术的应用，必然会对企业业务流程和规则进行重构，从而以数据驱动企业经营，实现内部控制和管理智能化。内部控制是企业为保证经营的经济性和效率，而在内部采取的自我调整、约束、规划、评价和控制的一系列方法、手段与措施，因此随着数字化对业务流程的改造，内部控制体系的设计和运行规则也随之发生改变。

数智化手段和技术对内部控制设计和运行模式的改进，主要体现在效率和效益两个维度。数智化是涉及企业全部门、全流程的系统工程，这与企业内部控制的全面性和系统性高度一致。构建完善的内部控制体系是降低和控制企业运营和业务风险的重要手段，及时发现并纠正风险和舞弊事项是内部控制关键目标之一。一方面，数智技术能够通过智能化的内部控制风险评估，识别高风险的业务领域及流程，为内部控制和监督管理指明重点方向。例如通过建立风险矩阵对以往内部控制的设计和运行数据审查和分析，基于历史经验和数据，搭建内部控制风险库，为内部控制风险评估提供依据。另一方面，数智技术也使内部控制活动发生了巨大变革。以不相容职位分离和授权审批控制为例，在大数据技术下，通过运用信息系统权限设置、电子签章、指纹识别、人脸识别等人工智能技术，形成了新的岗位牵制形式，有效提高了业务流程的安全性和规范性，有利于提高内部控制的效率和改善内部控制的效果。

过去很多企业普遍存在的问题之一是，设计了相对完善的内部控制制度体系，但往往不能切实执行，导致内部控制设计流于形式，无法真正发挥发现和预防风险的作用。而数智技术在内部控制制度设计和运行方面发挥的重要作用就是：用信息系统将内部控制制度固化为不被人为操控和逾越的流程。

标准化的内部控制系统除了能提高内部控制流程效率、降低内部控制运行成本，还能为员工执行内部控制程序提供详细的参考指引并提升其工作效率。对企业而言，内部控制和信息技术部门只需编制一套操作手册，就能满足企业各部门的信息技术内部控制操作需求。就员工而言，标准化的内部控制系统提升了内部控制制度的可操作性，降低了员工执行内部控制流程的难度，使员工能高效处理业务和应对风险。这对经营范围广泛、分支机构众多的大型集团企业而言，极大地降低了内部控制成本。

内部控制不是一成不变的，随着企业业务模式的变化和发展，内部控制需要做出及时调整，这对内部控制设计的灵活性和应变性提出了要求。但传统内部控制模式下，内部控制制度的变动，流程的更新，以及相关人员的适应都较为缓慢。而数智化驱动的内部控制体系中，制度流程的应变能力大大提升，使内部控制与业务流程的变动能够及时同步。

2. 数智技术改变内部控制的体系构建和执行

可以预见，云计算、物联网等技术的普及应用，将改变企业原有的内部控制运行模式、内部控制活动的方式和重点。这种改变体现在几个方面：首先是内部控制运行方式由人为变成自动化、智能化；其次是执行效果方面，数智化系统的参与使得控制执行的效率和有效性都大大提高；最后数字化转型产生了新的技术和系统，需要建立与之相适应的新的内部控制制度。

大数据、人工智能等数智技术能够显著提升内部控制体系效率和效益，企业构建基于数字技术的内部控制制度，主要应从如下方面入手。

第一，数智技术与内部控制的结合和应用，是基于企业信息化、数字化系统建设和完善的。对此，企业首先要建立良好的信息化基础，推进数字化在各部门的转型和实施。信息系统的完善为数字化内部控制价值的发挥提供了良好的环境，同时，内部控制系统对信息系统的功能也提出了更高要求，促进了信息系统的升级。在这当中建立完善的会计信息系统是核心。与财务报表相关的内部控制是内部控制体系中极其重要的部分，大数据背景下的内部控制能够合理分析和预测会计信息系统可能存在的问题和风险，弥补会计信息系统的内部管理缺陷，实时监控企业经营活动中产生的各种类别的会计信息。

第二，发挥数字技术对内部控制的支持作用，加强跨部门的协作。负责内部控制管理的部门与信息技术部门要完善内部控制制度流程建设、落实内部控制执行的目标，探索内部控制管理数字化工具的开发和应用。由于内部控制涉及企业的所有部门，因此需要对全体员工进行数字化内部控制系统和流程的培训，使全员了解内部控制制度并掌握操作技能。

第三，打通部门壁垒，实现内部管理一体化，这是构建基于数字技术的内部控制体系的基础。在将各子公司、部门壁垒打通后，管理事务和流程能够集中到企业总体层面，企业能据此建立统一的业务流程规范和管理体系。

在此基础上，内部控制部门便能够通过分析销售、采购、营销、库存等一系列数据，全面了解相关流程内部控制的运作状况，及时发现经营过程中的异常情况，并形成规范化的内部控制数字化系统，以提升内部控制运行效率。

第四，任何信息化系统都应该具备与时俱进的迭代升级能力，数字化内部控制体系要保持对未来数字技术和业务变革的洞察力。数字化技术的迭代对系统的能力不断提出新的要求，因此在开发数字化内部控制系统时不能仅限于现有技术手段，而要结合未来业务和技术的发展做好长远打算，为系统的升级预留足够的转换空间。

第五，企业要探索数字科技与业务流程的深度结合。在当下打通业务与财务的要求下，数字化必然涉及对业务流程的规范和调整。数字化内部控制体系的建立，要在理解内部控制逻辑的基础上丰富数字化内部控制手段、降低内部控制成本、提升内部控制执行效率，充分发挥数字科技对流程规范管理的驱动作用。

在执行方面，数智化模式本身具有的高效、智能、准确性高、不容易被逾越等特征，很大程度降低了人工操作带来的舞弊和失误等隐患。近年来曝出的很多财务人员侵占、挪用企业资金的事件，其原因都与职责分离控制制度未能合理设计且有效执行有关。而基于数智化系统的内部控制改善，由于系统权限的严格设置和流程的自动化执行，保障了职责分离，从而有助于避免上述风险的发生。

数智化转型提升了内部控制制度执行的效率。提升经营效率是内部控制的主要目标之一，而当前很多企业在建立了完善的内部控制制度后，在业务流程上反而需要耗费更多的时间。这很大程度上是源于当前内部控制体系下，信息系统仅发挥了辅助作用，而内部控制执行中大量审批、检查、复核工作仍有赖于人工操作。

此外，除了对业务流程和经营管理进行风险监控外，数智化的内部控制系统还要对信息系统和数据中台进行风险监控。例如企业为了打破信息系统的沟通壁垒而建立了数据中台，数据中台的存储安全、数据标准、运行合规性等，都需要建立新的内部控制制度进行管控，以防范相关风险。

未来企业内部控制的发展趋势

内部控制的进化路径：规则 - 数据 - 系统

20 世纪 80 年代，美国出现大量财务舞弊丑闻以及对注册会计师的诉讼，美国反欺诈财务报告全国委员会成立，并对财务舞弊事件进行了系统研究，得出结论：大部分财务舞弊事件来自内部控制失效。1992 年，美国反欺诈财务报告全国委员会专门研究内部控制的下属组织 COSO 发布了著名的《内部控制——整合框架》，成为世界各国广泛认可的内部控制权威文献。COSO 发布的内部控制文件虽没有强制执行效力，却成为全球内部控制理论与最佳实践的风向标，开启了内部控制建设的 1.0 时代。2001 年 12 月美国最大的能源公司安然公司，突然申请破产保护。在此之后，资本市场上的财务欺诈事件层出不穷，再一次沉重打击了投资者对资本市场的信心，同时也对现有内部控制体系以及资本市场监管体系产生了质疑。为了应对企业经营风险呈现出的全球化、多元化、复杂化的趋势，以及 2002 年 7 月美国《萨班斯 - 奥克斯利法案》的颁布，COSO 开始将内部控制的关注重点从财务报告转向风险控制。2004 年 COSO 以 1992 年内部控制框架为基础，发布了《企业风险管理——整合框架》，正式提出全面风险管理框架体系，内部控制建设进入了以风险为导向的 2.0 时代。我国在内部控制建设方面紧跟世界浪潮，实现了弯道超车， 2006—2010 年直接对接 2.0 轨道，发布了相关内部控制文件，包括：上交所及深交所于 2006 年相继出台《上海证券交易所上市公司内部控制指引》《深圳证券交易所上市公司内部控制指引》、国务院国资委在 2006 年出台《中央企业全面风险管理指引》、银监会在 2007 年发布《商业银行内部控制指引》，财政部、证监会、审计署、银监会和保监会五部委在2008年联合发布《企业内部控制基本规范》以及在2010年发布《企业内部控制配套指引》等。为适应外部环境、科学技术、管理理念、组织形式的不断变革，在2013年，COSO发布修订版内部控制框架。同时，于2017年正式发布修订版企业风险管理（ERM）框架。新框架将风险管理工作嵌入企业核心价值链，强调了风险管理对价值创造的作用。内部控制建设融入战略及绩效管理过程，进入以价值提升为目标的3.0时代。企业内部控制的发展路径如表7-1所示。

表7-1　企业内部控制的发展路径

项目	1.0流程制度——流程化	2.0项目管理——数字化	3.0规则制订——智能化
特点和痛点	特点：构建内部控制框架，树立内部控制理念，编制内部控制手册，满足外部监管和内部合规需求 痛点：内部控制呈点状分布，缺乏流程和规范	特点：建立数字化的线上流程管理，支持线上及时查阅和基础的内部控制的评估工作，满足定性评价的需求 痛点：缺乏对内部控制定量评价的支持	特点：构建数智化平台，打通业财数据和内部控制规则的数据沟通，协同业务流程和内部控制规则，提升内部控制的精准性和智能程度
实现办法	咨询内部控制专家	引入项目流程管理系统	构建定制化的内部控制规则和分析模型，全流程数字化
实施工具	外部专业咨询公司	企业管理软件供应商	数智化平台供应商

我国紧跟步伐，2019年11月国务院国资委印发《关于加强中央企业内部控制体系建设与监督工作的实施意见》等三个文件，要求有条件的企业应逐步建立和完善全覆盖的实时动态监管体系，构建国资监管的动态化、协同化、智能化和可视化的新模式，通过全面的数据分析，实现对下属多元化的单位实时的风险识别、分析、检测、预警和应对。对中央企业内部控制体系建设与监督工作提出规范性要求，正式提出：建立健全以风险管理为导向、合规管理监督为重点，严格、规范、全面、有效的内部控制体

系，实现“强内控、防风险、促合规”的管控目标；突出“强监管、严问责”，形成“以查促改”“以改促建”的动态优化机制。至此，包含内部控制、风险管理、合规管理、内部审计的“大内控”格局初步建立。

当然，对于正在转型的内部控制，我们无论称之为“大内控”，还是内部控制 3.0，必然是以数智技术驱动的。从传统的内部控制到数智化的内部控制，展现出一条从规则到数据，从数据到系统的进化路径。如果说传统的内部控制是根据内外部环境和业务特征制订各种规则，以实现合规性、保护企业价值，那么数智化的内部控制将是以价值创造为目标，通过智能化数据处理以及自动化规则比对分析实现内部控制结果的有效监控，进行全面风险管理。在实现的过程中，利用数据技术将所有的内部控制点转化为规则，利用智能技术抽取所有业务的数据并处理，然后和规则自动比对、自主分析、实时报告。数智化内部控制并不是打造一个新的系统，而是在各业务系统之间架设规则引擎，通过从数据共享平台获取数据，然后对数据进行规则校验，再将校验结论通过接口提供给前端的业务系统，从而帮助业务人员在流程流转和决策的时候查看相关数据和事项的内部控制合规性。即通过系统间的业务关联、流程关联、数据关联分析实现对各业务之间的风险控制。数智化内部控制如图 7-1 所示。

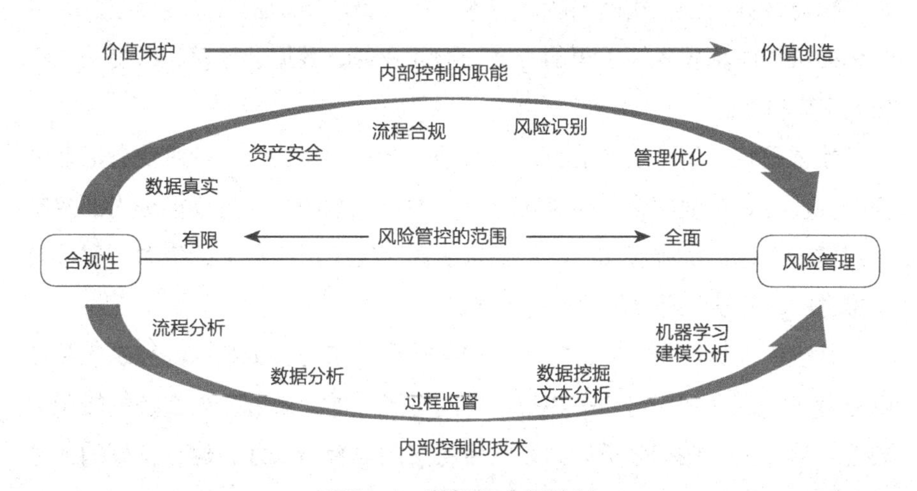

图 7-1　数智化内部控制

未来内部控制体系的建设思路

1. 内部控制体系的支撑

我国企业在推进内部控制体系建设中，一直存在未能很好解决的三个需求问题。一是反舞弊需求问题。反舞弊需求在民营企业中尤其突出。二是合理监管需求问题。企业发展内部控制，更多的是关注合规性需求，然而内部控制、内部审计不分家，内部控制缺乏合理的监管。三是提升管理的需求问题。有管理意识的管理者提出要实现内部控制和业务的一体化融合，要把内部控制真正落到企业管理实践中。

数智化转型之后的内部控制能否自动满足上述需求？我们的答案是不能。就像内部控制从流程制度进化到项目管理未能解决这些问题一样，仅依赖引进融合信息技术的内部控制系统也不能，它还需要一套完善的支撑系统。事实上，内部控制数智化的本质并不是简单地引入一套系统，而是在组织架构、人员、文化、制度等方面做好支撑工作。不论是战略管理、财务还是内部控制的数智化转型，都需要企业各部门协同参与。

首先，组织架构调整是内部控制数智化转型的组织保障。数智化内部控制团队的搭建不仅包括财务人员，还应有业务、技术人员。内部控制部门要构建数据团队、建模团队、技术团队、资源协调团队，通过建立去中心化的工作团队和敏捷组织的方式，形成业务、数据、建模、系统人员的协同工作机制。

数据团队，负责数据的引入及后期分析；建模团队，针对业务活动的需要，及时高效地构建各类风险分析模型；技术团队，持续推进内部控制系统建设工作；资源协调团队，负责协调、统筹组织内部的资源，解决转型推进中的问题，提升风险管控效能。

其次，人员转型是内部控制数智化转型的核心。传统内部控制人员以财务背景人员为主，与业务和技术之间是脱节的，数智化内部控制转型需要逐步培养具有数据分析能力和业务背景的复合型人才，建立良好的人才培养机制，提升全体内部控制人员的专业能力。

要实现内部控制人员和业务人员的协同，可以进行团队的知识交换，使财务人员具有结构化思维和全局观念，让 IT 人员了解内部控制的逻辑。建立一支科技能力突出、数据思维能力强、业务精通、多专多能的内部控制科技队伍，推动内部控制转型升级。

然后，内部控制文化转型是内部控制数智化转型的引领。企业要营造全新的内部控制文化氛围，加大内部控制转型和科技强审的宣传力度，通过优秀内部控制项目评选、风险模型评优、项目经验交流等形式，不断分享先进的方法和经验，营造崇尚内部控制科技应用和创造价值的内部控制文化氛围。

最后，制度是开展内部控制数智化转型的前提。在制度层面明确新内部控制的定位下，改变传统内部控制以流程优先的思维，为数智化内部控制奠定制度基础。由于远程审计更加强调数据的抓取和分析，因此内部控制的管理制度和流程也应当做出相应的转变。流程是内部控制数智化转型的体现，所以企业应优化调整现有的流程，建立新型的数据驱动的内部控制流程，建立内部控制部门的前、中、后台工作配合机制，以流程的塑造构建人才梯队培养的链路。

后台负责数智化的新理论、新体系的研究，负责内部控制资源的协调和管理，服务和保障；中台负责数据和规则的梳理、风险模型的建设和控制；前台负责作业的开展。建立内部控制部门的前、中、后台工作配合机制，从而有利于不同层级的人员在不同岗位上的自我学习和提升。

2. 数智化平台的架构

企业在内部控制数智化转型的平台架构功能搭建方面，不同于传统内部控制体系更强调流程管理、数智化内部控制系统的核心应该包括“三个平台”“三个中心”，即作业平台、综合平台、分析平台、数据中心、算法中心、工具中心，其中“三个中心”是更好地体现数智化的价值所在。

作业平台满足内部控制的流程管理需求。根据不同的业务类别和类型制订不同的操作流程；综合平台满足对知识库等标准文档的管理；分析平台根据每个业务活动选择需要用的分析规则，进行规则运算，找出风险疑点，为风险管理输出疑点线索。

上述平台的功能在传统内部控制中也有要求，但在数智化内部控制下更加强调“三个中心”作用的发挥。数据中心是基于不同场景的内部控制数据集市，是对企业数据仓库内的数据的主题化梳理。数据中心构建的核心工作是要构建内部控制数据标准表和标准字段，通过对标准数据表的梳理，实现业务数据与标准表和标准字段间的数据映射。

例如在数据质量方面，企业的业务数据会形成一个数据仓库，内部控制并不会对所有数据都进行检查，而是基于发现风险的要求来梳理特定的数据表。通过构建内部控制数据的标准字段实现从业务数据到标准数据的映射，就能够提高内部控制所需数据的质量。

算法中心通过引入算法构建各种风险分析模型。基于内部控制专家经验、大数据挖掘技术进行审计规则的建立和配置，为内部控制作业人员提供风险识别的工具。

工具中心是实现光符字符识别、自动语音识别、自然语言处理、机器学习等人工智能工具的集中汇总，实现文本、图片、报表的自动化比较、处理，满足内部控制人员的实时灵活使用，使内部控制人员摆脱大量烦琐的重复性数据整理的劳动，更加聚焦于高级的风险分析模型构建的活动。

〈 案例 〉

中国铁塔应用财务机器人实现业财稽核智能化

中国铁塔的数字化以业财一体化为基础，各个业务系统同财务系统从流程、数据、规范、控制等方面保持一致，提升了财务数据的及时性、准确性。但在系统的运行和财务人员的日常工作中，公司发现由于存在规范的不确定性、系统的不稳定性、系统对业务涵盖的不完整性等，内部控制人员需要对业务单据进行大量的稽核检查工作，造成人员的基础工作量大，信息的及时性、准确性均得不到保障。公司存在稽核重复量大，工作内容枯燥，稽核人员较少，单据流转缓慢，稽核质量不高，人工审查欠缺，附件上传杂乱，消耗人力、物力等问题。

面对上述问题，技术人员分析认为，可以结合人工智能应用技术来达到规范流程、简化手续、提高效率、控制风险的目的。

一、中国铁塔财务机器人应用基础

业务和数据基础层面，中国铁塔基于一级架构 IT 支撑平台，实现多数业务的数字化转变，业务过程、结果、规划等都能在各系统和数据库中找到数字反映，同时依据标准化的业务流程和规范化的业财协同机制，提供高质量的业务、财务运行数据，为智能技术的应用奠定了数据和业务基础。

财务、控制和风险管理的基础层面，中国铁塔制订标准化财务规则和统一的会计政策，规范管控流程和管控节点，输出多维度管理报告，夯实的会计核算基础和可视化的决策支持为财务机器人的应用提供管理和财务基础。

中国铁塔智能技术应用基础如图 7-2 所示。

图 7-2 中国铁塔智能技术应用基础

二、智能稽核推动业财管理的智能化升级

1. 智能稽核的总体思路

传统稽核方式存在诸多难题。稽核规则复杂，单据稽核时需要考察单据合法性、合规性、合理性等多方面情况；稽核工作量大，业务单据数量多、稽核规则多，人工处理效率低且易出错，带来损失风险；稽核过程容易出现管理漏洞，如果出现问题，风险无法被及时捕捉，导致未来可能继续出现类似问题。考虑到财务报账稽核具有规则复杂但相对明确、工作量大、重复性强、受制度约束的特点，使用财务机器人比人工处理更加高效，因此该业务场景成为中国铁塔应用财务机器人的入手点。

智能稽核机器人以严控风险和提高效率为目标，通过数据采集、数据分析、流程定制、智能稽核等技术手段，将采集录入（或上传）的数据与系统源头数据进行比对、校验，遵循定制流程，将人工稽核转换为系统自动稽核，推动信息系统的智能化演变。智能稽核机器人总体思路方法如图7-3所示。

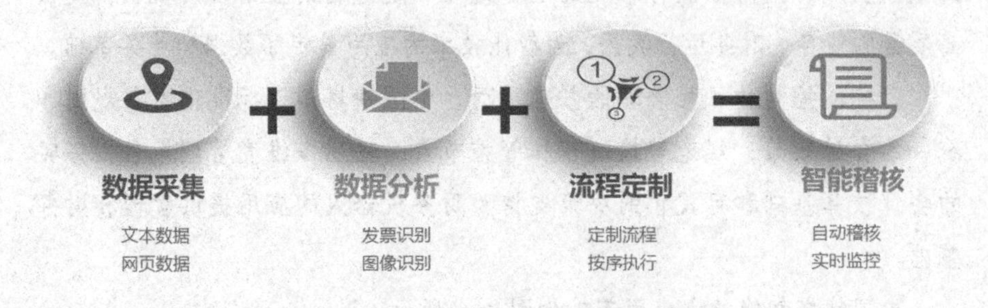

图7-3 智能稽核机器人总体思路方法

2.智能稽核平台工作流程

智能稽核平台的工作流程（见图7-4）主要可以理解为如下三个步骤。

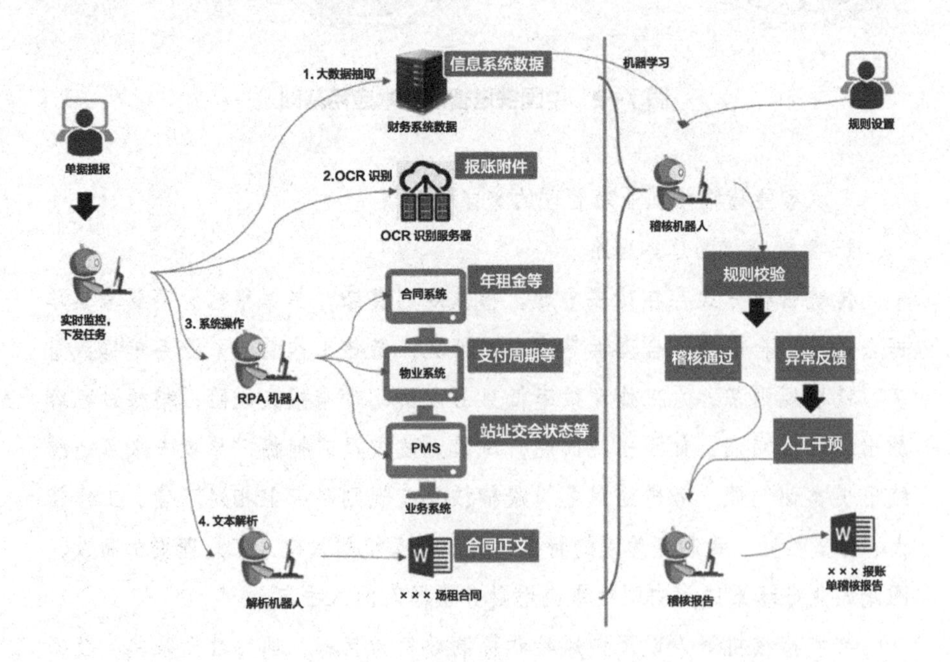

图7-4 智能稽核平台工作流程

数据采集。在智能稽核流程开端，员工在系统中发起报账并提交单据，机器人实时监控并下发稽核任务。机器人根据单据类型从财务系统中抽取关键的业务数据，同时利用 OCR 识别报账提交的各类报账附件，如发票等。

数据分析。RPA 机器人模拟人工操作从业务系统如合同系统、物业系统、路面管理系统（PMS）中抽取系统源头数据；解析机器人解析抽取出来的各类数据，如合同正文中的供应商名称、发票中的发票号码等，并依据预置的稽核检查规则和既定流程比对、校验数据。

智能稽核。如果数据检查通过，则机器人操作稽核通过；如果出现异常结果，则转为人工稽核，最后机器人自动出具稽核报告。智能稽核机器人自动抓取数据并遵循规则和定制的流程，实现从下发稽核任务至编制稽核报告全过程自动化处理，且能够借助机器学习吸收融合业财规则，不断修正机器操作程序以提高稽核准确度，推动系统的自动化和智能化演变升级。

3. 智能稽核机器人分场景实现

（1）业务梳理。

智能稽核机器人主要针对工程、场租、电费、运维监控费等稽核量大（在业务总量中占比 87%）、上传附件多的业务进行全流程梳理。明确报账单流程、规范、审核要求和数据标准，形成《财务报账智能稽核规范书》，作为系统研发基础。对四项业务主线流程、单据规范、审核要求、记账凭证等内容进行明确和规范。其中场租、电费内包含有票支付、无票预付、预付核销三类，运维监控中包含代维、单次修理、维保、油机发电、监控流量五类。该需求对各类报账单的业务流程、单据规范、审核要求、记账凭证进行详细说明，大大减少财务稽核人员、业务录入人员工作量，提高财务报账的及时性、准确性。

（2）具体步骤。

步骤一：梳理业务规范。梳理原则为，符合总部会计标准化要求，稽核标准不降低、环节不减少，充分运用各系统中固有数据，对新建、系统中已有数据不再下载、复印、上传，简化报账手续，提高效率。

步骤二：单据规范性审核。确定业务所涉及的单据种类，如合同、发票、非专用发票审批表等。

步骤三：审核要点。区分财务审核要点和业务审核要点，以能符合总部下发的业务、财务审核要点通知要求为准。

（3）运用举例。

场租成本智能稽核区分为有票支付、无票预付和预付核销三种情况。以下以有票支付为例进行展示。

①业务流程梳理。场租支付业务流程梳理如图 7-5 所示。

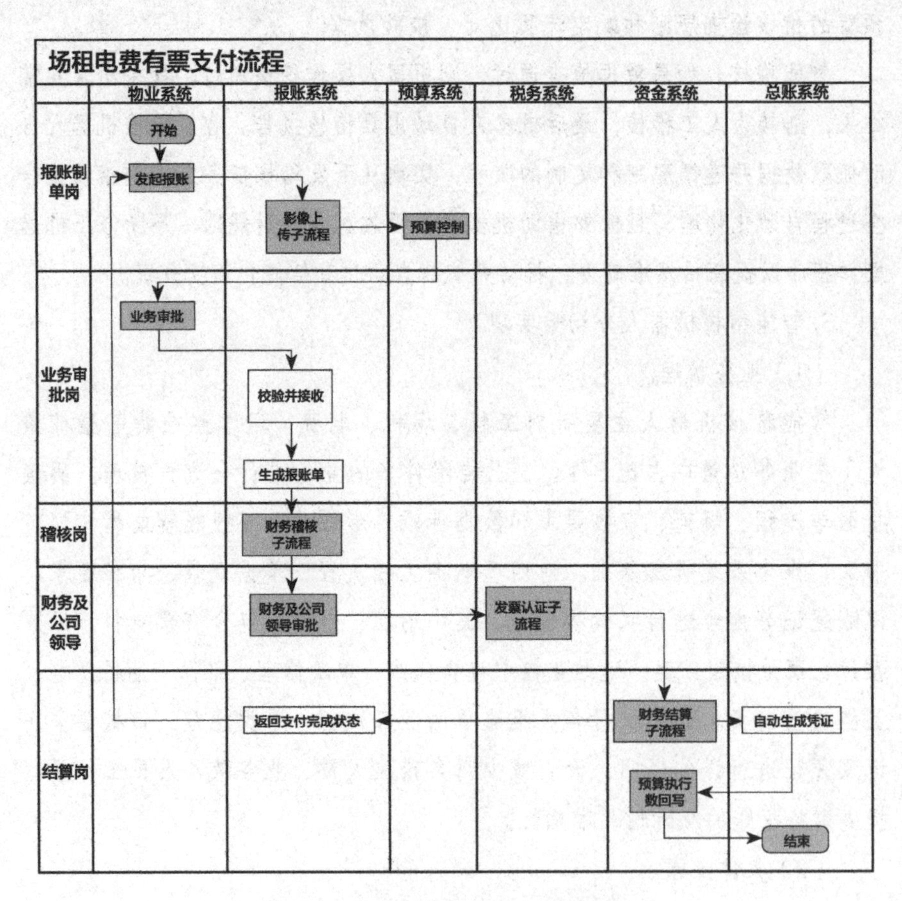

图 7-5 场租支付业务流程梳理

②单据规范。场租支付审核中主要包含对租赁合同、增值税专用发票及增值税普通发票和增值税普通发票审批表的稽核。

③支付审核要求。

业务部门负责审核如下事项。a. 物业系统内部数据准确性。对物业系统中本月新增变动站址逐一进行审核，主要审核本月变动站址场租成本的合同信息是否正确；本期停止摊销场租成本站址是否已续签合同。b. 物业系统与合同系统数据的一致性。综合部、维护部每月提取合同系统和物业系统的全部租赁合同信息，比对两个系统中的租赁合同信息是否一致，合同状态是否一致，消除系统间差异，实现物业系统与合同系统间数据的一致性。c. 通过收支配比查找异常合同，并反馈至合同录入人员修改合同。d. 由于本月场租成本已生成，如发现成本仍然有误，系统无法调整，需编制《场租成本调整单》，提供财务部进行总账核算，确保财务信息真实准确。e. 对本月场地租赁成本进行分析，说明波动原因。

财务部负责审核如下事项。a. 支付信息准确性。收款方账户名、账号和开户信息是否与合同约定一致。b. 支付金额与发票、合同约定是否一致。c. 支付期间与合同约定是否一致。d. 是否附有增值税普通发票审批表且信息是否正确等。

4. 智能稽核机器人工作特点

（1）高质量：自动稽核，严控风险。

试点分公司针对工程、场租、电费、运维监控费 4 类报账业务，设定 8 个主要场景，313 个稽核要点全部由人工转向机器稽核。截至 4 月底，机器人累计完成 129.31 万个稽核要点校验，其中 25.56 万个未通过稽核，未通过率 19.8%，系统自动提示未通过原因，机器人发挥了严格把关、严控风险的作用。报账机器人自动稽核退单情况示例如图 7-6 所示。

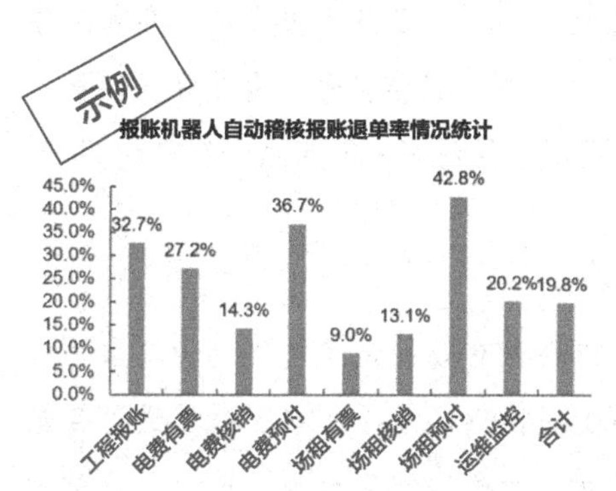

业务大类	业务场景	稽核要点	单据总数量	校验要点总数	不通过要点总数	退单率
工程	工程报账	32	1043	32333	10561	32.7%
电费	电费有票	51	18643	596576	162058	27.2%
	电费核销	47	4834	130518	18684	14.3%
	电费预付	6	5156	36092	13259	36.7%
场租	场租有票	25	19230	442290	39859	9.0%
	场租核销	23	148	2664	349	13.1%
	场租预付	4	149	1046	446	42.8%
运维监控	运维监控	125	1913	51651	10424	20.2%
合计		313	51116	1293167	255640	19.8%

图 7-6　报账机器人自动稽核退单情况示例

（2）高效率：简化手续，提高效率。

智能稽核机器人可以在系统中自动抓取已有数据，报账上传附件由之前的85项减少至43项，其余42项实现系统间数据自动抓取和稽核，报账附件数量减少49.41%，减少了前端业务部门工作量，提高了报账效率。以电费报账为例，人工报账稽核时需要提供发票、普票验票证明、站址用电明细、电力局提供的用电明细，而智能稽核机器人可以从外围系统抓取除发票以外的其他三项附件，报账时只需提交发票一种附件即可，简化报账手续。

报账机器人自动稽核减少附件数量示例如图7-7所示。

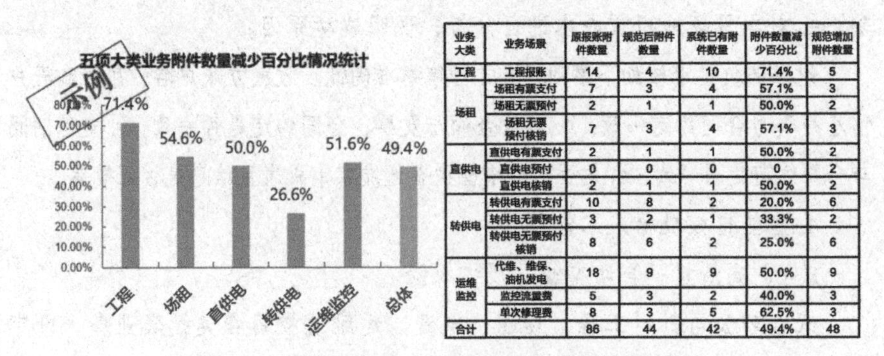

业务大类	业务场景	原报账附件数量	规范后附件数量	系统已有附件数量	附件数量减少百分比	规范增加附件数量
工程	工程报账	14	4	10	71.4%	5
场租	场租有票支付	7	3	4	57.1%	3
	场租无票预付	2	1	1	50.0%	2
	场租无票预付核销	7	3	4	57.1%	3
直供电	直供电有票支付	2	1	1	50.0%	2
	直供电预付	0	0	0	0	2
	直供电核销	2	1	1	50.0%	2
转供电	转供电有票支付	10	8	2	20.0%	6
	转供电无票预付	3	2	1	33.3%	2
	转供电无票预付核销	8	6	2	25.0%	6
运维监控	代维、维保、油机发电	18	9	9	50.0%	9
	监控流量费	5	3	2	40.0%	3
	单次修理费	8	3	5	62.5%	3
合计		86	44	42	49.4%	48

图7-7 报账机器人自动稽核减少附件数量示例

（3）低成本：节约成本，释放人力。

稽核机器人有效减少财务稽核人员工作量，解决财务人手不足问题。试点公司财务稽核人员约29人，上线前需审核1.3万张报账单，实现财务机器人自动稽核后，减少审核工作量77%。同时稽核机器人有效降低耗材、纸张等成本，试点公司平均每月节约用纸、耗材等5.8万元，年节约70万元，实现管理费用可持续节约。

5.智能稽核推动业财管理的智能化升级

中国铁塔挖掘管理能力，借助智能稽核有效细化了精细化管理水平，提高了财务工作效率，为更好地实施管理提供了基础。中国铁塔通过智能稽核，将财务渗透各个业务领域，推动了业务、财务融合，推动了业财管理的智能化升级。

三、工作成效

1. 稽核质量大幅提升

在试点单位河北铁塔，2020 年智能稽核机器人累计完成 378 万个稽核点校验，其中，49 万个未通过稽核，未通过率 13%，经人工审核后通过率为 100%。

2. 简化了手续，节约了成本

报账附件数量减少了 49%，极大减少了前端业务部门工作量，提高了报账效率。耗材预计年节约 70 万元。河北省财务稽核人员约 29 人，上线前每月需审核 1.3 万张报账单，实现财务机器人自动稽核后，可减少审核工作量 77%。减少了稽核人员工作量，解决了财务人手不足问题。